古典文獻研究輯刊

二 編

潘美月・杜潔祥 主編

第 11 冊

《史記》「太史公曰」之義法研究

林珊湘 著

國家圖書館出版品預行編目資料

《史記》「太史公曰」之義法研究／林珊湘著 — 初版 — 台北縣
永和市：花木蘭文化出版社，2006〔民95〕

目 4+ 212 面；19×26 公分（古典文獻研究輯刊 二編；第 11 冊）

ISBN：986-7128-31-1（精裝）
1. 史記－研究與考訂

610.11　　　　　　　　　　　　　　　　95003691

ISBN 986712831-1

9 789867 128317

古典文獻研究輯刊
二 編　第十一冊　　　　　　ISBN：986-7128-31-1

《史記》「太史公曰」之義法研究

作　　者　林珊湘
主　　編　潘美月　杜潔祥
企劃出版　北京大學文化資源研究中心
出　　版　花木蘭文化出版社
發 行 所　花木蘭文化出版社
發 行 人　高小娟
聯絡地址　台北縣永和市中正路五九五號七樓之三
　　　　　電話：02-2923-1455／傳真：02-2923-1452
電子信箱　sut81518@ms59.hinet.net
初　　版　2006 年 3 月
定　　價　二編 20 冊（精裝）新台幣 31,000 元

《史記》「太史公曰」之義法研究

林珊湘　著

作者簡介

林珊湘，一九七三年生，國立臺北師範學院畢，國立成功大學中國文學研究所碩士。

曾獲榮譽：二○○二及二○○三年台南縣作文比賽第一名。

提　　要

　　本論文針對《史記》一百三十四則「太史公曰」之內容作研究，闡發其「義法」。「義」，指的是司馬遷於「太史公曰」中，所體現之學術思想、創作精神，以及褒貶的標準；「法」，指的是「太史公曰」文章創作之法則、結構，以及藝術表現。

　　論文前兩章概論「太史公曰」之編纂旨趣，及其創作之文化背景。第三章，分析「太史公曰」之作用與特色。在第四、第五章中，筆者嘗試發現「太史公曰」裡，所體現司馬遷主要之學術思想——黃老與儒家，此為「義」的部分。第六章，剖析「太史公曰」文章之藝術表現，亦即其形式技巧，此為「法」的部分。第七章，主要就歷史評論與文學兩方面，說明「太史公曰」對後世之影響。第八章，總結全論文而獲致以下結論：

一、「太史公曰」之作用甚夥，萬象包羅；其風格鮮明，獨樹一幟。

二、「太史公曰」體現出司馬遷貫通黃老與儒家之思維，展現「言有物」之特質。

三、「太史公曰」之藝術技巧，依循一定的美學法則，顯示「言有序」之特徵。

四、「太史公曰」之影響弘深，除歷史評論與敘事文學外，其它如詠史詩、小品文……等方面都有待發掘，現代極短篇之創作，亦能從中得到借鑒。

五、「太史公曰」之於司馬遷，猶《論語》之於孔子，《史記》因「太史公曰」而成「一家之言」。

目錄

第一章　緒　論

第一節　《史記》「太史公曰」概說

（一）「太史公曰」之編纂旨趣

　　《史記》「太史公曰」是司馬遷的史論，亦即史評，指的是史家對歷史人物或歷史事件的評論。杜維運曾云：「萬變不齊的史事，必須有一種靈活的史學體例適應。〔註1〕」對司馬遷而言，「太史公曰」即其所創靈活的史學體例之一。

　　「太史公曰」之內容，或考證古史，或敘遊歷所得，或直抒評論，或交代作史義例，內容豐贍，往往能補篇中所未言之事。是以，《史記》「太史公曰」可謂研究司馬遷之思維，最直接也是最重要的材料。

　　「太史公曰」在形式上仿《左傳》的「君子曰」。魏澹曾言：

　　　　丘明亞聖之才，發揚聖旨，言「君子曰」者，無非甚泰，其間尋常，
　　直書而已〔註2〕。

　　魏澹以爲，左傳的「君子曰」雖爲史論濫觴，但僅止於就事論事，並非具有理論色彩的史論，亦未能進一步探討歷史的教訓，形成一種體系。相形之下，《史記》的「太史公曰」，全書渾然一體，每序每贊，無論長短，咸能自成一家之言，始是後世史論定式之里程碑，「太史公曰」庶幾成爲論贊之同義詞。

　　置於篇前的「太史公曰」一般稱之爲序，置於篇後的「太史公曰」則稱之爲贊，司馬遷雖有意發表其對歷史人事之看法，然未曾定名爲論贊，「序贊」之名是歸結劉

〔註1〕杜維運《中國史學史》第一冊（臺北：三民書局經銷，1998年3月再版），頁82。
〔註2〕唐·魏徵等《隋書·魏澹傳》百衲本，卷五十八（臺北：臺灣商務，1988年1月臺六版），頁640。

知幾《史通》中，〈論贊〉與〈序例〉兩篇之論述而來。

《史記》一百三十卷中，有序二十三篇，贊一百零六篇，加上五篇論傳，總計共有「太史公曰」一百三十四則，褚少孫所補之「褚先生曰」並不在討論範圍。

二十二序即十表九序，八書四序，世家一序，列傳八序，詳細分佈如下表：

體 例	篇 數	說　　　　明	備　　註
表	九	九篇即： 〈三代世表〉、〈十二諸侯年表〉、〈六國年表〉、〈秦楚之際月表〉、〈漢興以來諸侯王年表〉、〈高祖功臣侯者年表〉、〈惠景間侯者年表〉、〈建元以來侯者年表〉、〈建元以來王子侯者年表〉。	獨〈漢興以來將相名臣年表〉無序。
書	四	四篇即： 〈曆書〉、〈禮書〉、〈樂書〉、〈律書〉。	
世家	一	僅〈外戚世家〉有序。	「太史公曰」四字雖出現於篇中，然此前仍為司馬遷之論，故視為廣義之「太史公曰」。
列傳	八	八篇即： 〈孟子荀卿列傳〉、〈儒林列傳〉、〈循吏列傳〉、〈酷吏列傳〉、〈游俠列傳〉、〈滑稽列傳〉、〈佞幸列傳〉、〈貨殖列傳〉。	

一百零七則贊，即本紀有贊十一，八書四贊，世家二十九贊，列傳六十三贊，詳細分佈如下表：

體 例	篇 數	說　　　　明	備　　註
本紀	十一	十一篇即： 〈五帝本紀〉、〈夏本紀〉、〈殷本紀〉、〈周本紀〉、〈秦本紀〉、〈秦始皇本紀〉、〈項羽本紀〉、〈高祖本紀〉、〈呂太后本紀〉、〈孝文本紀〉、〈孝景本紀〉。	缺〈今上本紀〉
書	四	四篇即： 〈樂書〉、〈河渠書〉、〈平準書〉、〈封禪書〉。	〈樂書〉中有兩則「太史公曰」。

世家	二十九	二十九篇即：〈吳太伯世家〉、〈齊太公世家〉、〈魯周公世家〉、〈燕召公世家〉、〈管蔡世家〉、〈陳杞世家〉、〈衛康叔世家〉、〈宋微子世家〉、〈晉世家〉、〈楚世家〉、〈越王句踐世家〉、〈鄭世家〉、〈趙世家〉、〈魏世家〉、〈韓世家〉、〈田敬仲完世家〉、〈孔子世家〉、〈楚元王世家〉、〈荊燕世家〉、〈齊悼惠王世家〉、〈蕭相國世家〉、〈曹相國世家〉、〈留侯世家〉、〈陳丞相世家〉、〈絳侯周勃世家〉、〈梁孝王世家〉、〈五宗世家〉、〈三王世家〉。	〈管蔡世家〉有兩則「太史公曰」；〈陳涉世家〉贊雖題為「褚先生曰」，然徐廣曰：「一作太史公〔註3〕」，故仍列入「太史公曰」討論；〈外戚世家〉有序無贊。
列傳	六十三	六十三篇即：〈管晏列傳〉、〈老子韓非列傳〉、〈司馬穰苴列傳〉、〈孫子吳起列傳〉、〈伍子胥列傳〉、〈仲尼弟子列傳〉、〈商君列傳〉、〈蘇秦列傳〉、〈張儀列傳〉、〈樗里子甘茂列傳〉、〈穰侯列傳〉、〈白起王翦列傳〉、〈孟嘗君列傳〉、〈平原君虞卿列傳〉、〈魏公子列傳〉、〈春申君列傳〉、〈范雎蔡澤列傳〉、〈樂毅列傳〉、〈廉頗藺相如列傳〉、〈田單列傳〉、〈魯仲連鄒陽列傳〉、〈屈原賈生列傳〉、〈呂不韋列傳〉、〈刺客列傳〉、〈李斯列傳〉、〈蒙恬列傳〉、〈張耳陳餘列傳〉、〈魏豹彭越列傳〉、〈黥布列傳〉、〈淮陰侯列傳〉、〈韓信盧綰列傳〉、〈田儋列傳〉、〈樊酈滕灌列傳〉、〈張丞相列傳〉、〈酈生陸賈列傳〉、〈傅靳蒯成列傳〉、〈劉敬叔孫通列傳〉、〈季布欒布列傳〉、〈袁盎鼂錯列傳〉、〈張釋之馮唐列傳〉、〈萬石張叔列傳〉、〈田叔列傳〉、〈扁鵲倉公列傳〉、〈吳王濞列傳〉、〈魏其武安侯列傳〉、〈韓長孺列傳〉、〈李將軍列傳〉、〈匈奴列傳〉、〈衛將軍驃騎列傳〉、〈平津侯主父列傳〉、〈南越列傳〉、〈東越列傳〉、〈朝鮮列傳〉、〈西南夷列傳〉、〈司馬相如列傳〉、〈淮南衡山列傳〉、〈循吏列傳〉、〈汲鄭列傳〉、〈酷吏列傳〉、〈大宛列傳〉、〈游俠列傳〉、〈佞幸列傳〉、〈滑稽列傳〉。	1.〈孟子荀卿列傳〉、〈儒林列傳〉、〈貨殖列傳〉三傳僅有序。2.〈伯夷列傳〉、〈日者列傳〉、〈龜策列傳〉、〈太史公自序〉為論傳性質不屬此。3.〈循吏列傳〉、〈酷吏列傳〉、〈游俠列傳〉、〈佞幸列傳〉、〈滑稽列傳〉兼有序贊。

　　《史記》除一百二十九則序贊外，尚有五篇論傳性篇章，即：〈天官書〉、〈伯夷列傳〉、〈日者列傳〉、〈龜策列傳〉、〈太史公自序〉等篇為廣義之「太史公曰」，總計「太史公曰」共有一百三十四則，數量夥於《左傳》「君子曰」的九十則〔註4〕。

〔註3〕漢・司馬遷《史記》百衲本（臺北：臺灣商務，2001年1月臺一版第八刷），頁651。本論文所引《史記》原文皆出自此版本。

〔註4〕「君子曰」的數量，參考張師高評《左傳之文韜》（高雄：麗文書局，1994年10月），頁102。

　　「太史公曰」總量之所以會超過一百三十卷之數，原因是有幾篇文中出現兩則「太史公曰」，即：〈樂書〉、〈管蔡世家〉、〈循吏列傳〉、〈酷吏列傳〉、〈游俠列傳〉、〈滑稽列傳〉、〈佞幸列傳〉、〈太史公自序〉等八篇。

李景星在《史記評議》中，曾指出「太史公曰」優於他史論贊之處：

> 他史贊語，每就紀傳所言重述一遍，殊少意味。《史記》諸贊，往往補紀傳之所不及。且其用筆奇崛，用意含蓄，或爲一篇精華所聚，非經抉發，未易明也。〔註5〕

李氏譽「太史公曰」爲《史記》各篇之精華，不似其它史贊語，僅就傳文所言重述一遍，存之不爲益，去之不爲損。「太史公曰」文章瑰奇，飽寓弦外之音，需要讀者細心體會，始能抉發史公深意。李長之詳細分析《史記》論贊道：

> 司馬遷對自己的主觀見解和客觀描寫是分開去處理的。大概在傳記中的敘述往往是純綷客觀的，而主觀的評衡則見之於自序中說到所以做各傳之故處。所以我覺得要眞正看司馬遷的見解時，自序最重要。其次便是每篇的贊。但多數的贊是處在客觀與主觀之間的。所以就是有些評衡，也是個人的意味（personal）居多，如敘到個人經驗或與傳中的人物的關係等，有時則是傳中的補充而已。〔註6〕

由李氏之言，可知「太史公曰」爲司馬遷的主觀語言，在此段文字之外的傳文則爲客觀的歷史陳述。「太史公曰」評論歷史人、事自出胸臆，由這些言約意豐的序、贊語中，最能看出太史公評騭人物高下得失之準則。

　　王錦貴於《中國紀傳體文獻研究》裡，高度推崇《史記》論贊云：

> 《史記》中的「太史公曰」寫得深刻、精煉並富有感情。讀來啓人心扉，猶飲瓊漿佳釀，餘味無窮，是「二十四史」論贊中的上乘之作。〔註7〕

王氏以「瓊漿佳釀」喻「太史公曰」，足見「太史公曰」內容之博贍精彩，讀之如飲旨酒，執「二十四史」論贊之牛耳，極度肯定了《史記》「太史公曰」的史評地位與價值。

　　郭瓊瑜所撰的《史記的褒貶義法》論文中，以爲「太史公曰」能使歷史敘述與歷史評論並存於一卷之中而不相混，既能使過往歷史鑒誡昭然，產生意義，又能使評論於事有據，不落空言，將史事與史義密切綰合，充分彰顯了《史記》的

〔註5〕李景星《史記評議》（吉林：東北師範大學出版社，1986年4月），頁3。
〔註6〕李長之《司馬遷之人格與風格》（臺北：里仁，1999年4月），頁246。
〔註7〕王錦貴《中國紀傳體文獻研究》（北京：北京大學，1996年8月），頁175。

歷史價值〔註8〕。

　　要之，司馬遷透過「太史公曰」的論述形式，或先提後敘，或先敘後提，對史事和人物進行評論，討論人生價值觀以及社會公平，提供歷史規律。司馬遷因此充分表達了自己精湛卓越的史觀。從另一角度思之，《史記》若缺少「太史公曰」這段文字，將使全文遜色許多。

　　《史記》「太史公曰」一出，自此確立了史傳論贊之形式與風格，爲後世史評起了導路創新之功，使得歷史編纂成爲眞正的史學論著。

（二）「義法」界說

　　本論文名稱《《史記》「太史公曰」之義法研究》，其中所謂的「義法」，兩字連用首見於《史記·十二諸侯年表》序：

> 孔子明王道，干七十餘君，莫能用，故西觀周室，論史記舊文，興於魯而次《春秋》。上記隱，下之哀之獲麟。約其辭文，去其煩重，**以制義法**，王道備，人事浹。（卷十四）〔註9〕

序中司馬遷所言的「義法」，指的是孔子筆削《春秋》時，所使用的義例、書法。陳懋德認爲，史遷在此處提出「義法」二字，爲「言史法之祖。〔註10〕」

　　桐城派開山鼻祖——方苞，爲文最重視「義法」，他解析「義法」內涵道：

> 《春秋》**之制義法**，自太史公發之，而後之深於文者亦具焉。義即《易》之言有物也，法即《易》之言有序也。義以爲經而法緯之，然後爲成體之文。〔註11〕

望溪先生概括說明「義法」的內容，並指出「義法」源自《春秋》，而由子長完滿體現。他更引《易經》裡的義、法內容爲其理論依據，使成成兩種相關又不同之要素。因方苞之說完善，故本論文名稱借用望溪先生所闡釋之「義法」，探討「太史公曰」內容，其中「義」指的是司馬遷於「太史公曰」中所體現的學術思想，創作的精神，以及褒貶的標準；「法」即「太史公曰」文章創作的法則與結構，以及所呈現之藝術技巧。

　　孫德謙在《太史公書義法》一書中嘗云：

〔註8〕郭瓊瑜《史記的褒貶義法》（臺北：中國文化大學碩士論文，1994年6月），頁32。

〔註9〕百衲本《史記》（臺北：臺灣商務，2001年1月臺一版第八刷），頁186。

〔註10〕陳懋德《史學方法大綱》，引自楊燕起等編《歷代名家評史記》（北京：北京師範大學，1986年3月），頁379。

〔註11〕清·方苞〈又書貨殖傳後〉，《方望溪先生全集》四部叢刊正編（臺北：臺灣商務印書館，1979年），頁40。

子元工訶古人，雖在史公，貶辭居多，而於其書之義法，則實未細加
推闡。無怪後世修史者，僅僅致功於文字，而爲之學者，整輯排比，參互
搜討，是特史纂史考之所爲，於遷之垂爲**義法**足爲史家作之準者，皆未有
以窺其眞也。〔註12〕

據孫氏分析，劉子元著《史通》，處處貶抑《史記》，究其故在未明史公義法。致使
後世修史者，僅留意於文章辭采，而無法眞正闡發史學評論之精義。賴襄於〈山陽
先生書後〉一文裡亦道：

史中論贊，自是一體，不可與後人史論同視也。史氏本主敘事，不須
議論，特疏己立傳之意，又補傳所未及，而有停筆躊躇、俯仰古今處，足
以感發讀者心，是論贊所以用，子長以後，少得此意者。〔註13〕

賴襄主張論贊與後世史論文不同，史家藉論贊揭示該傳之旨，或是抒發歷史資鑑，
古今之慨，而對讀者有所啓發。賴襄與孫德謙兩人並同指司馬遷編纂《史記》，首創
「太史公曰」之義法，爲其獨步千古之處，可惜後世史家往往輕忽，鮮有人眞正領
會其內涵。是以，筆者研究「太史公曰」，闡揚其義法，期使世人能發現並瞭解司馬
遷苦心孤詣之學術結晶。

第二節　《史記》「太史公曰」之源流

上節已提過史論的形式，源於《左傳》「君子曰」，而確立於「太史公曰」。《左
傳》以記載史實爲主，但於一段敘事之後，往往依據所敘歷史，作簡短評論。然而，
「君子曰」並未形成一種體系，還不算具有理論色彩的史論，僅屬於代言體一類。《史
記》「太史公曰」對歷史人物、事件則有直接的評議，內容豐贍邃密，後世史書莫不
繼軌效法，故史論之體系由《史記》「太史公曰」始成定式。

關於歷代史書論贊系統，《史通・論贊》云：

《春秋左氏傳》每有發論，假君子以稱之。二傳云「公羊子」、「穀梁
子」，《史記》云「太史公」。既而班固曰贊，荀悅曰論，東觀曰序，謝承
曰詮，陳壽曰評，王隱曰議，何法盛曰述，揚雄曰譔，劉丙曰奏，袁宏、
裴子野自顯姓名，皇甫謐、葛洪列其所號。史官所撰，通稱「史臣」。其

〔註12〕孫德謙《太史公書義法》（臺北：臺灣中華書局，1985 年 10 月三版），頁 133。
〔註13〕賴襄〈山陽先生書後〉，引自瀧川資言《史記會注考證》（臺北：宏業，1987 年 8 月），
頁 1372。

名萬殊，其義一揆。必取便於時者，則總歸論贊焉。〔註14〕

《史記》「太史公曰」承自《春秋》三傳之「君子曰」、「公羊子」、「穀梁子」等發議形式，於此基礎上自成一家，確立史贊形式。爾後，史書評議又有「贊」、「論」、「序」、「詮」、「評」、「議」……，以及「史臣」等多樣提稱。劉子玄已就《春秋》三傳、《史記》「太史公曰」迄唐代止，對史學評論之傳承流變，撥煩理難出一完整系統。清代王鳴盛接續指出：

> 「太史公曰」云云者，此其斷語也，而班氏改稱「贊」，陳壽改稱「評」，至范蔚宗又改稱「論矣」，而又系以「贊」：「論」爲散文，「贊」爲四言詩。沈約《宋書》改論稱「史臣曰」，蕭子顯《南齊書》，姚思廉《梁》、《陳》二書，魏收《北魏書》，令狐德棻《北周書》，及《晉書》、《隋書》、《舊唐書》併同。……，若前明所修《元史》，全部皆無論贊，則幾不足以爲史矣。要總未有能出《史記》之範圍者〔註15〕。

王鳴盛道出了《史記》「太史公曰」影響力無遠弗屆，後世史家改稱「贊」、「論」等，特別的是沈約於《宋書》改論稱「史臣曰」，以下正史多沿襲之，然就史識、史才抑或史論內容而論，乃無一能勝出「太史公曰」。「太史公曰」以降，史家修史，無論公私，莫不奉爲圭臬。二十五史中，惟《元史》無論贊，也因此喪失作爲史書之責任與價值。可見歷史評論受《史記》「太史公曰」流風餘韻之沾溉。

林義正於《孔子學說探微》書中曾說：

> 在《論語》中，孔子本其德教，曾對古人有所品題，這個品題開出了《左傳》「君子曰」、《史記》「太史公曰」、《漢書·古今人表》的人物評價傳統，完成於劉劭的《人物誌》〔註16〕。

林氏發現，《論語》一書中記載孔子之言行，其中對古人品題部分，首開評議人物傳統，影響了《左傳》「君子曰」、《史記》「太史公曰」、《漢書·古今人表》，而劉劭的《人物誌》則集其大成。

《論語》一書是司馬遷按原文引用最多的先秦著作，《史記·仲尼弟子列傳》便主要取材於《論語》，而《史記》「太史公曰」權衡歷史人物、政治，亦往往以孔子之準則爲準則，此由「太史公曰」經常引用孔子之言論、思想爲議可證之，足覘司馬遷尊崇孔子之隆。換言之，《左傳》「君子曰」啓迪了《史記》「太史公曰」之發議

〔註14〕唐·劉知幾著，民國·呂思勉評《史通釋評》，〈論贊〉（臺北：華世，1980 年 11 月），頁 99。

〔註15〕清·王鳴盛《十七史商榷》卷一（臺北：大化，1984 年 5 月），頁 5～6。

〔註16〕林義正《孔子學説探微》（臺北：東大，1987 年 9 月），頁 164。

形式，而《論語》中孔子品題人、事之道德標準，則成為司馬遷論斷之重要依據。

而「太史公曰」這種以第三人稱作為開頭的史論，亦主導了傳統的敘事文學中，敘事者使用第三人稱抒發議論的形式。王靖宇在《中國早期敘事文論集》書中指出：

> 如果我們把第三人稱報告者的觀點稱為「史家」觀點（儘管他並非總是擁有調查研究的權威），那麼第三人稱的全知者的觀點便可稱作「說書人」觀點。我們看到，「史家」作為中國敘事文中意識的主宰中心的情況一直延伸進唐代傳奇。以後，「說書人」基本上成為所有虛構性質的敘事文中的意識主宰中心。〔註17〕

王氏將中國敘事文裡第三人稱的觀點，分為兩種類型：其一為「史家」報告者的觀點，其次則是「說書人」全知者的觀點。前者為史書編纂者發議之立場，如：《史記》「太史公曰」；後者則為敘事文學作者自己賦予與史家同等地位之論斷角度，如：《聊齋志異》「異史氏曰」。「史家」觀點肇始於《史記》「太史公曰」，啟迪了敘事文學作者在作品中，以「說書人」觀點作評論；換言之，「史家」觀點之產生要早於「說書人」觀點。

後世文人如韓愈、柳宗元、蘇軾、宋濂、歸有光與林紓等作家，唐、宋傳奇以及《聊齋志異》等作品，咸繼軌「某某曰」之形式，獨出機杼，抒發感慨。換言之，「太史公曰」以「某某曰」的論述形式發出評議，不僅後世史官群起效尤，同時亦影響後世文集以及敘事文學，成為中國敘事文之主流。

第三節　研究現況與方法

（一）研究現況

有關《史記》「太史公曰」之研究情況，大致如下：

唐代劉知幾之《史通》、宋朝鄭樵作《通志》，以及清人章學誠撰《文史通義》、王鳴盛書《十七史商榷》，以及趙翼所寫《二十二史箚記》等史學論著，都已注意到《史記》的序贊，然劉、鄭兩人對「太史公曰」之評價過低，不合實情；而當代凡有關《史記》研究之書籍，往往都會有一章（或一節）介紹《史記》「太史公曰」，如周虎林先生的《司馬遷與其史學》〔註18〕，繆雨《史記與新聞學》〔註19〕、蔡信

〔註17〕王靖宇《中國早期敘事文論集》（臺北：中央研究院中國文哲研究所，2001年2月），頁17。

〔註18〕周虎林〈史記「太史公曰」研究〉，《司馬遷與其史學》（臺北：文史哲，1987年7月），頁239～280。

發《話說史記》，以及陝西人民教育出版社之《史記》叢書等，不勝枚舉；至於書名無關乎《史記》者，如：《春秋書法與左傳學史》〔註20〕、《中國雜文史》〔註21〕，亦都論及「太史公曰」，其受重視程度可見一斑。

清代金聖嘆評點《才子古文》，其中選評《史記》序贊九十餘篇，吳闓生《桐城吳氏古文法》裡亦眉批二十篇《史記》序贊，王符曾所輯評《古文小品咀華》，則收錄《史記》八篇「太史公曰」，足覘「太史公曰」既屬《史記》傳文之一部分，亦能目爲一獨立完整之作品。

明朝由凌稚隆輯校之《史記評林》，和今人楊燕起等人所編之《歷代名家評史記》，咸匯集眾家對《史記》之批評，其中不乏針對「太史公曰」所發表之見解。大陸學者張大可之《史記論贊輯釋》，節錄出《史記》各卷論贊，並加以注釋，對「太史公曰」之研究者，有極大之助益。

研究《史記》的學位論文浩繁，然針對其論贊作研究者，目前唯有高禎霙所撰之《《史》、《漢》論贊之研究》〔註22〕。

高氏之論文，研究範圍爲《史記》與《漢書》兩本史學雙璧之論贊，故論述《史記》論贊之篇幅不及全書之半；又整部論文偏重《史》、《漢》論贊之外在形式與基本觀點作比較，未能深入問題核心，對「太史公曰」之義法作全面性的剖析與闡發。該論文就「太史公曰」而言，僅屬概論性質，然對後學者所起導路之功不可沒。高本所忽略之處，正爲筆者所欲強調，是以，本論文與高禎霙之論文在資料上或有重疊，探討方向卻大相逕庭。至於其它有關《史記》的研究專著，以及學位論文甚夥，詳述於【參考文獻】。

（二）研究方法與預期成果

本論文結合了內部與外緣因素，而以分析歸納法進行綜合性研究。

秉持學術研究的客觀性，逐條分析《史記》一百三十四則「太史公曰」之原始資料，整理其豐富內涵，歸納其旨趣，洞察其結構，並參稽《史記》正文與相關典籍，將「太史公曰」置於其時代脈絡中觀察，多方面加以對照比較，期能掌握「太

〔註19〕 繆雨〈「太史公曰」——悠悠歷史詠嘆調〉，《史記與新聞學》（北京：新華出版社，2000年4月），頁196～204。

〔註20〕 張師高評〈「君子曰」，與以「太史公曰」發微闡幽〉，《春秋書法與左傳學史》（臺北：五南出版社，2002年1月），頁93～103。

〔註21〕 勐傳烈〈太史公曰的春秋筆法〉，《中國雜文史》（上海：上海文藝出版社，1998年4月），頁101～114。

〔註22〕 高禎霙《《史》、《漢》論贊之研究》，臺北：中國文化大學博士論文，2001年6月。

史公曰」裡，所蘊涵司馬遷之殫精極思。

　　本論文完成後，希冀能將現有《史記》「太史公曰」之散論，化零爲整，歸結《史記》「太史公曰」中所呈現的種種證據，而在經學、史學、哲學、文學方面獲致以下成果：

1. 經學方面：聯繫司馬遷修《史記》與孔子作《春秋》之精神，企圖從中發現《史記》「太史公曰」與《春秋》書法之微言大義，相通相容之處，並領會史家屬辭比事之教的具體而微。

2. 史學方面：追溯中國史論之權輿，瞭解史學家在客觀的歷史敘事之外，主觀的別識心裁；並透過「太史公曰」，闡明中國傳統史學中「春王正月」的褒貶筆削大法，明徹中國史學如何進入成熟時期。

3. 哲學方面：對史家「究天人之際，通古今之變」之歷史哲學，作正本清源的探究；且更進一步廓清「太史公曰」中所蘊涵，司馬遷「稽其成敗興壞之理」的思想特徵。

4. 文學方面：剖析大才槃槃司馬遷之藝術表現，揭示「太史公曰」跌宕古奧之筆法，尺幅千里之氣勢，千載獨步的弦外之音，沾漑了後世文學作品；並呈現第三人稱「太史公曰」作爲開場的史論，所給予後世敘事文學的啓示，以及後世文學中所繼軌「太史公曰」之種種遺風流澤。

第二章　司馬遷與《史記》
——「太史公曰」創作的文化背景

　　司馬遷字子長，左馮翊夏陽（今陝西省韓城）人，因距頗負盛名的龍門不遠，故又自稱生於「龍門」。子長出生於西元前 145 年（漢景帝中元五年），卒年不詳。

　　本章依「知人論世」之原則，嘗試透過介紹司馬遷之生平、家學及其時代背景，一窺《史記》「太史公曰」創作之文化背景，進而對司馬遷於「太史公曰」裡所蘊含之義法，能有分星擘兩之領會。

第一節　《史記》成書之時代激盪

（一）漢初垂拱，經濟復甦

　　西漢建國之初，有鑒於秦之嚴法暴政，經陸賈等人建議，政治綱領由秦之法家轉為黃老之術，實施期間約七十年——自項羽兵敗自刎（紀元前二〇二年），劉邦即帝位，迄武帝建元六年（紀元前一三五年）竇太后薨。漢初採行黃老「無為而治」的七十年中，歷經高祖、惠帝、呂后、文、景等朝，而終於武帝之世。在竇太后去世翌年，漢武帝詔策賢良，董仲舒上〈天人三策〉，主張「不在六藝之科，孔子之術者，皆絕其道，勿使並進〔註1〕」，自此，儒家思想便正式入主漢廷，作為政治指導方針。

　　漢武帝劉徹，為司馬遷生時最高地位的統治者，司馬遷畢生榮辱皆與武帝息息

〔註 1〕漢・班固《漢書・董仲舒傳》卷五十六（臺北：臺灣商務，1988 年 1 月臺六版），頁 711。

相關。武帝是史上一位具雄才大略之君，不僅空前地完成全國的統一狀態，更建設漢王朝成為當時世上最強大之帝國。漢武帝時期，對內，削平諸侯叛亂，頒佈推恩令，鞏固中央集權，並進行經濟改革；對外，捍衛中原，對匈奴、南越、西南夷等民族發動戰事，安定邊境之紛擾，並開拓了疆域。而這一切都要歸功於黃老之術，所帶來的經濟復甦，促使國力強盛，以及文化的高度發展。

（二）君主興利，酷吏治民

漢初經過七十年國家無事的休養生息，烝民家給人足，至「都鄙廩庾皆滿」，且「京師之錢累巨萬」之繁榮情景。武帝正因見當時經濟力量如此強盛，所以「外事四夷，內興功利」，開始從事武功事業，思欲有所作為。不料，因武帝之貪得無厭，不僅連年對外征戰，國內亦多興作，可謂奢靡至極，如此使得國力大傷，造成「海內蕭然，戶口減半」的局面，並衍生若干嚴重之社會問題。因為常年的發動戰事，迫使國家經濟轉趨衰竭，社會因而動盪不安，於是武帝任用酷吏加以管控，甚至有荒謬絕倫的「腹誹」之罪成立。

漢興以來，政治嚴酷，功臣人人自危，惟深得黃老之學者如張良、陳平等人，能韜光養晦，善始善終。而功高震主者如淮陰侯韓信，個性忠誠篤實者如周勃、周亞夫父子，於天下一統後難容於主上，加以不善經營君臣相處之道，三人咸遭遇了悲劇的結局。周勃曾言：「吾嘗將百萬軍，然安知獄吏之貴。」語絕沈痛；李廣自殺前曾謂其麾下：「廣年六十餘矣，終不能復對刀筆之吏。」足見刀筆吏之酷之烈，逼使一代名將寧自縊亦不願受其辱，由這些現象咸可想見當時獄吏之嚴酷。

對於武帝的專制，好殺逞威、賞輕罰嚴，以及不善用人種種行徑，司馬子長往往師法暗寓褒貶的《春秋》書法譏刺、揭露之，手法十分巧妙。如〈平準書〉中，便秉筆直書歷數武帝之失，如：征伐、巡遊轉運、興利、鬻爵拜官而廢選、嚴刑酷誅等五大端。武帝對民力過度的斫伐，終造成民生凋敝之普遍現象，史公弦外之音，言如此之作為實與秦始皇相去無幾矣。

漢初大一統的勳業，又廢除「挾書之律」，廣開獻書之路的文化發展，提供了修史條件；而君主的專制，酷吏的殘暴，加深了司馬遷對歷史的體會與批判性，這些都直接或間接的促成了《史記》的誕生，亦激盪「太史公曰」體現出別具一格之義法。

第二節　司馬遷之人格與風格

（一）家學與師承

　　司馬遷生於「世典周史」之家，祖先自周代起便擔任王室太史，掌管文史星卜，而司馬遷的兵學與經濟學亦爲世傳之祖業。

　　司馬遷祖上之世系，確切可考者可追溯至八世，圖示如下：

司馬錯 →孫 司馬靳 →孫 司馬昌 →兒 司馬無澤 →兒 司馬喜 →兒 司馬談 →兒 司馬遷

　　司馬氏的兵學淵源，更可溯及周宣王時之程伯休甫。程伯休甫是當時一位功勳顯著的將軍，其後裔以司馬氏爲姓。到了司馬遷之八世祖司馬錯，爲戰國中期秦國名將，與白起同時而稍長。司馬錯之主要勳績便是爲秦開疆拓土，而他另一著名事蹟便是於秦惠王面前，與張儀有過一場辯論。當時廷辯之主旨是司馬錯欲伐蜀，而張儀則主張伐韓，最後秦惠王採納司馬錯之建議，足證其見解略高張儀一籌。而司馬遷的六世祖司馬靳則爲白起得力之助手，長平之役中任秦軍副將。由程伯休甫迄司馬靳，足證司馬遷之遠祖，具有顯赫之軍功與卓躒識見，這一點形成司馬遷寶貴的家學遺產。

　　司馬遷的經濟學亦來自先祖，〈太史公自序〉記載：

　　　靳孫昌，昌爲秦主鐵官，……。昌生無澤，無澤爲漢市長。〔註2〕

　　在古代，鐵器的生產與國計民生息息相關，鐵官之職不僅管理手工工場，還負責鐵市買賣與徵稅，而司馬昌所任之「主鐵官」，更是全國最高鐵官。其子司馬無澤任長安市長，必須洞察全國市場訊息，集散輸往中原內地與西北、巴蜀等地之各色商品，當然能積累豐富之經濟學知識，與商品流通、價格規律的實際經驗。司馬昌與司馬無澤父子，分別在秦漢新舊王朝擔任經濟重官，遺留予司馬遷彌足珍貴之經濟思想，故能首創中國經濟史傳──〈平準書〉與〈貨殖列傳〉。

　　司馬遷在諸子學方面的基礎，除了接受父親司馬談之教導，還師事當代大師孔安國，並深受孔子與董仲舒之影響。以下針對《史記》「太史公曰」中，所體現兩大主要學術思想──黃老與儒家，追溯司馬遷之師承淵源。

1. 黃　老

　　父親司馬談是一位文化素養極高的飽學之士，在武帝即位後，任職太史令達二十年之久。司馬談博學，精通天文、《易》學和黃老之學。〈太史公自序〉記載：

　　　太史公學天官於唐都，受《易》於楊何，習道論於黃子。（卷一百三十）

文中「太史公」指的是司馬談。司馬談向唐都學習天文學的知識，《易》學則師承楊何，而傳授司馬談道論的「黃子」，即「黃生」。黃生曾在漢景帝廷上，與儒者轅固

〔註 2〕百衲本《史記》卷一百三十〈太史公自序〉（臺北：臺灣商務，2001 年 1 月臺一版第八刷），頁 1198。本文所引《史記》原文皆出自此版本。

生針對湯伐桀、武王伐紂的性質問題，發生一場辯論。而由黃生辯論的內容看來，他的觀點即屬於道家學派。

漢代黃老的關係相當之密切，黃老可謂道家之別稱，而「黃老」一詞則最先出現於《史記》。由上節所述漢初瀰漫濃厚的黃老氛圍觀之，司馬談學習當代顯學——「道論」，是相當自然之舉，而道論、天文學、《易》學等學問，便經由司馬談傳授給司馬遷。

司馬遷生長於黃老思想濃厚之時代，接收其父司馬談的啟蒙教育。司馬談是道家的忠實信仰者，所作的〈論六家要旨〉，在中國學術發展史上有舉足輕重的地位。文中介紹、評述陰陽、儒、墨、法、名、道等六家，而著重肯定道家。司馬談對先秦諸子的分析，啟迪了司馬遷對各家之認識，而他道家的這股熱情，根深柢固的厚植在司馬遷的腦海中。黃老思想在司馬遷的思維裡，佔有相當程度的份量，這點能由《史記》「太史公曰」所體現之黃老思維得到驗證。《史記》「太史公曰」裡，凡論及一個人或政治的成敗得失，大體上都是採取道家的觀點，足證其承襲了司馬談之學術。

2. 儒　學

司馬遷十歲起，便開始誦讀《左傳》、《國語》、《世本》等「古文」，為將來纂述《史記》作準備，而其儒學教育，則親炙當代大師或私淑之。

據《漢書·儒林傳》的記載，司馬遷曾向孔安國學習《尚書》：

> 孔氏有《古文尚書》，孔安國以今文字讀之，因以起其家逸《書》，得十餘篇，蓋《尚書》茲多於是矣。遭巫蠱，未立於學官。安國為諫大夫，授都尉朝，而司馬遷亦從安國問故。[註3]

孔安國是孔子第十二代孫，西漢武帝時的經學大家，兼通今古文學。安國的古文學承自家學，至於今文學方面，則是向申公學《詩》，並向兒寬學《今文尚書》，兒寬是伏勝的再傳弟子。是以，司馬遷師事孔安國，所學不限《古文尚書》，故修纂《史記》時，引用《尚書》能兼採今古文和逸篇。以上為司馬遷之《尚書》師承。

史公除問故孔安國外，在解釋歷史演變亦深受董仲舒的影響，董仲舒（公元前179年～前104年），廣川人（今河北棗強縣），治《春秋公羊傳》，景帝時為博士，是漢代儒學大師。〈太史公自序〉中，司馬遷曾云：「余聞董生曰……」，然目前未有充分資料證明董仲舒與司馬遷有直接的師承關係，不過司馬遷的確受董仲舒之影響

〔註3〕漢·班固《漢書》百衲本，卷八十八〈儒林傳〉（臺北：臺灣商務，1988年1月臺六版），頁1080。

非常深遠。

　　《史記》序贊中文句，往往能自《春秋繁露》裡，找到子長迻錄其文句或承襲其義之明證。其中包括司馬遷理解的《春秋》大義，以及孔子作《春秋》之動機，咸依本於董仲舒之思想；尤其〈太史公自序〉，可謂言必稱董生，足覘司馬遷在學術上，所受董仲舒之沾溉。

　　司馬遷是繼孟子之後，另一位私淑孔子而獲致偉大成就者，史公曾云：

　　　　先人有言：「自周公卒五百歲而有孔子。孔子卒後至於今五百歲，有
　　　能紹明世，正《易傳》，繼《春秋》，本《詩》、《書》、《禮》、《樂》之際？」
　　　意在斯乎！意在斯乎！小子何敢讓焉。〔註4〕

文中足覘司馬遷以孔子接班人自居，而暗擬《史記》為第二部《春秋》，〈孔子世家〉贊便引《詩》盛譽這位文化巨人，表明為自己追步之佳範。《史記》有〈仲尼弟子列傳〉及〈儒林列傳〉，樹立了尊儒的典範，並大大提高儒學之歷史地位；〈太史公自序〉與〈孟子荀卿列傳〉亦都集中體現司馬遷的尊儒傾向。「太史公曰」中經常引夫子之言為論斷，作為權威性之註腳，用以印證自己之論點。這些咸足以證明司馬遷對孔子欽敬至極。

　　司馬遷發揚孔子之《春秋》微言大義，師摹「春王正月」之褒貶義法，秉持「別嫌疑，明是非，定猶豫，善善惡惡，賢賢賤不肖」之史家精神，終於完成一部比《春秋》規模更大，義法更豐富之作品，藉此傳承了孔子大一統與德治思想。《史記》對此前文化學術的總結，便是司馬遷繼承孔子的事業之最明顯表現。

（二）奇才成偉書

　　古代的歷史家和今日的新聞記者原本是一脈相承的，而司馬遷之表現可稱得上是一位偉大的「記者」〔註5〕。他一生嗜奇，揚雄曾道：「子長多愛，愛奇〔註6〕」，首先點出司馬遷「愛奇」的特徵，爾後陸續有學者附議，遂成定論。

　　司馬遷吸收百家之學，網羅奇人異事，當書本無法滿足他時，便決定自己外出進行知識之旅，並藉行萬里路印證所學，〈太史公自序〉云：

　　　　二十而南遊江、淮，上會稽，探禹穴，闚九疑，浮於沅、湘；北涉汶、
　　　泗，講業齊、魯之都，觀孔子之遺風，鄉射鄒、嶧；厄困鄱、薛、彭城，

〔註4〕百衲本《史記》卷一百三十〈太史公自序〉，頁1202。
〔註5〕繆雨《史記與新聞學》第二章〈司馬遷──偉大的「記者」〉（北京：新華出版社，2000年4月），頁17。
〔註6〕《文淵閣四庫全書》，子部，儒家類，《揚子法言‧君子》卷九，頁3。

過梁、楚以歸。於是，遷侍爲郎中，奉使西征巴、蜀以南，南略邛、筰、
昆明，還報命。〔註7〕（卷一百三十）

因爲天生「愛奇」的性格，催促著司馬遷於二十歲時，便展開周遊全國之旅，
終其一生，足跡幾乎踏遍當時的整個中國。如此的壯舉，在交通不便的古代，如吉
光片羽般難得，更是千古史家之第一人。司馬遷飽覽了壯麗之山河，薰陶著其內在
品格；他深入社會基層訪問，累積廣泛的閱歷，用以彌補史闕。

這種堅持實錄之精神，猶如記者之追求獨家新聞；「太史公曰」裡，記錄司馬遷
遊歷所獲，無疑是一條條絕無僅有之獨家史料。其它有關司馬遷壯遊部分，詳見本
論文〈第參章〉第一節 「書寫遊歷所得」。

顧頡剛分析司馬遷修史背景，云：

他生值漢家全盛時代，又有很好的家學，又居了全國文化中心的官
職，再加以好游歷的習性，親見過許多歷史遺蹟，民情風俗，於是「網羅
天下放失舊聞」寫成了一部空前的著作—《史記》。〔註8〕

顧氏之言，道盡《史記》成功的因素：首先是司馬遷生逢漢朝全盛時期，大才槃槃
的他受到良好之家庭教育；青年開始壯遊，一生幾乎閱畢全國歷史遺蹟，民情風俗；
加上擔任太史令的官職，泛覽金匱石室之檔案、藏書，撥煩理劇後，一部曠世鉅作
於焉產生。

司馬遷與生俱來之瓊林玉質，在父親司馬談以及當代大師殷實的學術薰陶下，
使其對百家能兼容並蓄，不偏居一隅；如此之教育，在司馬遷之人格、志向、學術
思想與治學態度等各方面，均產生了巨大的影響。司馬遷之成就，其中大半必須歸
功於其父司馬談，而《史記》一書之完成，總算不負老太史公臨終所囑。

第三節 李陵案原委

司馬遷之所以對酷吏有切膚之痛，進而體會並宣揚「發憤」精神，蓋因李陵案
故，其受禍始末，咸載述於《漢書·李陵傳》和司馬遷之〈報任少卿書〉中。

李陵是名將軍李廣的孫子，騎射技術有乃祖之風，又謙虛下士，深得戰士之心。
天漢二年（西元前 99 年），李陵出征匈奴，在矢盡糧絕又寡不敵眾的情況下投降匈
奴。消息傳回長安，武帝大怒。朝廷的文武百官，紛紛落井下石，「媒糵其短」，大
罵李陵可恥。

〔註7〕百衲本《史記》，頁 1201。
〔註8〕呂思勉等編《古史辨》第七冊（臺北：明倫，1970 年 3 月），頁 46。

　　當武帝召問時，司馬遷卻坦率的爲李陵辯駁，稱讚李陵有「國士之風」，相信他非眞心降敵，只要不死，還是會找機會效忠漢朝。盛怒中的漢武帝聽了這番話，認爲司馬遷爲李陵辯解，是故意貶低當時正在攻打匈奴，而又極不順利的貳師將軍李廣利，於是將司馬遷關入監牢待審。酷吏揣摩上意，判司馬遷爲死罪，或以宮刑代替。

　　漢武帝時代，判了死罪的可以出錢贖死，然而，當時子長「家貧，貨賂不足以自贖，交遊莫救，左右親近，不爲壹言。〔註9〕」司馬遷因爲《史記》草創未就，於是只得選擇受刑一途。轗軻的遭遇，使司馬遷的身心遭受到極大折磨，其悲憤之情盡書於悽愴滿懷的〈報任少卿書〉中。

　　司馬遷在生與死的悲憤思考與抉擇中，深知「人固有一死，死有重於泰山，或輕於鴻毛」。他想起了父親的遺訓，並以孔子、屈原、左丘明、孫子、韓非等先賢，在逆境中發憤有爲激勵自己，終於纂成五十二萬六千五百字的文史雙璧──《史記》，堪稱爲中國傳統文化中的國學精品。

　　司馬遷爲李陵辯誣，卻被阿諛迎上，微文深詆的酷吏定「誣罔」之罪，故對君主專制與酷吏有深刻的體認。他從沉痛中奮起，用更加堅韌的毅力來完成《史記》這本傳世之作。司馬遷於書中秉筆直書，揭露和抨擊統治者的荒淫與橫暴，而同情社會下層庶民，歌頌敢於反抗之歷史人物。此爲史公將所遇到之不平事，所體認之現實，完全地抒發在對歷史人物的褒貶上，而「太史公曰」便是他發論之專欄。

　　自受李陵案株連後，「發憤」便成爲司馬遷理想人才的必備條件之一。司馬遷的「發憤」理論，指的是一個人身處逆境而志不屈，更加激揚奮發而有所作爲。如果說「愛奇」便是司馬遷藝術的美學觀，那麼「發憤」是他進取的人生觀。

結　語

　　司馬子長幼年勤學，青年暢遊，中年修史，《史記》可謂薈萃了天時、地利、人和之巨著。杜維運認爲中國的史學，自孔子作《春秋》而出現，自司司馬遷修成《史記》而大放異彩。杜氏並且稱中國史學迄司馬遷，已經完全進入成熟時期，司馬遷的史學世界，似乎是世界任何其他史學家所難望其項背的。〔註10〕而如此煒燁之成就，是司馬談與司馬遷父子共同創造出來的。

　　子長天生善疑好問的性格，博覽群書，壯遊全國，知識閎富。他更以巧妙之思

〔註9〕百衲本《漢書》卷六十二〈司馬遷傳〉，頁776。

〔註10〕杜維運《中國史學史》第一冊，第五章〈史學成熟時期的來臨〉（臺北：三民書局經銷，1998年3月），頁156～220。

於《史記》中創立了「太史公曰」體例 ，發表其一家之言的觀點。他是一位和平主義者，主張德政與大一統，並以傳承孔子事業為畢生職志，這些咸構成了「太史公曰」的內涵，體現了子長一身的靈秀匯集。

對司馬遷所處之政治、社會、學術背景，有概略的了解後，始可領會以下各章中所述，《史記》「太史公曰」所體現之種種義法，以及其所綻放之文史學界璀璨之光芒。

第三章 《史記》「太史公曰」之作用與特點

　　《史記》「太史公曰」是司馬遷的史論，形式上師法《左傳》的「君子曰」而來。《左傳》的「君子曰」之作用，據學者考察，得之十項：褒美、貶刺、預言、推因、發明、辨惑、示例、補遺、寄慨、載道〔註1〕，內容甚為豐贍。

　　關於紀傳體文獻之論贊的功能與作用，王錦貴分析有三項：第一，增補資料，擴大新知；第二，撮要鉤玄，發人深思；第三，有助於瞭解作者，理解史書。〔註2〕關於《史記》「太史公曰」之作用，已有數家提出研究心得，舉其犖犖大者：

　　阮芝生引魯實先先生之言，謂《史記》「太史公曰」，具：補軼事、記經歷、言去取、述褒貶等四項功能〔註3〕。周虎林先生則擴充為：記述經歷、嚴定褒貶、補苴遺闕、寄託感慨、闡明緣起、論略篇義等，〔註4〕共六點內涵。

　　逯耀東從四方面論述之：（一）說明文中所引用的論證與文獻的來源；（二）對阻礙本文進展的枝節，及使讀者困惑、並減低其興趣的技術性討論、繁瑣考證、餖飣解說皆置於注中；（三）對本文引用前人或同時代學者，對同一問題所作的討論與結論，予以明確的提示；（四）對於有關的參考資料，作一個綜合的分析。〔註5〕

　　張大可列舉出五大方向：稽成敗興壞之理，總結歷史興亡的經驗教訓；褒貶歷

〔註1〕張師高評《左傳之文韜》（高雄：麗文書局，1994年10月），頁135。
〔註2〕王錦貴《中國紀傳體文獻研究》（北京：北京大學，1996年8月），頁179。
〔註3〕阮芝生〈論史記五體及太史公曰〉，《臺灣大學歷史學報》（臺北：臺灣大學，1979年12月），頁41。
〔註4〕周虎林《司馬遷與其史學》（臺北：文史哲，1980年10月再版），頁266。
〔註5〕逯耀東〈史傳論贊與史記太史公曰〉，《新史學》三卷二期，1992年6月，頁24。

史人物，進行總評；綜合概括篇中內容；提示立篇旨意；闡明《史記》書法。〔註6〕

　　蔡信發先生細分為十端，即補逸事、敘遊歷、寄褒貶、評得失、記奇異、擴感慨、明成敗、辯誣妄、敘因果、足文獻，為眾說中最細密者，而這十種作用可能單獨出現，有時也會數種同時出現。〔註7〕《史記》「太史公曰」如此廣博之內容，開闢出中國史學評論之長流，後世史書論贊，無能出此範圍。

　　以上所論，大抵不出補逸事、敘遊歷、寄褒貶、擴感慨、言去取等範疇，筆者綜合眾說，重新歸納成四節：書寫壯遊心得、寓褒貶寄感慨、論得失輕成敗、傳史料明取捨。每部分含括相關的幾項小目，其中第三節之「較功名」一點，則是各家鮮為關注之處。

第一節　書寫壯遊心得

（一）敘遊歷

　　司馬遷的人才思想中，成才條件之一便是要有豐富曲折的經歷，亦即積極主動深入社會，一步一腳印的獲得真實知識，這是史公實踐後的領悟〔註8〕。《史記》中有許多則「太史公曰」，記敘了司馬遷的壯遊經歷，他一生大規模之旅遊概況，自豪地記載於《史記‧太史公自序》云：

> 　　二十而南遊江、淮，上會稽，探禹穴，闚九疑，浮於沅、湘；北涉汶、
> 泗，講業齊、魯之都，觀孔子之遺風，鄉射鄒、嶧；厄困鄱、薛、彭城，
> 過梁、楚以歸。於是，遷仕為郎中，奉使西征巴、蜀以南，南略邛、筰、
> 昆明，還報命。〔註9〕（卷一百三十）

　　由此段文字，我們大致可將史公曾經出遊時間，區分為三階段：首次是在入仕之前，當時司馬遷的年紀大約二十歲左右，便啟程出發，開始他為期數年之遊歷，足跡分布於東南以及中原地區；第二次則於任命為郎中之後，扈駕崆峒與奉使西南；第三次便是元封元年～元封二年（西元前110年～前109年），侍從武帝往泰山封禪，並到瓠子視察塞黃河決口工程。終子長一生，身影幾乎掠過當時的整個中國。

　　司馬遷三次旅行的範圍，〈五帝本紀〉贊中已為我們勾勒出輪廓：

〔註6〕張大可等著《司馬遷一家言》（西安：陝西人民教育出版社，1995年8月），頁102～110。

〔註7〕蔡信發《話說史記》（臺北：萬卷樓，1995年10月），頁228。

〔註8〕參考王守雪〈司馬遷的人才思想〉，（《殷都學刊》，1994年第一期），頁55。

〔註9〕百衲本《史記》（臺北：臺灣商務，2001年1月臺一版第八刷），頁1201。本文所引《史記》原文皆出自此版本。

余嘗西至空桐，北過涿鹿，東漸於海，南浮江淮矣，至長老皆各往往
稱黃帝、堯、舜之處，風教固殊焉，總之不離古文者近是。（卷一）
由文中得知，史遷西行最遠到達空桐，最北抵涿鹿，最東近海邊，最南則止於江淮，
這是多麼驚人的活動力！梁啓超爲此曾讚嘆：「吾儕試取一地圖，按今地，施朱線，
以考遷遊踪，則知當時全漢版圖，除朝鮮、河西、嶺南諸新開郡外，所歷殆遍矣。
〔註10〕」讀者由文字也許難以想像，參照【附錄一】〔註11〕則能一目了然，究竟史
遷當年的足跡範圍有多麼遼闊。宋代馬存稱道：

子長平生喜遊，方少年自負之時，足跡不肯一日休，非直爲景物役也，
將以盡天下大觀以助吾氣，然後吐而爲書。〔註12〕
子長並非只貪戀美景，他在如此壯闊的旅行中，掌握了全國的山川地理，體會到各
地之風俗人情，考察了古蹟文物，收集各式各樣的第一手資料，以茲核實史料正訛，
可謂與古今歷史、地理融爲一體，足覘他是位活躍的文史家。

　　《史記》「太史公曰」有許多篇集中記載第一次遊歷所得，往往以「（吾）適」、
「過」、「如」等字詞標示史公曾親往；第二次出遊輒記於正文中，不在本章範圍故
不論。以下即就「太史公曰」中有關旅行部分，按圖索驥，觀子長當年所見所聞。
　　司馬遷首次出遊的原因，文中並未透露，至於是否有同行者亦不可得知。由「太
史公曰」中，我們唯一可以確定的是，司馬遷應在出發前便已打下相當厚實的史學
基礎。他嫻熟史故，帶著問號去旅行，隨處一一求證，考察史實，之後將這些心得
載於「太史公曰」，不僅記敘其壯遊心得，也充實了《史記》內文，爲後人留下寶貴
之資料。
　　司馬遷從長安向東南出發，通過武關至宛，一路順游南下，再折向東南，拜訪
舜的長眠之處──九疑山後，北上到了長沙，憑弔屈原，〈屈原賈生列傳〉贊：

適長沙，觀屈原所自沈淵，未嘗不垂涕，想見其爲人。（卷八十四）
子長懷著與屈原同樣懷才不遇之情，到靈均投江處抒放此鬱悶情緒，馬存以爲此地
的風景與故事，使司馬遷「其文感憤而傷激〔註13〕」。感傷過後，攀登廬山，繼續
向東，「上會稽，探禹穴」，行經姑蘇與五湖──吳王闔閭、夫差之故地，接著來到

〔註10〕梁啓超《飲冰室專集》第五冊〈要集解題及其讀法〉（臺北：臺灣中華書局，1978
　　　年），頁13。
〔註11〕地圖的繪製，參考張大可《司馬遷評傳》，南京：南京大學出版社，1997年1月2
　　　刷。
〔註12〕明・凌稚隆輯校《補標史記評林》（臺北：地球，1992年3月），頁123。
〔註13〕引自明・凌稚隆輯校《補標史記評林》（臺北：地球，1992年3月），頁123。

了江淮地區，亦即現今江蘇與安徽的北部。史公一到淮陰，便多方探訪韓信年少時的故事，〈淮陰侯列傳〉贊：

> 太史公曰：吾如淮陰，淮陰人爲余言，韓信雖爲布衣時，其志與眾異。
>
> （卷九十二）

訪察淮陰這項重要步驟，使得他聽所未聞，對韓信有更深一層的認識，描寫刻畫才能如此細膩傳神。當子長的行程終於踏上儒家的發源地——齊魯地區，他深深爲孔子之教化遺風感動著。〈孔子世家〉贊：

> 適魯，觀仲尼廟堂車服禮器，諸生以時習禮其家，余祗迴留之不能去
>
> 云。（卷四十七）

子長心儀孔廟中之禮器古物，誠摯地依戀在垂馨千祀的孔子遺教裡，低迴詠歎捨不得離去。梁啓超對此段考察讚譽有加，盛推道：「作史者能多求根據於此等目睹之事物，史之最上乘也。〔註14〕」到孔子故鄉一遊，亦培養了《史記》「典重溫雅」之文氣。

據「太史公曰」中所述，子長後來與孔夫子有同樣遭遇——困厄於薛（今山東南部與江蘇北部一帶），其因不明，似乎隱喻自己爲孔子之傳人。薛地，是當年孟嘗君之封邑，〈孟嘗君列傳〉之「太史公曰」：「吾嘗過薛」（卷七十五），爲親訪此地留下一筆記錄。

薛地下一站是彭城（今徐州），北邊有豐沛，東邊是邸縣，漢初顯赫而重要之人物泰半生長於此。漢高祖與盧綰同是沛縣豐邑中陽里人，蕭何也是豐縣人，而曹參、周勃、樊噲、夏侯嬰、周昌、周緤等，都是清一色的沛人，此地眞可謂漢初史跡之寶庫。〈樊酈滕灌列傳〉贊：

> 太史公曰：吾適豐沛，問其遺老，觀故蕭、曹、樊噲、滕公之家，及
>
> 其素，異哉所聞！（卷九十五）

子長參觀漢代開國眾臣的故居，同樣不忘請問耆老有關這幾位的故事，當然也有意外斬獲。之後由徐州取道開封，此地即爲戰國時期魏國之京城——大梁。子長在此地打聽到兩件大事，也分別述於〈魏世家〉與〈魏公子列傳〉之「太史公曰」中，詳見下段〈求軼事〉。

開封以東迄徐州一帶，爲戰國末年楚國遺址，〈春申君列傳〉贊：

> 太史公曰：吾適楚，觀春申君故城，宮室盛矣哉！（卷七十八）

司馬遷到楚國欣賞到春申君的宮廷，感嘆當日公子豪奢的生活。子長又到箕山

〔註14〕梁啓超《中國歷史研究法》第四章〈說史料〉（臺北：里仁，1994 年 12 月），頁 87。

（今河南洛陽以東登封縣境），憑弔許由冢。〈伯夷列傳〉云：

　　太史公曰：余登箕山，其上蓋有許由冢云。（卷六十一）

　　史公上箕山，觀許由之冢，疑惑為何儒家典籍不載許由等人事跡。司馬遷首次壯遊之行程，至此告一段落，記錄於「太史公曰」者都為九篇。

　　除前述記敘首次遊歷之「太史公曰」外，另尚有兩篇應為扈從武帝出巡所得，確切時間不明，即〈齊太公世家〉贊以及〈蒙恬列傳〉贊：

　　　　太史公曰：吾適齊，自泰山屬之琅邪，北被于海，膏壤二千里，其民闊達多匿知，其天性也。（卷三十二）

　　　　太史公曰：吾適北邊，自直道歸，行觀蒙恬所為秦築長城亭障，塹山堙谷，通直道，……。（卷八十八）

　　〈齊太公世家〉贊載錄太史公此番遠征至海，又獲得新的經驗與視野，並體會到了齊太公之遺澤，以及當地人民豁達的天性；〈蒙恬列傳〉贊則證明子長曾前往北方視察世界奇景——萬里長城。而上述諸贊裡，子長敘實地考察時，往往突出一「觀」字，此為表達其特為感慨之情。

　　迄此，史遷不僅實地完成了庶幾是當時全國疆域的巡禮，也忠實地將旅行心得記錄於「太史公曰」，這是「太史公曰」的作用之一，更是異於他史論贊的一大特色。

　　馬子才頌揚《史記》文章有大江之奔逸，雲夢之深，群山之妍媚，沅湘之憤激，古戰場之雄健，齊魯之典雅〔註15〕，魯迅亦盛推《史記》為：「史家之絕唱，無韻之〈離騷〉。〔註16〕」由上述可知，廣泛的海天遊蹤，開闊了司馬遷之胸襟；中國的奇山麗水，亦薰陶這位千古奇才，自鑄偉辭，纂成奇書。司馬子長與屈原不僅有情感上的關連，文章亦同受「江山之助」。

〔註15〕馬存云：南浮長淮泝大江，見狂瀾驚波，陰風怒逆，號走而橫擊，故其文奔放而浩漫。望雲夢洞庭之陂，彭蠡之瀦，含混太虛，呼吸萬壑，而不見介量，故其文停蓄而淵深。見九嶷之芊綿，巫山之嵯峨，陽臺朝雲，蒼梧暮煙，態度無定，靡蔓綽約，春粧如濃，秋飾如薄，故其文妍媚而蔚紆。泛沅渡湘，弔大夫之魂，悼妃子之恨，竹上猶有斑斑而不知魚腹之骨尚無恙者乎，故其文感憤而傷激。北過大梁之墟，觀楚漢之戰場，想見項羽之喑啞，高帝之嫚罵，龍跳虎躍，千萬兵馬，大弓長戟，俱游而齊呼，故其文雄勇猛健，使人心悸而膽栗。世家龍門，念神禹之大功，西使巴蜀，跨劍閣之鳥道，上有摩雲之崖，不見斧鑿之痕，故其文斬絕峻拔，而不可攀躋。講業齊魯之都，睹夫子之遺風，鄉射鄒嶧，彷徨乎汶陽洙泗之上，故其文典重溫雅。引自明‧凌稚隆輯校《補標史記評林》（臺北：地球，1992 年 3 月），頁 123。

〔註16〕《魯迅全集》，第九卷《漢文學史綱要》，第十篇〈司馬相如與司馬遷〉（北京：人民文學出版社，1991 年），頁 420。

（二）求軼事

「太史公曰」的另一作用是將旅遊期間，訪求所得之軼事、見聞，附載於書中，《史通‧論贊》云：

> 史之有論也，蓋欲事無重出，文省可知。〔註17〕

劉知幾認爲史論的作用是補該傳所無，爲免一事重出，使傳文達到簡省之標準。史公此一附錄作法，正爲求兼顧史實與文章之流暢，所採用之方式。

前述司馬遷之壯遊，考察了古蹟文物，並收集各式各樣的第一手資料，以茲核實史料正訛。然而，倘若將這類軼聞記在正史中，頗爲扞格；闕而不敘，則歷史眞相不顯。爲免史料文獻散佚，兼顧文章之流暢，《左傳》已有「補遺」之法，《史記》「太史公曰」作者更是走出象牙塔，親身實地訪察，以其善疑勤問性格，廣博蒐集來補足文獻。子長以精鍊的手法，補充正文之不足，使得史論更爲富厚多彩。

因爲廣泛的遊歷，史遷所得軼事包羅萬象，如人物之軼事、地理、工程、建築、歷史、文物、民情等類，他都能瞭若指掌。「太史公曰」裡，表現子長關心歷史人物的軼聞者，如〈田單列傳〉贊：

> 初，淖齒之殺湣王也，莒人求湣王子法章，得之太史嬓之家，爲人灌園。嬓女憐而善遇之。後法章私以情告女，女遂與通。及莒人共立法章爲齊王，以莒距燕，而太史氏女遂爲后，所謂「君王后」也。
>
> 燕之初入齊，聞畫邑人王蠋賢，令軍中曰「環畫邑三十里無入」，以王蠋之故。已而使人謂蠋曰：「齊人多高子之義，吾以子爲將，封子萬家。」蠋固謝。燕人曰：「子不聽，吾引三軍而屠畫邑。」王蠋曰：「忠臣不事二君，貞女不更二夫。齊王不聽吾諫，故退而耕於野。國既破亡，吾不能存；今又劫之以兵爲君將，是助桀爲暴也。與其生而無義，固不如烹！」遂經其頸於樹枝，自奮絕脰而死。齊亡大夫聞之，曰：「王蠋，布衣也，義不北面於燕，況在位食祿者乎！」乃相聚如莒，求諸子，立爲襄王。（卷八十二）

〈田單列傳〉贊共分三節，增敘太史嬓女善待湣王子法章，爾後成爲「君王后」的曲折故事，顯示太史嬓女爲一奇女子，用以襯托傳文中田單兵法之奇；賢者王蠋之捨生取義之行，喚起齊國人民同仇敵愾的愛國精神，足稱奇士，亦深化此篇主題；最後以法章立爲齊襄王的作結。如此的記載，已屬附傳性質，置於正文中實不相容，但安排在「太史公曰」，不僅保留了史料，傳文氣勢亦因此得以保持通暢，不致岔開

〔註17〕唐‧劉知幾著，民國‧呂思勉評《史通釋評》內篇第九（臺北：華世，1980年11月），頁100。

主題；〈樊酈滕灌列傳〉贊：

> 太史公曰：吾適豐沛，問其遺老，觀故蕭、曹、樊噲、滕公之家，及
> 其素，異哉所聞！方其鼓刀屠狗賣繪之時，豈自知附驥之尾，垂名漢廷，
> 德流子孫哉？（卷九十五）

史公請問豐沛遺老，有關開國重臣蕭何、曹參、樊噲、滕公等人未發跡前之軼事，
得知蕭何以前為主吏，曹參為獄掾，樊噲屠狗為生，周勃的職業則是在喪事中擔任
鼓手。這些都是史書上不曾記載之軼聞，若非史公親至該地，聞於遺老，則無從得
知袞袞諸公珍貴之背景資料；〈淮陰侯列傳〉贊：

> 淮陰人為余言，韓信雖為布衣時，其志與眾異。其母死，貧無以葬，
> 然乃行營高敞地，令其旁可置萬家。（卷九十二）

〈淮陰侯列傳〉贊則描述韓信少年已立鴻鵠之志，知將來必封侯加爵，故在母親過
世之時，雖家境貧困仍尋覓廣袤可置萬家的母冢地，這是補充實地勘查之例；〈樗里
子甘茂列傳〉贊：

> 太史公曰：樗里子以骨肉重，固其理，而秦人稱其智。（卷七十一）

而〈樗里子甘茂列傳〉贊，增添秦人稱樗里子嬴疾為「智囊」一聞。而〈樂毅
列傳〉贊中，附錄黃老學派的師承由來：

> 樂臣公學黃帝、老子，其本師號曰河上丈人，不知其所出。河上丈人
> 教安期生，安期生教毛翕公，毛翕公教樂瑕公，樂瑕公教樂臣公，樂臣公
> 教蓋公。蓋公教於齊高密、膠西，為曹相國師。（卷八十）

金聖嘆認為這是：「言樂毅忠孝之家，而又有學術。〔註18〕」顯示子長景仰忠
孝知禮之樂家，弦外似亦自豪司馬氏家「世典周史」，並曾為建功立業之將，允文允
武與樂家同。外此，「太史公曰」中，還有四則直接敘及人物狀貌，即：

> 太史公曰：吾聞之周生曰「舜目蓋重瞳子」，又聞項羽亦重瞳子。（〈項羽
> 本紀〉贊）
>
> 太史公曰：吾視郭解，狀貌不及中人，言語不足採者。（〈游俠列傳〉贊）
>
> 余睹李將軍悛悛如鄙人，口不能道辭。（〈李將軍列傳〉贊）
>
> 余以為其人計魁梧奇偉，至見其圖，狀貌如婦人好女。（〈留侯世家〉贊）

〈項羽本紀〉贊敘項羽與舜同樣重瞳子，暗示項羽有異人之處，故能叱吒秦楚
之際，號稱「西楚霸王」；〈游俠列傳〉贊是史公追敘當年親見郭解之感觸，與〈李
將軍列傳〉贊咸記郭解、李廣之平凡相貌與談吐，與其令人崇仰之人格不相稱；〈留

〔註18〕清・金聖嘆著，張國光點校《金聖嘆批才子古文》（武漢：湖北人民出版社，1995
年10月4刷），頁274。

侯世家〉贊所言，蓋史公在石室金匱中見到張良畫像有感而發，原來漢初一代名軍師，竟嬌弱得似女子一般，與其功勳不相符。這些補充之軼聞，皆能啓發讀者歷史之幽思，並加深對主角之印象。

　　而「太史公曰」裡有關史地類之例，如大梁被攻陷之眞實情況，見〈魏世家〉贊：

　　　　太史公曰：吾適故大梁之墟，墟中人曰：「秦之破梁，引河溝而灌大梁，三月城壞，王請降，遂滅魏。」（卷四十四）

子長將大梁人訴說秦國以「水攻〔註19〕」陷此城，逼使魏國不得不降，水攻圖示如下：

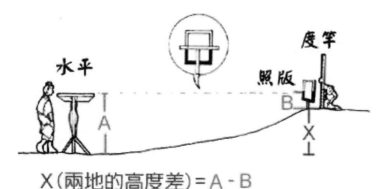

$$X（兩地的高度差）= A - B$$

大梁城地勢低窪，故敵軍採用水攻，此爲大梁城地理上的弱點；又如〈魏公子列傳〉贊：

　　　　太史公曰：吾過大梁之墟，求問其所謂夷門。**夷門者，城之東門也。**
　　（卷七十七）

傳文稱侯嬴爲夷門監，「太史公曰」則解開「夷門」一詞之謎，原來指的是「城之東門」。

　　而〈孟嘗君列傳〉贊：

　　　　太史公曰：吾嘗過薛，其俗閭里率多暴桀子弟，與鄒、魯殊。問其故，曰：「孟嘗君招致天下任俠，姦人入薛中蓋六萬餘家矣。」（卷七十五）

子長道出孟嘗君廣納門客，不擇良莠，因此招來暴戾民風之遺毒。〈淮南衡山列傳〉贊：

〔註19〕軍事上所謂的「水攻」，主要是指利用水力來阻擋敵人的運輸路線，沖毀敵人的城牆，或是浸泡敵軍的資材糧秣等。由贊文所述，大梁城所遭遇之情形應屬於後者。本論文所呈現「水攻」圖示，引自 www.contest.edu.tw/87/endshow/1/66/offence-d01.html。

　　夫荊楚僄勇輕悍，好作亂，乃自古記之矣。（卷一百一十八）

史公旅遊時曾到過楚地，發現當地之俗薄，人民僄勇輕悍，與史書所載相侔。〈齊太公世家〉贊中，子長稱揚齊人天性「闊達多匿知」，與前兩贊人民悍戾性情形成強烈對比。以上則為司馬遷遊蹤萬里所觀察到之各地民風。

　　「太史公曰」記錄文物方面之例，莫如〈孔子世家〉贊：

　　　　適魯，觀仲尼廟堂車服禮器，諸生以時習禮其家，余祗迴留之不能去

　　云。（卷四十七）

史公書寫親見仲尼廟堂文物，以及儒生練習禮儀，所受之感動，流連徘徊陶醉其中。「太史公曰」裡，敘及建築之例則為〈春申君列傳〉贊：

　　　　太史公曰：吾適楚，觀春申君故城，宮室盛矣哉！（卷七十八）

司馬遷面對巍峨的宮殿，感慨春申君黃歇暮年昏憒，而被李園所害的史實；另外尚有提及工程之處，如〈蒙恬列傳〉贊：

　　　　太史公曰：吾適北邊，自直道歸，行觀蒙恬所為秦築長城亭障，塹山

　　堙谷，通直道，固輕百姓力。（卷八十八）

司馬遷補充親見此一世界偉大工程，並為當年烝民受暴政陵轢而傷悲。

　　杜維運稱揚司馬遷於大量的文獻資料以外，證以直接的觀察與親身的訪問，具備了現代史學的精神﹝註20﹞。由上述蒐羅軼聞之「太史公曰」，足以反映子長是位實事求是，又思想縝密、具批判精神的史學家，他在幾次的旅行中，深入瞭解地方民情風俗，察看歷史遺跡，並且以之印證史書之記錄。司馬遷對史事這種探其源，究其終的態度，足以為後世學者之表率；而子長將錦繡江山融入「太史公曰」裡，也開拓了讀者的胸襟與想像空間。

（三）采諺謠

　　《史記》的語言流暢自然，豐贍且富感染力，對後世的敘事文學作品，起了導路創新的作用，可謂先秦散文語言的集大成者。而這偉大成就之來由，除了嚴謹的家庭教育，以及遍覽金匱石室之書外，在壯遊中從民間語言直接汲取的寶貴材料，也是重要因素之一。

　　稱司馬遷為偉大語言藝術師，沒人會否認，他對漢語語言的貢獻，俞樟華提出主要有三點：一是最早的古文翻譯家，二是大量保存和吸收了民間生動活潑的語言，三是善於用高度個性化的語言，來描寫歷史人物。﹝註21﹞其中第一與第三點與本節

﹝註20﹞杜維運《中國史學史》第一冊（臺北：三民書局經銷，1998年3月再版），頁179。
﹝註21﹞俞樟華《史記藝術論》（北京：華文出版社，2002年1月），頁116。

較無相關，以下針對第二點，探討「太史公曰」中所保存和吸收的民間語言。

　　司馬遷廣泛的閱歷，常有機會接觸社會各階層的人民，採集到各地口頭語言，所網羅收集到的放失舊文，內容包括民歌、童謠、俗諺或俚語，《史記》篇章中俯拾即是，楊生枝已輯編為《史記語林》〔註 22〕一書。「太史公曰」中，往往可見子長加以化用這些俚俗諺語，藉以支持其論點，每條開首輒標明「語曰」（「語有之」）、「鄙語曰」、「諺曰」之屬，如〈孫子吳起列傳〉贊：

　　　　語曰：「能行之者未必能言，能言之者未必能行。」（卷六十五）

空言和付諸行動是有區別的，史公引此俗語感喟孫臏、吳起有過人之智，然當己身遇難時卻無法自救：孫臏不能免於龐涓之加害，吳起因刻薄寡恩而亡其身。對司馬遷而言，他熟讀《春秋》，而身卻無法免於刑戮，此蓋亦其內心之感嘆；〈春申君列傳〉贊：

　　　　語曰：「當斷不斷，反受其亂。」（卷七十八）

史公於此贊，藉俗諺譏春申君黃歇戀位固寵，又不能當機立斷拒絕李園之奸謀，導致晚年蒙害亡身；〈袁盎鼂錯列傳〉贊：

　　　　語曰：「變古亂常，不死則亡。」（卷一百一）

此贊則為史公慨歎鼂錯諫削諸侯之策太激進，終於速禍及身，驗證俚語所言；〈劉敬叔孫通列傳〉贊：

　　　　　語曰：「千金之裘，非一狐之腋也；臺榭之榱，非一木之枝也；三代
　　　　之際，非一士之智也。」（卷九十九）

贊中，引諺語闡明成就事業與治平天下，需要結合眾多賢才之智慧，不能單打獨鬥。史公並舉周代因有太公及周、召二公與文王四友之助，始能伐紂興周；〈張釋之馮唐列傳〉贊：

　　　　語曰：「不知其人，視其友。」（卷一百二）

若不知一個人之品德，端視其結交之友即能明徹。史公用此語熱情頌揚張、馮二人慷慨進言的正直性格，與冰壺玉尺之品德；〈鄭世家〉贊：

　　　　語有之，「以權利合者，權利盡而交疏。」（卷四十二）

史公藉俗語，責鄭大夫甫瑕、晉國里克同樣都是以權利交合之人，最後咸不得善終；〈平原君虞卿列傳〉贊：

　　　　鄙語曰：「利令智昏。」（卷七十六）

史公於贊中援引鄙語，府獄平原君趙勝貪利，接受馮亭獻地，引來秦國大舉攻趙，

〔註22〕楊生枝編著《史記語林》，西安：三秦出版社，2000 年 12 月。

爆發長平之戰，使趙折損兵四十餘萬眾，庶幾慘遭亡國之悲劇。史公以鄙語襯顯趙勝誤國之「鄙」;〈白起王翦列傳〉贊:

> 鄙語云:「尺有所短，寸有所長。」（卷七十三）

贊中，史公藉諺譏白、王二人雖善用兵，然亦各有其短處:白起之短在於「不能救患於應侯」，王翦之短處則是「不能輔秦建德」;〈游俠列傳〉贊:

> 諺曰:「人貌榮名，豈有既乎!」（卷一百二十四）

一個人之聰明才智與成就，與其外貌不見得有必然之關聯。史公用鄙語推獎郭解有令人仰慕之品格，勿因其平凡之外表而忽略其內在之美善;〈李將軍列傳〉贊:

> 諺曰:「桃李不言，下自成蹊。」（卷一百九）

史公以俚諺喻大將軍李廣之忠誠質樸、才能違躒，足爲領導者的表率。諺中的「桃李」之「李」，恰與將軍之姓氏暗合;〈佞幸列傳〉序:

> 諺曰:「力田不如逢年，善仕不如遇合。」（卷一百二十五）

序中，史公藉諺抨擊朝中佞臣，本身無過人之，只靠阿諛取媚於上，便居要職;感嘆上位者用人不問才，端視個人喜好，忠心耿耿、勤奮努力之社稷臣，卻往往遭遇坎壈，無法獲得相等之回報。

另外，不同於以上十則俗諺之標明規則，而藉由主角之喟嘆道出之變體俗諺，〈汲鄭列傳〉贊:

> 翟公乃人署其門曰:「一死一生，乃知交情;一貧一富，乃知交態。
> 一貴一賤，交情乃見。」（卷一百二十）

汲、鄭、翟公等人得志時眾口交譽，爭爲知己;失意時則門可羅雀，蕭瑟落寞。子長藉翟公寥寥數語，道盡對世態澆薄的人生感觸。而〈管晏列傳〉贊:「語曰:『將順其美，匡救其惡，故上下能相親也』。」雖出現「語曰」兩字，然其出處爲《孝經·事君》，非閭閻之語，故不列入討論。

上述諸贊，史公以格言警句作爲論斷語言，不僅鏗鏘有力，對仗整齊，表意深刻，更予人以異於雅馴之美的感受〔註23〕。這些耐人尋味之諺，妙語如珠，用得恰如其份，於平淡中蘊藏眞理，在在展現司馬遷高超駕馭語言藝術的能力，與惜愛自己民族的語言熱忱，同時也展現他活潑的另一面性格。

《史記》「太史公曰」將百姓的尋常生活語言，鑄入了文人精煉的書面語言，化俗爲雅，使這些俚諺得以有保存機會，成爲古代優秀的語言寶庫。外此，《史記》「太史公曰」也呈現了異於其他正史，於嚴肅的論贊中略帶輕鬆詼諧風格，具有重視庶

〔註23〕參考楊松岐〈再論司馬遷的論斷語言藝術〉，（《殷都學刊》，1994年第四期），頁49。

民的精神。

值得注意的是，上述之俗諺，一則存於世家，其他十則集中出現在列傳中，可知「列傳」之體例，較其它四體適合以通俗諺語佐證論點。

（四）錄奇異

司馬遷之性格中，最特別之處為「愛奇」。最先發現者為揚雄。揚雄曾道：「仲尼多愛，愛義；子長多愛，愛奇。〔註24〕」其後，劉勰亦稱子長「愛奇反經〔註25〕」，司馬貞於〈史記索隱後序〉則曰：「其人好奇而詞省〔註26〕」，章學誠更稱譽司馬遷為：「賢才好奇」，這些僉點出太史公「愛奇」的風格。

史公「愛奇」，所愛者或對於自己所不了解的感興趣，或鑽探異人怪事，咸可自「太史公曰」中發掘，如〈留侯世家〉贊：

> 太史公曰：學者多言無鬼神，然言有物。至如留侯所見老父予書，亦可怪矣。（卷五十五）

司馬遷雖不喜言怪力亂神，因為愛奇，〈留侯世家〉贊仍忍不住將黃石公這位奇士與他贈與張良之奇書載入史冊，焦點無非在黃石公與張良兩人之「奇遇」，影響後來楚漢相爭之奇局；〈陳丞相世家〉贊：「常出奇計，救紛糾之難，振國家之患。」（卷五十六）與〈樗里子甘茂列傳〉贊：

> 甘羅年少，然出一奇計，聲稱後世。雖非篤行之君子，然亦戰國之策士也。方秦之彊時，天下尤趨謀詐哉（卷七十一）

兩贊則稱傳主陳平、甘羅有奇智，能出奇計以報效國家，討好主上，焦點在「奇計」。

〈白起王翦列傳〉贊：

> 白起料敵合變，出奇無窮，聲震天下，然不能救患於應侯。（卷七十三）

贊中「料敵」二字，出自《孫子兵法・行軍》：「兵非貴益多，惟無武進，足以併力料敵取人而已。〔註27〕」原文闡明兵不在多的道理，不逞暴虎馮河之勇，並對敵情判斷正確，始能攻克之。再觀〈田單列傳〉贊：

> 兵以正合，以奇勝。善之者，出奇無窮。奇正還相生，如環之無端。
> 始如處女，適人開戶；如脫兔，適不及距：其田單之謂邪！（卷八十二）

贊文後半文句，出自《孫子兵法・九地》：「始如處女，敵人開戶；後如脫兔，敵不

〔註24〕《文淵閣四庫全書》，子部，儒家類，《揚子法言・君子》卷九，頁3。

〔註25〕劉勰《文心雕龍》（臺北：三民，1994年4月），頁257。

〔註26〕百衲本《史記》卷前序，臺北：臺灣商務，2001年1月臺一版第八刷。

〔註27〕魏汝霖《孫子兵法大全》（臺北：黎明文化，1988年4月4版），頁39。

及拒。〔註28〕」史公更易原文中「敵」為「適」，改「拒」為「距」。原意教導行兵之道，應示己弱使敵人驕溢，再趁其不備，如脫網之兔，以迅雷不及掩耳的速度攻之。此田單所用之法也。

兩贊咸露司馬遷好兵家奇謀之情，金聖歎更指出〈田單列傳〉贊根本是史公自己談兵〔註29〕。觀司馬遷於此贊中慷慨言兵，足覘遷傳承其先祖司馬錯、司馬靳之兵學，對兵法有濃厚興趣並造詣深厚。

外此，〈游俠列傳〉贊：

> 太史公曰：吾視郭解，狀貌不及中人，言語不足採者。然天下無賢與
> 不肖，知與不知，皆慕其聲，言俠者皆引以為名。（卷一百二十四）

贊中無一「奇」字，然由天下人爭相「引以為名」一點觀之，已道盡奇人郭解一生奇行所博得之隆崇名聲，四海之內賢與不肖，知與不知者，皆慕之。

蘇轍曾盛推太史公文章：「其文疏蕩，頗有奇氣〔註30〕」，由上述諸贊所掇錄之「奇」義，或指奇異之人、事，或指奇妙之智謀，或指兵法，不拘一義，足覘司馬遷長期浸染奇人異事中，汲取其精髓，故為文自然疏蕩有奇氣，此為史公「愛奇」的浪漫精神之表現，亦是其自成一家之秘訣。

第二節　寓褒貶寄感慨

論贊主要之功能，在於臧否歷史人物，史書大部分的褒貶論斷，往往於論贊中體現。杜維運剖析中國史學中之「褒貶」道：

> 中國史學家講褒貶，其目的是在維持人類文明的水準，假借歷史的力
> 量，使人類懲惡而勸善，野蠻行為，賴以減少。〔註31〕

杜氏認為史家的褒貶力量，能達到維持人類美善的道德行為，「褒貶」之作用、影響甚鉅，連皇帝都無法干涉，所謂「天子之權，不及史氏之筆也〔註32〕」。

《史記》「太史公曰」中所寓含之褒貶義法，郭瓊瑜認為是《史記》褒貶義法中，

〔註28〕魏汝霖《孫子兵法大全》（臺北：黎明文化，1988 年 4 月 4 版），頁 47。

〔註29〕清·金聖歎著，張國光點校《金聖歎批才子古文》（武漢：湖北人民出版社，1995 年 10 月 4 刷），頁 270。

〔註30〕宋·蘇轍《蘇轍集》〈上樞密韓太尉書〉（北京：中華書局，1999 年 7 月 2 刷），頁 381。

〔註31〕杜維運《史學方法論》（臺北：三民書局經銷，2001 年 10 月 14 版），頁 380。

〔註32〕王治皡《史記權參》卷之七〈衛將軍驃騎〉，引自楊燕起等編《歷代名家評史記》（北京：北京師範大學，1986 年 3 月），頁 679。

立場最明確、價值判斷最鮮明，對後世史學影響最鉅者。他並歸結出兩大主題：一為評價政治得失，一為評價人物是非。政治得失又有三主題：賢人政治、無為而治與陰功陰德。〔註33〕

郭氏將「太史公曰」之褒貶義法分上述兩主題討論，筆者則主要分為褒美與貶刺兩類，前者為剖析子長所崇仰之人格、其理想之政；而子長所貶刺之人、事則反此類型，而諷刺手法精彩，義法精奧，特於此節揭櫫，藉以明徹子長卓躒之史識，以及垂誡後人之教訓。

（一）褒　美

劉勰云：「奸慝懲戒，實良史之直筆；農夫見莠，其必鋤也。〔註34〕」將良史直書比農夫鋤莠；《史記》更強調「明是非，定猶豫，善善惡惡，賢賢賤不肖」之史家精神，若欲達彰善癉惡之目的，最直接的方式便是由史書之論贊來表現。

在「太史公曰」裡，司馬遷遵循一定的原則，對歷史人物進行褒貶。「褒美」方面，可分崇仰人格、歌頌德政、發憤成功等幾種類型來談：

1. 景仰其人

《史記》一書中，有幾位是司馬遷所敬慕之人，他於「太史公曰」裡完全表露欽仰的情懷，如〈孔子世家〉贊：

> 太史公曰：詩有之：「高山仰止，景行行止。」雖不能至，然心鄉往之。余讀孔氏書，想見其為人。適魯，觀仲尼廟堂車服禮器，諸生以時習禮其家，余祇迴留之不能去云。天下君王至于賢人眾矣，當時則榮，沒則已焉。孔子布衣，傳十餘世，學者宗之。自天子王侯，中國言六藝者折中於夫子，可謂至聖矣！（卷四十七）

司馬遷於此贊滿懷虔敬的心情，發為頌揚之瑰句，推崇尼父人格如高山，其人其書咸影響太史公甚鉅。《史記》論贊中，引用仲尼之言為論斷凡二十餘條，又破格列仲尼為世家，推尊他為「至聖」，可謂欽敬至極。歷代君王或許能榮耀一時，但往往晏駕後便寂然無聞，不如布衣孔子，經此傳流譽千古。

另一位令子長「想見其為人」者，即三閭大夫屈原，〈屈原賈生列傳〉贊：

> 太史公曰：余讀離騷、天問、招魂、哀郢，悲其志。適長沙，觀屈原所自沈淵，未嘗不垂涕，想見其為人。（卷八十四）

〔註33〕郭瓊瑜《史記的褒貶義法》（臺北：中國文化大學碩士論文，1994年6月），頁32；頁37。

〔註34〕劉勰《文心雕龍》（臺北：三民，1994年4月），頁270。

司馬遷與靈均有著同樣的不遇之悲，無限低徊唱歎外，極力歌頌其與「日月爭光」之品格。《史記》「太史公曰」中，爲此二贊曾出現「想見其爲人」之語，足覘所受司馬遷之尊崇。

再如戰國四公子之信陵君，也爲史遷「胸中得意之人〔註35〕」，〈魏公子列傳〉贊：

> 天下諸公子亦有喜士者矣，然信陵君之接巖穴隱者，不恥下交，有以也。名冠諸侯，不虛耳。高祖每過之而令民奉祠不絕也。（卷七十七）

子長於四公子中獨將魏無忌之傳名爲〈魏公子列傳〉，且在文中尊稱「公子」凡一百四十七次〔註36〕，洋溢由衷的尊佩魏公子禮賢下士的態度；〈管晏列傳〉贊：

> 假令晏子而在，余雖爲之執鞭，所忻慕焉。（卷六十二）

晏嬰救越石父于縲紲之中，以及褒獎聽從妻子改過的車夫，由此足證其知人之眼光與心胸之不凡，同於魏公子，兩人皆能不拘一格地荐拔人才。史遷對晏平仲的欽敬之情，已臻至願意爲之執鞭的境地，故徐與喬言：

> 於嬰則述兩逸事，竟結總寫知己悲感良情，即贊中爲之執鞭，所欣慕之意，風神超雋。〔註37〕

徐氏領會司馬遷敍述晏嬰兩逸事，主要歸結到自身悲感良情，而文中顯露司馬遷欣慕之意，徐與喬推崇「風神超雋」。

以上咸爲《史記》光彩照人之形象，「太史公曰」裡盡露子長景仰其人的敬慕之情。

2. 歌頌德政

太史公關心市井小民的需求，故對上位者能否施德政，給予忠實之批判，在此所討論之德政，又可析爲漢初的黃老之治與其它施德惠民之政兩部分。

（1）黃老之治

〈呂太后本紀〉中描寫呂后爲人心胸狹隘、個性兇殘狠暴，但司馬遷並不抹殺呂后之功績，贊道：

> 孝惠皇帝、高后之時，黎民得離戰國之苦，君臣俱欲休息乎無爲，故

〔註35〕茅坤《史記鈔》卷四十五，引自楊燕起等編《歷代名家評史記》（北京：北京師範大學，1986年3月），頁596。

〔註36〕史公尊稱「魏公子」之次數，參考徐與喬，《經史辨體》史部〈信陵君列傳〉，引自楊燕起等編《歷代名家評史記》（北京：北京師範大學，1986年3月），頁596。

〔註37〕徐與喬《經史辨體》史部〈管晏列傳〉，引自楊燕起等編《歷代名家評史記》（北京：北京師範大學，1986年3月），頁553。

惠帝垂拱，高后女主稱制，政不出房戶，天下晏然。刑罰罕用，罪人是希。
民務稼穡，衣食滋殖。（卷九）

子長認為，呂后之歷史貢獻在於採取與民「休息無為」的政策，使得社會能維持安
定，經濟得以發展。施行「黃老之治」有功的還有曹參，〈曹相國世家〉贊：

參為漢相國，清靜極言合道。然百姓離秦之酷後，參與休息無為，故
天下俱稱其美矣。（卷五十四）

曹參繼任蕭何為相，凡事遵循蕭何所訂之法，與民休養生息，經濟因而得以復甦，
人民能擺脫秦朝末年顛沛流離之苦。曹參垂拱之政治作為，得到天下人之肯定與稱
頌，史公特標榜之。有關黃老之治的部分，詳見第肆章〈「太史公曰」與黃老思想〉。

（2）施德惠民

三代中善治民者莫若周召公奭，〈燕召公世家〉贊：

太史公曰：召公奭可謂仁矣！〈甘棠〉且思之，況其人乎？（卷三十四）

召公不僅協助武王伐紂，輔佐成王，更用心於領導燕地政治，故博得太史公隆崇之
譽；而漢文帝則是司馬遷最為讚賞之漢代君王，〈孝文本紀〉贊：

漢興，至孝文四十有餘載，德至盛也。廩廩鄉改正服封禪矣，謙讓未
成於今。嗚呼，豈不仁哉！（卷十）

原因是文帝生活樸素，時時以國家、黎民百姓為重，能施行德政。〈律書〉贊同稱：

文帝時，會天下新去湯火，人民樂業，因其欲然，能不擾亂，故百姓
遂安。自年六七十翁亦未嘗至市井，游敖嬉戲如小兒狀。孔子所稱有德君
子者邪！（卷二十五）

文帝時，不僅政治上寬鬆，連思想也自由，天下殷富，煙火萬里，是故連黃髮老翁
亦能「游敖嬉戲如小兒狀」，這一切全為文帝「右賢左戚，先民後己」之德政所賜。

除了褒獎上位者之仁德，子長亦不忘嘉勉愛民如子之官吏，如〈田叔列傳〉贊：

太史公曰：孔子稱曰：「居是國必聞其政」，田叔之謂乎！義不忘賢，
明主之美以救過。仁與余善，余故并論之。（卷一百四）

田叔扶義倜儻，稱舉孟舒為長者；寬仁淳厚，對梁孝王的處理，不同於酷吏，免於
景帝骨肉相殘。以是，李景星讚道：「田叔案梁獄，可謂善處人骨肉之間，皆可為後
世法。〔註38〕」〈循吏列傳〉序：

太史公曰：法令所以導民也，刑罰所以禁姦也。文武不備，良民懼
然身修者，官未曾亂也。奉職循理，亦可以為治，何必威嚴哉？（卷一

〔註38〕清・李景星《史記評議》（吉林：東北師範大學出版社，1986年4月），頁108。

百十九）

此序讚揚循吏以德治民，彰揚他們施政善績，與酷吏好殺伐行威形成強烈對比，史公表明了反對嚴刑酷罰的態度。

3. 發憤成功

子長遭宮刑大禍後，有兩項最明顯的改變，一是力行「發憤著書」，二是體認世態炎涼。在此討論前項，並細分為發憤著書與發憤圖強兩目；感喟人情冷暖部分，留待「貶刺」處剖析之。

（1）發憤著書

子長因自身悲慘遭遇，產生同理心，對於英雄貧困、失路無門之日皆極力描摹，發其孤憤。〈太史公自序〉提到：

> 夫《詩》、《書》隱約者欲遂其志之思也。昔西伯居羑里，演《周易》；孔子厄陳蔡，作《春秋》；屈原放逐，著〈離騷〉；左丘失明，厥有《國語》；孫子臏腳，而論兵法；不韋遷蜀，世傳《呂覽》；韓非囚秦，〈說難〉〈孤憤〉；《詩》三百篇，大抵賢聖發憤之所為作也。此人皆意有所鬱結，不得通其道也，故述往事，思來者。（卷一百三十）

這一段在〈報任少卿書〉中也有類似的話，而文辭稍作更動。在此，雖然少部分敘述不盡合史實〔註39〕，但我們可發現司馬遷企圖歸納一條「發憤著書」的規律，強調文章要如《詩》、《書》之針對現實，有感而發；同時也暗喻作家之人生境遇往往坎壈的感嘆。

李長之總結：

> 把古今一切著作都歸到「大抵賢聖發憤之所為作也」，這是不折不扣的浪漫觀點。〔註40〕

李氏認為史遷的「發憤著書」說，來自他的浪漫性情，而這也影響了後世許多的文學理論，如唐代的韓愈的「不平則鳴」（〈送孟東野序〉）及歐陽修之「窮而後工」（〈梅聖俞詩集序〉）。故姜夔詩云：

> 士生有如此，儲粟不滿瓶。著書窮愁濱，可續《離騷經》。〔註41〕

說明了自屈原、司馬子長起，後世文人不得意者，皆能以屈、馬自況，轉而著書抒

〔註39〕呂不韋先命門客編成《呂氏春秋》後，才遭放逐蜀地；韓非囚秦在後，〈說難〉、〈孤憤〉著作在前。
〔註40〕李長之《司馬遷之人格與風格》（臺北：里仁，1999年4月），頁219。
〔註41〕姜夔〈以長歌意無極好為老夫聽為韻奉別沔鄂親友〉，收於《全宋詩》卷二七二四（北京：北京大學出版社，1998年12月），頁32036。

發胸中鬱結之氣。這些都是對司馬遷「發憤著書」說的進一步發展，強調作家的時代環境和身世遭遇對文學的影響。

「發憤著書」說表現於〈平原君虞卿列傳〉贊至為清楚，贊道：

> 虞卿料事揣情，為趙畫策，何其工也！及不忍魏齊，卒困於大梁，庸夫且知其不可，況賢人乎？然虞卿非窮愁，亦不能著書以自見於後世云。
> （卷七十六）

虞卿受史遷推崇在能於窮愁潦倒中，創作《虞氏春秋》，太史公以彰揚虞卿自鳴心志。〈屈原賈生列傳〉贊裡，提及〈離騷〉與〈服鳥賦〉，也有相同發憤著書的情懷，贊云：

> 太史公曰：余讀〈離騷〉、〈天問〉、〈招魂〉、〈哀郢〉，悲其志。……讀〈服鳥賦〉，同死生，輕去就，又爽然自失矣。（卷八十四）

司馬遷與屈原、賈誼，同樣有敏銳之歷史意識，以及進步的政治觀與政治主張。是以，司馬遷能深刻瞭解兩人之作品，同情屈原、賈誼「信而見疑，忠而被謗」的不幸，悲傷兩人遭讒放逐之命運，借此贊來齊發三人之牢騷孤憤。陳子謙歸結司馬遷「發憤著書」的內容如下：

> 一、在封建專制下，忠介之士往往遭受統治者和讒佞之徒的殘酷迫害，只好以著書述志來發洩其憤懣；二、由於作家受迫害，便得以接觸社會，瞭解下情，加深對統治者昏憒而殘暴的面孔的了解和認識；三、作家的憂愁幽思不是為著發洩私情，而是為了針砭時弊；四、作家對黑暗現實的義憤愈強烈，作品的思想性就愈強；五、「發憤著書」者往往身處險惡的環境之中，需要有決心、信心、恆心，方能成功。〔註42〕

陳子謙縷述忠介之士遭受殘酷迫害，因此得以接觸社會的不同層次面，聽到下層百姓之心聲，體會到弱勢者之處境，為了針砭時弊，揭櫫黑暗現實而「發憤著書」。而「發憤著書」者絕非為報私恨而寫作，他們有更高尚之情操，希冀朝政能改善，不再有社稷臣被冷落，善面諛者反而當道之情況，同時上位者亦能以德教化元元百姓。文末，陳氏歸結「發憤著書」者的特徵是身處險惡的環境，並具有決心、信心、恆心，終於留名青史。陳氏之言，正是子長從遭禍到發憤著書，其間所激發的心路歷程，堪為後世「發憤著書」者提供奇崛之明範。

上述為文人遭遇轗軻處境，隱忍發憤著書之例；非有文采之英雄人物，遭逢困厄則又是另一情形，以下解析之。

〔註42〕參考陳子謙〈司馬遷的「發憤著書說」及其歷史發展〉，（《廈門大學學報》，1984年第一期），頁123～124。

（2）發憤圖強

　　吳闓生《左傳微》稱左氏：「於倫紀蕩亡之世，輒玩弄一切，以寄慨，所以寓其孤憤也。〔註43〕」《史記》亦然。司馬遷因李陵案被處以宮刑，塊壘難消，但他並不從此消沈，反而化悲憤爲力量，故「太史公曰」裡往往見其藉題發揮，抒發胸臆之憤。

　　子長因有切膚之痛，故欣賞能於逆境中奮發向上之人，「太史公曰」中讚揚發憤成功之人物有句踐、伍子胥、范雎蔡澤、季布欒布、魏豹、彭越等人。

　　所謂的「發憤」，用司馬遷自己的話即：

　　　　人皆意有所鬱結，不得通其道，故述往事，思來者。〔註44〕

而「發憤」需有兩方面的精神素質：一要有堅韌頑強的奮鬥精神，二要有忍辱負重的生死觀〔註45〕。如〈游俠列傳〉序所云：

　　　　太史公曰：昔者虞舜窘於井廩，伊尹負於鼎俎，傅說匿於傅險，呂尚
　　　　困於棘津，夷吾桎梏，百里飯牛，仲尼畏匡，菜色陳、蔡。此皆學士所謂
　　　　有道仁人也，猶然遭此菑，況以中材而涉亂世之末流乎？其遇害何可勝道
　　　　哉！（卷一百二十四）

序裡突出虞舜、伊尹、傅說、呂尚、管仲、百里奚，以及孔子等聖賢的堅忍卓絕精神，闡發「發憤」的精神意義。緩急之事，人之所時有也，僅一時不遇，不必自暴自棄，蘊奇待價，終會有成功之日。

　　而「太史公曰」裡頌揚發憤成功之例，如：〈越王句踐世家〉贊：

　　　　及苗裔句踐，苦身焦思，終滅彊吳，北觀兵中國，以尊周室，號稱霸
　　　　王。句踐可不謂賢哉！（卷四十一）

句踐臥薪嘗膽，忍受爲虜之種種恥辱，加深其湔雪亡國之恥的決心。最後句踐果然消滅吳國，並尊周天子，號令天下，成爲當時之霸王。由此可知「發憤」所帶來之力量驚人。〈伍子胥列傳〉贊：

　　　　太史公曰：方子胥窘於江上，道乞食，志豈嘗須臾忘郢邪？故隱忍就
　　　　功名，非烈丈夫孰能致此哉？（卷六十六）

伍子胥避禍逃難，曾淪落爲乞丐，但他珍惜生命，等待時機，爲雪分天之仇而努力，終於成就功名。〈范雎蔡澤列傳〉贊：

〔註43〕吳闓生《左傳微》卷六（臺北：臺灣中華書局，1970 年 3 月），頁 12。
〔註44〕司馬遷〈報任少卿書〉，引自漢・班固《漢書》卷六十二〈司馬遷傳〉（臺北：臺灣
　　　　商務，1988 年 1 月臺六版），頁 778。
〔註45〕張大可等著，《司馬遷一家言》（西安：陝西人民教育出版社，1995 年 8 月），頁 105。

范睢、蔡澤世所謂一切辯士，然游說諸侯至白首無所遇者，非計策之
拙，所爲說力少也。及二人羈旅入秦，繼踵取卿相，垂功於天下者，固彊
弱之勢異也。然士亦有偶合，賢者多如此二子，不得盡意，豈可勝道哉！
然二子不困厄，惡能激乎？（卷七十九）

范睢和蔡澤未發跡前都曾遇到挫折，但他們並不自暴自棄，反而更惕勵自己實現夢
想，終於成爲強秦之卿相，並垂功於天下。兩人發憤圖強，適說明了困厄環境能激
發出堅韌的意志力。另一方面，史公亦感嘆其他才華不輸此二人者，卻因時運不濟，
無法達致如范睢、蔡澤之成就。〈季布欒布列傳〉贊：

太史公曰：以項羽之氣，而季布以勇顯於楚，身屢軍搴旗者數矣，可
謂壯士。然至被刑戮，爲人奴而不死，何其下也！彼必自負其材，故受辱
而不羞，欲有所用其未足也，故終爲漢名將。賢者誠重其死。夫婢妾賤人
感慨而自殺者，非能勇也，其計畫無復之耳。欒布哭彭越，趣湯如歸者，
彼誠知所處，不自重其死。雖往古烈士，何以加哉！（卷一百）

季布和欒布對死有不同之表現：季布避死，故以屈爲伸；欒布敢死，而冒死赴義。
兩人都是大勇之體現。漢興，季布被劉邦通緝，在窮愁潦倒之際，還是忍受屈辱保
存志向；欒布視死如歸，重義而不貪生怕死。史公於此宣揚季布「隱辱發憤」之事
蹟，並推獎季布與欒布爲一崇高理想，而看透生死之異，此亦史公爲完成《史記》，
而選擇下蠶室之心態。〈魏豹彭越列傳〉贊：

太史公曰：魏豹、彭越雖故賤，然已席卷千里，南面稱孤，喋血乘勝
日有聞矣。懷畔逆之意，及敗，不死而虜囚，身被刑戮，何哉？中材已上
且羞其行，況王者乎！彼無異故，智略絕人，獨患無身耳。得攝尺寸之柄，
其雲蒸龍變，欲有所會其度，以故幽囚而不辭云。（卷九十）

魏豹和彭越都曾爲王，而當淪爲階下囚之時，也不輕言自裁。因爲兩人都堅信有東
山再起之一日。此亦闡發了「發憤」能帶給人無窮之希望，以極強韌之求生意志。
又如〈南越列傳〉贊：

伏波困窮，智慮愈殖，因禍爲福。成敗之轉，譬若糾墨。（卷一百一十三）

此贊稱揚伏波將軍路博德事業不順，反而使思慮愈加縝密清晰，故能因禍得福。
路博德因「困窮」而發憤，進而扭轉情勢，這是躓踣的時運，激起人所蘊藏的潛能
之例。

句踐、伍子胥、范睢、蔡澤、季布、魏豹、彭越與伏波將軍等人，自負其材，
隱忍非求苟活，皆爲等待東山再起之日，事實也證明他們的忍耐是有代價的，最終
乃達到自己的目的。

〈季布欒布列傳〉中，欒布曾言：「窮困不能辱身下志，非人也；富貴不能快意，非賢也。」此正道出司馬遷所欲昭世人「發憤」之心志也，啓發人們學習這些英雄，為崇高目的奮鬥，這是《史記》「太史公曰」中之積極意義，「隱忍就功名」之志節也正是《史記》全書旨趣所在。

「太史公曰」裡所褒美者尚有「賢祖澤蔭」一類，司馬遷在這些論贊中主要歌頌舜、禹及三代賢者之功，使後世子孫王國能享久祚，於第三節〈論因果〉中一併作探討。

（二）貶　刺

史書論贊除了褒揚對人類歷史、道德有貢獻者，也要懲戒失德無節者，使後人有所警惕，不妄作惡，朝向美善之途。張輔云：

> 良史述事，善足以獎勸，惡足以監誡。〔註46〕

劉知幾亦道：

> 史之為務，厥途有三焉：何則？彰善貶惡，不避強禦，若晉之董狐，
> 齊之南史，此其上也。〔註47〕

這些都說明了一位良史之最高職責在獎善貶惡。《史記》褒貶之義，最明顯之處便在「太史公曰」。司馬遷所貶抑之人、事，適與前述褒美對象背道而馳，而「太史公曰」裡貶抑歷史人物或政治之手法，大致上採三種方式，一曰直言貶抑，二為曲筆反諷，三是微言譏刺。

1. 直言貶抑

《史通‧直書》稱：「史之為務，申以勸誡，樹之風聲。〔註48〕」子長於史論裡毫不留情，平鋪直敘進行貶刺者，可分對人物自身品格、道德與友情等方面來談，前者如〈張儀列傳〉：

> 太史公曰：三晉多權變之士，夫言從衡彊秦者大抵皆三晉之人也。夫
> 張儀之行事甚於蘇秦，然世惡蘇秦者，以其先死，而儀振暴其短以扶其說，
> 成其衡道。要之，此兩人真傾危之士哉！（卷七十）

贊中，子長斥責三晉權變之士，言而無信，又善於詭謀狡詐之術。尤其張儀，在蘇秦死後，極力攻訐之，造成世人厭惡蘇秦，蘇秦因而蒙受惡聲。此贊充分表達史公

〔註46〕百衲本《晉書》卷六十〈張輔傳〉（臺北：台灣商務，1988年1月臺六版），頁438。

〔註47〕唐‧劉知幾著，民國‧呂思勉評《史通釋評》卷十〈辨職〉（臺北：華世，1980年11月），頁326。

〔註48〕同註47，卷七〈直書〉，頁227。

對巧言善權謀之策士，極度不滿之看法；又如〈蕭相國世家〉贊：

> 太史公曰：蕭相國何於秦時爲**刀筆吏**，錄錄未有奇節。及漢興，依日月之末光，何謹守管籥，因民之疾秦法，順流與之更始。淮陰、黥布等皆以誅滅，而何之勳爛焉。（卷五十三）

贊文中的「刀筆吏」一詞，在《史記》裡往往有貶意，往往用以稱酷吏，如〈酷吏列傳〉中載趙禹「刀筆吏積勞」。姚苧田說：「在周無特立之奇節，蕭何事業俱漢所以存亡，似難並論。〔註49〕」究竟司馬遷有何依據，竟貶蕭何爲庸碌之人？此爭議點詳見〈較功名〉一節說明。

〈商君列傳〉贊曰：

> 太史公曰：商君，其天資刻薄人也。跡其欲干孝公以帝王術，挾持浮說，非其質矣。且所因由嬖臣，及得用，刑公子虔，欺魏將印，不師趙良之言，亦足發明商君之少恩矣。余嘗讀商君《開塞》、《耕戰》書，與其人行事相類。卒受惡名於秦，有以也夫！（卷六十八）

水能載舟，亦能覆舟，太史公責怪商鞅變法之刻薄，終受其害，所謂：「變古亂常，不死則亡。」商鞅印驗了此俗諺所闡述之眞理；鞅其始由嬖臣引見，已不正當，又不聽諫言，最後受到「車裂」的酷刑，一點也不值得同情。〈孫子吳起列傳〉贊：

> 吳起說武侯以形勢不如德，然行之於楚，以**刻暴少恩亡其軀**。悲夫！
> （卷六十五）

司馬遷於此贊同樣痛責吳起，爲刻暴少恩之徒，不得善終是必然的結果。〈呂不韋列傳〉贊：

> 太史公曰：不韋及嫪毐貴，封號文信侯。人之告嫪毐，毐聞之。秦王驗左右，未發。上之雍郊，毐恐禍起，乃與黨謀，矯太后璽發卒以反蘄年宮。發吏攻毐，毐敗亡走，追斬之好畤，遂滅其宗。而呂不韋由此絀矣。
> 孔子之所謂「聞」者，其呂子乎？（卷八十五）

贊中引仲尼之言，歷數呂不韋聰明反被聰明誤，外表僞裝成仁人，然其所做所爲，完全違背「仁」的要求。是以，李景星貶呂不韋是「千古第一奸商〔註50〕」。

司馬遷爲李陵仗義直言被判刑，依漢朝法律，可以錢財贖免罪責。然而，彼時子長「家貧，貨賂不足以自贖，交遊莫救，左右親近，不爲壹言。〔註51〕」以致於最後忍辱接受腐刑。歷經世態炎涼，史遷渴求人間眞正的友情，觀其〈管晏列傳〉

〔註49〕姚苧田節評《史記精華錄》（臺北：文津，1995年4月二刷），頁86。

〔註50〕李景星《史記評議》（吉林：東北師範大學出版社，1986年4月），頁88。

〔註51〕漢·班固撰《漢書》卷六十二〈司馬遷傳〉（臺北：宏業，1984年3月），頁2730。

中所敘管鮑的故事多麼動人，馮驩對孟嘗君之言：「富貴多士，貧賤寡友，事之固然也！〔註52〕」又是多麼沈痛。故於「太史公曰」中，司馬遷對趨炎附勢、見風轉舵之朋友，嗤之以鼻。

〈平津侯主父列傳〉贊：

> 主父偃當路，諸公皆譽之，及名敗身誅，士爭言其惡。悲夫！（卷一百十二）

〈汲鄭列傳〉贊：

> 太史公曰：夫以汲、鄭之賢，有勢則賓客十倍，無勢則否，況眾人乎！下邽翟公有言，始翟公為廷尉，賓客闐門；及廢，門外可設雀羅。（卷一百二十）

以上兩贊，史公痛詆以勢以利交遊者，其人富貴時，則與之交遊，當他落拓時卻牆倒眾人推，完全不顧及情義，這種行為實在可恥，司馬遷於《史記》中經常諷貶之。又如〈張耳陳餘列傳〉贊：

> 太史公曰：張耳、陳餘，世傳所稱賢者；其賓客廝役，莫非天下俊桀，所居國無不取卿相者。然張耳、陳餘始居約時，相然信以死，豈顧問哉。及據國爭權，卒相滅亡，何鄉者相慕用之誠，後相倍之戾也！豈非以勢利交哉？名譽雖高，賓客雖盛，所由殆與大伯、延陵季子異矣！（卷八十九）

張耳和陳餘兩人，原本皆受世人推崇稱賢，而兩人之友誼亦非常高尚可貴，他們忍辱負重，共嘗艱辛之苦難，又分享勝利與成功之甘美。不料，顯貴後性格卻大轉，兩人變成以利互相傾軋，見利忘義者，貧賤時的親密友情，已蕩然無存。子長疾之，並以自傷平生坎壈，此義憤透過「太史公曰」傳達，千古迴響。

2. 以美為諷

李長之先生稱司馬遷為「中國文人中最精於罵人的藝術」〔註53〕，可覘子長之善諷如此。「太史公曰」中往往見子長極盡諷刺之能事，而當中最精彩的諷刺手法，莫過於寓貶於褒，以美為諷，此法要較直接譴責來得深刻入骨。「太史公曰」裡以褒為貶者，如〈孟嘗君列傳〉贊曰：

> 世之傳孟嘗君好客自喜，名不虛矣。（卷七十五）

孟嘗君以好客聞名，號稱門客三千人，但實際上徒「謾養三千士」，最後竟得靠「雞鳴狗盜」之輩幫助逃出秦國，太史公暗指他徒有虛名，故董份云：「此贊好客，美刺

〔註52〕百衲本《史記》卷七十五〈孟嘗君列傳〉。
〔註53〕李長之《司馬遷之人格與風格》（臺北：里仁，1999年4月），頁365。

並顯。〔註54〕」

　　〈萬石張叔列傳〉贊云：

　　　　太史公曰：仲尼有言曰：「君子欲訥於言而敏於行。」其萬石、建陵、
　　張叔之謂邪？是以其教不肅而成，不嚴而治。塞侯微巧，而周文處讇，君
　　子譏之，為其近於佞也。然斯可謂篤行君子矣！（卷一百三）

子長字面上引孔夫子之言，看似稱譽石奮、建陵、張叔、直不疑、周文等人，為「訥
於言而敏於行」之君子，實子長譏貶五人虛矯沽名之行。

　　《史記》裡，太史公首先揭露石慶居宰相之位九年，而「無能有所匡言」，「無
他大略，為百姓言」；衛綰「自初官以至丞相，終無可言。」而當時天下並非太平，
相反的，拓邊戰爭頻仍，政治情勢十分動盪，加上武帝封禪求仙，勞民傷財，廟堂
上的袞袞諸公竟視若無睹，可見他們恭謹的真面目是裝聾作啞，以求明哲保身。史
公所稱「醇謹」，蓋「蠢噤」之諧稱。

　　至於直不疑買金償亡，不辯盜嫂的行為，柯維騏駁曰：「非人情，其所以蒙垢受
誣，非不求名也，求名之至者也。〔註55〕」直不疑如此裝模作樣，旨在譁眾取寵，
以干利祿，故子長貶之「微巧」。

　　清代吳汝綸總評：「此篇以『佞』字為主。孝謹，美德也，然近於巧佞，君子慎
之。〔註56〕」此法可與〈傅靳蒯成列傳〉贊同觀：

　　　　蒯成侯周緤操心堅正，身不見疑，上欲有所之，未嘗不垂涕，此有傷
　　心者然，可謂篤厚君子矣。（卷九十八）

這些人有違子長所持「直諫」的忠臣精神，「太史公曰」文中愈是莊重的稱這些庸碌
之人為「君子」，譏刺之味道愈是濃厚。

　　〈曹相國世家〉贊：

　　　　太史公曰：曹相國參攻城野戰之功所以能多若此者，以與淮陰侯俱。
　　及信已滅，而列侯成功，唯獨參擅其名。（卷五十四）

此贊抑曹參之功勳不及韓信，只有在韓信死後方能獨擅其名。以上種種「以美為諷」
的情形，正如李長之所言：

　　　　他慣於以褒作貶，慣於用最高的理智和當時的愚人開一開玩笑！〔註57〕

〔註54〕董份之言，引自明・凌稚隆輯校，《史記評林》（臺北：地球，1992年3月），頁1946。
〔註55〕柯維騏《史漢考要》卷九，引自楊燕起等編《歷代名家評史記》（北京：北京師範大
　　　　學，1986年3月），頁657。
〔註56〕吳汝綸評點《史記集評》（臺北：臺灣中華書局，1970年5月），頁1022。
〔註57〕李長之《司馬遷之人格與風格》（臺北：里仁，1999年4月），頁215。

足覘子長譏諷歷史人物之功夫與智慧，堪稱千古一絕。而這類由反面貶抑之手法，
要較正面斥責來得深刻，更具說服力。

3. 微言譏刺

《史通・曲筆》云：

> 史之為用，記功司過，彰善癉惡，得失一朝，榮辱千載。苟違斯法，
> 豈曰能官。但古來唯聞以直筆見誅，不聞以曲詞獲罪。〔註58〕

子玄此段說明了史書之功用在勸善懲惡，而唯有以曲筆的方式才能避開忌諱，確保
身家安全。《史記》「太史公曰」中的曲筆之法即以「微婉顯晦」的形式呈現，「微婉
顯晦」亦即「春秋書法」之代稱，指的是《左傳・成公十四年》：「微而顯，志而晦，
婉而成章，盡而不汙，懲惡而勸善。」所言之五例。〔註59〕

郭嵩燾指出：

> 史公之著《史記》自以為繼《春秋》而作，以明著書之旨也，而因採
> 諸子之名為《春秋》者論次之，贊語著明諸家得失，以自證其上擬《春秋》
> 之義，言微而旨遠矣。〔註60〕

子長向來以孔子接棒人自居，又竊擬《史記》為第二部《春秋》，「太史公曰」裡的
批判，即為盡史家之責，並闡明上繼《春秋》之心志。〈司馬相如列傳〉贊：

> 太史公曰：《春秋》推見至隱，《易》本隱之以顯，〈大雅〉言王公大
> 人，而德逮黎庶，〈小雅〉譏小己之得失，其流及上。所以言雖外殊，其
> 合德一也。（卷一百一十七）

〈匈奴列傳〉贊：

> 太史公曰：孔氏著《春秋》，隱、桓之間則章，至定哀之際則微，為
> 其切當世之文而罔褒，忌諱之辭也。世俗之言匈奴者，患其徼一時之權，
> 而務諂納其說，以便偏指，不參彼己；將率席中國廣大，氣奮，人主因以
> 決策，是以建功不深。堯雖賢，興事業不成，得禹而九州寧。且欲興聖統，
> 唯在擇任將相哉！唯在擇任將相哉！（卷一百十）

此二贊司馬遷咸明示該傳寓含「《春秋》書法」精義，讀者需細心留意之。〈匈奴列
傳〉贊指斥漢武帝連年征伐、擾民生事，又不擇任賢將良相。此言若明述，只怕要
遭夷族之禍，故採取「春王正月」書法，以微婉顯晦的方式譏刺時政，又不致犯上

〔註58〕唐・劉知幾著，民國・呂思勉評《史通釋評》卷七（臺北：華世，1980年11月），
頁234。
〔註59〕張師高評《會通化成與宋代詩學》（臺南：國立成功大學，2000年8月），頁66。
〔註60〕清・郭嵩燾《史記札記》（臺北：樂天，1971年3月），頁377。

忌，可謂貶刺之極致藝術；〈貨殖列傳〉序：

> 太史公曰：夫神農以前，吾不知已。至若詩書所述虞夏以來，耳目欲極聲色之好，口欲窮芻豢之味，身安逸樂，而心誇矜埶能之榮使。俗之漸民久矣，雖戶說以眇論，終不能化。故善者因之，其次利道之，其次教誨之，其次整齊之，最下者與之爭。（卷一百二十九）

此序與〈平準書〉贊同樣微言譏刺漢武與民爭利，國庫從中得到許多好處，受害者主要爲農工百姓，對商賈的打擊反而有限。諸如此類之「太史公曰」，皆以微婉顯晦的「《春秋》書法」避當世諱，詳細參見第五章〈「太史公曰」與儒家〉。

杜維運提示道：

> 史學家以不忍人之心，貶殘賊以爲來者戒，褒仁慈以爲來者師，爲史學家絕對性的任務。〔註61〕

由以上所舉論贊，呈現出不拘一格，不囿一法，豐富多姿之褒貶義法，顯示子長竭力擔負起史學家之責，而其史識與史筆亦確實卓絕千古，足以顛覆劉子玄謂《史記》：「言無褒諱，事無黜陟〔註62〕」以及鄭樵所言：

> 凡左氏「君子曰」，皆經自新意，《史記》「太史公曰」，則史外之事，不爲褒貶也。〔註63〕

「太史公曰」之最主要之作用即在抑揚褒貶，另外還增添了「史外之事」，即民間軼聞，可謂別出心裁。劉、鄭兩人卻視如此豐富內涵之「太史公曰」爲贅文，以爲無涉褒貶，實未深入領會「太史公曰」意涵之誤說，與實情不侔。而「太史公曰」所諷刺之旨意，與其說是批判，不如說是規勸來得妥帖，因爲其中寄寓了司馬遷的苦心孤詣。

第三節　論得失輕成敗

太史公有獨到之史識，不盲從輿論，亦不以世俗之標準論人，他衡量歷史人物，不依據當事者曾獲得何種名位，而是以他們的實際成就作評。讓那些「扶義俶儻，不令己失時，立功名於天下」之人，得以垂譽後世、揚名天下，項羽之立本紀，將陳涉、孔子之納入世家，咸在此原則之下爲之。

〔註61〕杜維運《史學方法論》（臺北：三民書局經銷，2001 年 10 月 14 版），頁 383。
〔註62〕唐・劉知幾著，民國・呂思勉評《史通釋評》卷一〈六家〉（臺北：華世，1980 年 11 月），頁 8。
〔註63〕宋・鄭樵《通志・總序》（臺北：臺灣商務，1987 年），頁 1。

　　本節主要探討史遷爲歷史人物辯駁、平反的「太史公曰」，釐清歷史眞相，還給他們付出的貢獻所應得之歷史地位，這是史遷不依成敗、名位論英雄的表現。

（一）祛誣妄

　　司馬遷爲釐正史實，必須祛除民間誣妄傳言，「太史公曰」的體例則成了極佳的論壇。劉知幾道：

　　　　夫論者，所以辨疑惑、釋凝滯，若愚智共了，固無俟商榷。〔註64〕

劉氏認爲論贊之作用在於「辨疑惑、釋凝滯」，此項《史記》「太史公曰」表現得相當傑出，故曹養吾稱史公爲「辨僞的開山鼻祖〔註65〕」。

　　所謂「祛誣妄」，在此指的是析毫剖釐不正確的論點，以下就翻案與袚迷信兩點來談。前者爲外圍環境的不正確輿論，後者則有些是主角陷於自身的迷思。

1. 駁俗議

　　《史記》之「太史公曰」中，有幾則與民間傳聞有不同看法，子長表達其所知，藉以釐清歷史眞相，如〈周本紀〉贊：

　　　　太史公曰：學者皆稱周伐紂，居洛邑，綜其實不然。武王營之，成王
　　　　使召公卜居，居九鼎焉，而周復都豐、鎬。至犬戎敗幽王，周乃東徙于洛
　　　　邑。所謂「周公葬於畢」，畢在鎬東南杜中。（卷四）

學者聲稱周伐紂之後，定居在洛邑，然據史公所考證的眞相是，西周定都豐、鎬，東周都洛邑，而象徵天子權力的「九鼎」，是置放在洛邑的。此爲文獻記載與實地考察結合的考證方法，足覘史公的考證頗富科學精神。〈酈生陸賈列傳〉贊：

　　　　太史公曰：世之傳酈生書，多曰漢王已拔三秦，東擊項籍而引軍於鞏
　　　　洛之間，酈生被儒衣往說漢王。迺非也。自沛公未入關，與項羽別而至高
　　　　陽，得酈生兄弟。余讀陸生《新語》書十二篇，固當世之辯士。至平原君
　　　　子與余善，是以得具論之。（卷九十七）

史公指出酈生之依附劉邦的時間點，應是劉邦未入關之前，一般認爲是在入關後之說法並不正確，以上兩贊澄清世人傳言與史實相異之處。

　　〈魏世家〉贊：

　　　　說者皆曰魏以不用信陵君故，國削弱至於亡，余以爲不然。天方令秦
　　　　平海內，其業未成，魏雖得阿衡之佐，曷益乎？（卷四十四）

世俗對魏亡國的看法是因爲信陵君不見用，然太史公認爲，秦國一統天下爲時勢所

〔註64〕同註62，卷四，〈論贊〉，頁99。
〔註65〕曹養吾〈辨僞學史〉，《古史辨》第二冊（臺北：明倫，1970年3月），頁395。

趨，非信陵君所能挽回，歸咎於魏王以不用信陵君並不公允，這裡表現了史公「通古今之變」的歷史思維；〈李斯列傳〉贊：

> 斯知六藝之歸，不務明政以補主上之缺，持爵祿之重，阿順苟合，嚴威酷刑，聽高邪說，廢適立庶。諸侯已畔，斯乃欲諫爭，不亦末乎！人皆以斯極忠而被五刑死，察其本，乃與俗議之異。（卷八十七）

俗議李斯對秦國極忠誠卻被殺，史遷則剖析這是李斯「不務明政以補主上之缺」的果報；〈蘇秦列傳〉贊：

> 蘇秦被反閒以死，天下共笑之，諱學其術。然世言蘇秦多異，異時事有類之者皆附之蘇秦。夫蘇秦起閭閻，連六國從親，此其智有過人者。吾故列其行事，次其時序，毋令獨蒙惡聲焉。（卷六十九）

蘇秦被刺殺身亡，為天下人所笑，太史公獨讚揚蘇秦有過人之智，為他洗刷惡名，不讓蘇秦永蒙惡聲，並因此使得縱橫家之功績與雄辯的言論得以載入史冊；〈淮陰侯列傳〉贊：

> 而天下已集，乃謀畔逆，夷滅宗族，不亦宜乎！（卷九十二）

韓信選在不宜之時謀畔，不符楚漢第一名將之智，故知謀反乃遭栽贓陷害，為子虛烏有之事。

　　以上僉為史公斬釘截鐵的批駁謬論，為當事者平反翻案之贊，不僅展現史公眼力超脫世俗、透頂之處，能破除「成王敗寇」的迷思，這類的「太史公曰」亦啟迪了後代翻案文章的創作。顧頡剛稱司馬遷：

> 最有辨偽的眼光，且已把戰國時的偽史作一番大淘汰的工作。〔註66〕

　　這段話肯定了《史記》對文獻學有極大的貢獻。司馬遷以其豐富的學識，將漢以前不實的史料，作大刀闊斧之篩檢，故《史記》內容的可信度極高。而由以上諸例「太史公曰」，足覘司馬遷對於文獻史料，的確採取相當嚴謹的考辨態度，所下之判斷相當合情合理，並不因歷史人物之成敗而驟下結論，完全依照其對歷史之貢獻而定讞其功過。

2. 祛迷信

　　司馬遷為廓清歷史真相，於「太史公曰」中往往有袪除世俗所傳迷信、神怪之論。〈大宛列傳〉贊：

> 太史公曰：〈禹本紀〉言：「河出崑崙。崑崙其高二千五百餘里，日月

〔註66〕顧頡剛〈戰國秦漢人的造偽與辨偽〉，收於呂思勉等編《古史辨》第七冊（臺北：明倫，1970年3月），頁46。

所相避隱爲光明也。其上有醴泉、瑤池。」今自張騫使大夏之後也，窮河
源，惡睹本紀所謂崑崙者乎？故言九州山川，《尚書》近之矣。至〈禹本
紀〉、《山海經》所有怪物，余不敢言之也。（卷一百二十三）

子長於此自述不言怪、力、亂、神之事的原則。在許多「太史公曰」裡，他秉此精
神解析主角將自己失敗之因，歸咎於迷信之荒謬，如〈蒙恬列傳〉贊：

　　　觀蒙恬所爲秦築長城亭障，塹山堙谷，通直道，固輕百姓力矣。夫秦
之初滅諸侯，天下之心未定，痍傷者未瘳，而恬爲名將，不以此時彊諫，
振百姓之急，養老存孤，務修眾庶之和，而阿意興功，此其兄弟遇誅，不
亦宜乎！何乃罪地脈哉？（卷八十八）

史公一一指出蒙恬之過，如「固輕百姓力」、不諫主之失、「阿意興功」等，故知蒙
氏兄弟之遇誅，是自取滅亡，與傷地脈無關；又如〈項羽本紀〉贊：

　　　自矜功伐，奮其私智而不師古，謂霸王之業，欲以力征經營天下，五
年卒亡其國，身死東城，尚不覺寤而不自責，過矣。乃引「天亡我，非用
兵之罪也」，豈不謬哉！（卷七）

項羽將敗亡之因推諉天意，史公予以嚴正駁斥，贊文已完整點出項羽之缺失，如：
自矜、不師古等，與前贊咸屬人禍，而非上天有意爲難。

　　而〈刺客列傳〉贊則兼祓迷信與翻案二者：

　　　太史公曰：世言荊軻，其稱太子丹之命，「天雨粟，馬生角」也，太
過；又言荊軻傷秦王，皆非也。自曹沫至荊軻五人，此其義或成或不成，
然其立意較然，不欺其志，名垂後世，豈妄也哉！（卷八十六）

子長駁斥「天雨粟，馬生角」是迷信之說，金聖嘆眉批道：「于此可見《史記》不誣。
〔註67〕」金聖嘆指出此贊能呈現《史記》求眞核實的精神。至於荊軻行刺時，亦未
如民間訛傳傷及秦王。身爲嚴謹之史官，諸如此類不實謠傳都是子長所欲修訂的。

　　以上的「太史公曰」，展現了司馬遷求實的科學態度，考證的精神，以及優異的
洞察力與別具隻眼的史識。

（二）論因果

　　「太史公曰」裡有許多例子，載錄陰陽禍福之事，饒蘊文外曲致，表達了史遷
強烈的因果報應思想。據徐復觀研究指出：

　　　在戰國末期，似乎流行一種道德地因果報應的觀念，史公受其影響，

〔註67〕清·金聖嘆著，張國光點校《金聖嘆批才子古文》（武漢：湖北人民出版社，1995
年10月4刷），頁272。

而成爲史學中的宗教精神的另一型態。〔註68〕

因此，我們可知子長的因果報應觀念源自戰國末期的思潮，此點往往表現於《史記》的論贊中，以此解釋歷史事件的結果。涉及因果的「太史公曰」，可分爲先人澤被與歿身遺禍兩點分別探討。

1. 先人流澤

「太史公曰」裡，有許多歌頌賢明先祖澤蔭子孫之例，日人瀧川資言認爲：

> 史公蓋以爲王侯將相起身建國者，皆其父祖積善餘慶所致也。積善餘慶，陰謀陽禍，《史記》一貫之旨。〔註69〕

據瀧川研究歸納，子長對於一些能久享國祚之王侯，輒歸以祖先積「陰德」之巨勛，如〈燕召公世家〉贊：

> 燕外迫蠻貉，內措齊、晉，崎嶇彊國之閒，最爲弱小，幾滅者數矣。然社稷血食者八九百歲，於姬姓獨後亡，豈非召公之烈邪！（卷三十四）

燕國能幸運地血食八九百歲，子長將此歸功於召公奭之寬仁政治；〈陳杞世家〉贊：

> 太史公曰：舜之德可謂至矣！禪位於夏，而後世血食者歷三代。及楚滅陳，而田常得政於齊，卒爲建國，百世不絕，苗裔茲茲，有土者不乏焉。至禹，於周則，微甚，不足數也。楚惠王滅杞，其後越王句踐興。（卷三十六）

史公推崇舜有禪讓之德，因此福蔭後代；至於禹之遺烈共有二則，一爲〈越王句踐世家〉贊：

> 太史公曰：禹之功大矣，漸九川，定九州，至于今諸夏艾安。及苗裔句踐，苦身焦思，終滅彊吳，北觀兵中國，以尊周室，號稱霸王。句踐可不謂賢哉！蓋有禹之遺烈焉。（卷四十一）

另一是〈東越列傳〉贊：

> 太史公曰：越雖蠻夷，其先豈嘗有大功德於民哉，何其久也！歷數代常爲君王，句踐一稱伯。然餘善至大逆，滅國遷眾，其先苗裔繇王居股等猶尚封爲萬戶侯，由此知越世世爲公侯矣。蓋禹之餘烈也。（卷一百十四）

大禹治水，勞身焦思，越民族秉持這種「自強不息」的優秀傳統，故句踐能尊周稱霸，且越世世能爲公侯，子長將此歸德於「禹之餘烈」；〈韓世家〉贊：

> 太史公曰：韓厥之感晉景公，紹趙孤之子武，以成程嬰、公孫杵臼之

〔註68〕徐復觀《兩漢思想史》卷三〈論史記〉（臺北：學生書局，1993年9月四刷），頁427。

〔註69〕瀧川資言《史記會注考證》（臺北：宏業，1987年8月），頁1373。

義，此**天下之陰德**也。韓氏之功，於晉未睹其大者也。然與趙、魏終爲諸

侯十餘世，宜乎哉！（卷四十五）

史公頌揚韓厥存趙氏孤兒之大德，這種正義之舉，難能可貴，故韓後來能與趙、魏

三家分晉，且據天下之要津，雖腹背受敵，尚能爲諸侯十餘世，延祀垂二百年，故

金聖歎評曰：

此贊高推陰德，想見史公心地醇厚，夫陰德，豈可忽乎哉？〔註70〕

金氏舉此贊以示司馬遷心地醇厚，《史記》中著重陰功陰德之福報，垂鑑世人多爲善

積德，日後子孫始能享其遺澤。又如〈西南夷列傳〉贊：

太史公曰：楚之先豈有**天祿**哉？在周爲文王師，封楚。及周之衰，地

稱五千里。秦滅諸侯，唯楚苗裔尚有滇王。漢誅西南夷，國多滅矣，唯滇

復爲寵王。（卷一百一十六）

此贊史公亦歸功楚之先賢君修德，因而獲得上天所賜的福祿，故雖改朝換代，依然

能存國。像這樣認同有陰德者必獲福報，積仁者後亡，亦即〈伯夷列傳〉所言「天

道無親，常與善人」的觀念，強調天理昭彰，仁用福祐，這些都是司馬遷「究天人

之際」的心得之一。

2. 殞身遺禍

「太史公曰」當中，責怪古人，不修善德自食其果者不勝枚舉，如〈項羽本紀〉

贊：

及羽背關懷楚，**放逐義帝而自立**，怨王侯叛己，難矣。**自矜功伐**，奮

其私智而**不師古**，謂霸王之業，欲以力征經營天下，五年卒亡其國，身死

東城，尚不覺寤而不自責，過矣。乃引「天亡我，非用兵之罪也」，豈不

謬哉！（卷七）

史公分析責項羽敗因爲：逐義帝自立、自矜又不師古，終於身死東城；〈黥布列傳〉

贊：

項氏之所阬殺人以千萬數，而**布常爲首虐**。功冠諸侯，用此得王，亦

不免於身爲世大僇。（卷九十一）

太史公罪黥布爲項羽作倀，阬殺千萬人，故與項羽落得同樣的下場；〈白起王翦列傳〉

贊：

翦爲宿將，始皇師之，然不能輔秦建德，固其根本，偷合取容，以至

〔註70〕清‧金聖歎著，張國光點校《金聖歎批才子古文》（武漢：湖北人民出版社，1995
年10月4刷），頁242。

　　　　切身。及孫王離爲項羽所虜，不亦宜乎！（卷七十三）
太史公責王翦不輔秦建德，雖非親受其害，卻報應在其孫王離爲項羽所虜。
　　　其它如前已述之〈蒙恬列傳〉贊，子長歷數蒙氏兄弟之過，如「固輕百姓力」、不諫主之失、「阿意興功」等，故自取滅亡；〈李斯列傳〉贊裡議李斯被殺，是「不務明政以補主上之缺」的報應。這幾則「太史公曰」所給予我們的啓示便是，嗜殺者或「阿順苟合」之臣，必不得善終，甚者遺禍給後代親人。
　　　〈魏其武安侯列傳〉贊：
　　　　太史公曰：魏其、武安皆以外戚重，灌夫用一時決筴而名顯。魏其之舉以吳楚，武安之貴在日月之際。然魏其誠不知時變，灌夫無術而不遜，兩人相翼，乃成禍亂。**武安負貴而好權**，杯酒責望，陷彼兩賢。嗚呼哀哉！**遷怒及人，命亦不延。**眾庶不載，竟被惡言。嗚呼哀哉！禍所從來矣！（卷一百七）
贊中總敘魏其、灌夫與武安三人傾軋奪權，最終皆不得善果：魏其和灌夫被武安侯田蚡害死，而田蚡亦夢見魏其和灌夫兩人索命，精神分裂而自我嚇死。故金聖歎評此贊曰：「史公深信因果如此。〔註71〕」金氏以爲此贊最能呈現司馬遷「惡有惡報」的因果觀。上述諸贊中所蘊涵之精義，亦即《易》所云：
　　　　積善之家，必有餘慶；積不善之家，必有餘殃。〔註72〕
這種有關「積善餘慶」陰陽禍福之思想，深刻影響了司馬遷，藉「太史公曰」寄託其因果觀念，勸懲世人行必由義，勿存害人之心，垂誡意味相當濃厚。此亦史書之重要功能與職責，而司馬遷則將資鑑的重責大任，交付「太史公曰」體現之。

（三）較功名

　　　司馬遷受孔子影響，評價人物緊扣住兩個要點，一是德，二是功。《史記》「太史公曰」中，司馬遷將秦漢時代幾位重要人物：李斯、蕭何、周勃、韓信等，比之商、周兩代功臣，即商代伊尹，周代之姜太公、周公、召公、閎夭、散宜生等共六位，其目的是要還給古人應得之歷史評價，予今人深思及警惕。
　　　觀《史記》中司馬遷對李斯、蕭何、周勃、韓信四人之論斷，〈李斯列傳〉贊：
　　　　太史公曰：李斯以閭閻歷諸侯，入事秦，因以瑕釁，以輔始皇，卒成帝業，斯爲三公，可謂尊用矣。斯知六蓺之歸，不務明政以補主上之缺，

〔註71〕清・金聖歎著，張國光點校《金聖歎批才子古文》（武漢：湖北人民出版社，1995年10月4刷），頁294。
〔註72〕十三經注疏整理本《周易正義》（臺北：五南出版社，2001年9月），頁36。

持爵祿之重，阿順苟合，嚴威酷刑，聽高邪說，廢適立庶。諸侯已畔，斯
乃欲諫爭，不亦末乎！人皆以斯極忠而被五刑死，察其本，乃與俗議之異。
不然，斯之功且**與周、召列矣**。（卷八十七）

李斯是四人當中唯一的秦朝人物，史公肯定李斯對秦朝之貢獻，足與周、召並列；〈蕭相國世家〉贊：

太史公曰：蕭相國何於秦時為刀筆吏，錄錄未有奇節。及漢興，依日
月之末光，何謹守管籥，因民之疾秦法，順流與之更始。淮陰、黥布等皆
以誅滅，而何之勳爛焉。位冠群臣，聲施後世，**與閎夭、散宜生**等爭烈矣。
（卷五十三）

史公將蕭何與閎夭、散宜生並列；而〈絳侯周勃世家〉贊：

太史公曰：絳侯周勃始為布衣時，鄙樸人也，才能不過凡庸。及從高
祖定天下，在將相位，諸呂欲作亂，勃匡國家難，復之乎正。雖**伊尹、周
公**，何以加哉！亞夫之用兵，持威重，執堅刃，穰苴曷有加焉！足己而不
學，守節不遜，終以窮困。悲夫！（卷五十七）

史公認為周勃能比之於伊尹、周公；〈淮陰侯列傳〉贊：

太史公曰：吾如淮陰，淮陰人為余言，韓信雖為布衣時，其志與眾異。
其母死，貧無以葬，然乃行營高敞地，令其旁可置萬家。余視其母冢，良
然。假令韓信學道謙讓，不伐己功，不矜其能，則庶幾哉，於漢家勳可以
比周、召、太公之徒，後世血食矣。不務出此，而天下已集，乃謀畔逆，
夷滅宗族，不亦宜乎！（卷九十二）

史公評估淮陰侯韓信之功勳，能比擬周、召、太公之徒；以上四贊中，所出現之六
位三代先賢究竟為何許人也？又有何功績於當代？了解六位背景後，始能明白四位
在史公心中排名為何，以下分別探討之。

1. 伊　尹

關於伊尹，《荀子·非相》篇描述他的長相：「伊尹之狀，面無須麋。〔註73〕」
至於他的事蹟，詳敘於〈殷本紀〉：

伊尹名阿衡，阿衡欲奸湯而無由，乃為有莘氏媵臣，負鼎俎以滋味
說湯，致于王道。或曰伊尹處士，湯使人聘迎之，五反，然後肯往從湯。
（卷四）

伊尹一生主要功績，是輔佐成湯完成取代夏王朝之大業，並協助建設商朝，居功厥

〔註73〕《荀子集解》（濟南：山東友誼書社，1994年6月），頁215。

偉。

《詩》云：「實維阿衡，實左右商王。〔註74〕」便是歌頌伊尹佐湯克桀之大功，孟子亦曾譽之：「伊尹，聖之任者也。〔註75〕」伊尹之巨勛，可見一斑。

2. 太公望

太公姓姜，呂氏，名尚，字子牙，又稱太公望、呂望，俗稱姜子牙。至於其人與輔周緣由，有數種傳說，皆錄於〈齊太公世家〉：

> 太公望呂尚者，東海上人，其先祖嘗爲四嶽，佐禹平水土，甚有功。……
> 於是周西伯獵果遇太公於渭之陽。與語大說，曰：「……吾太公望子久矣。」
> 故號之曰：『太公望』。
>
> 或曰太公博聞，嘗事紂，紂無道，去之。遊說諸侯，無所遇。而卒西歸周西伯。
>
> 或曰呂尚處士，隱海濱，周西伯拘羑里，閎夭、散宜生素知而招呂尚。
>
> （卷三十二）

太公望或先祖嘗佐禹平水土，或嘗事紂，或爲處士。無論何種爲眞，姜太公爲文、武之師，有著佐武王伐紂立國之豐功，〈齊太公世家〉文中稱道：「天下三分，其二歸周者，太公之謀計居多。」〈自序〉亦頌揚姜太公：「功冠群公」，司馬遷還曾到他的故封地考察過，爲齊太公之遺風深深感動著。由上述可知，在西周開國重臣中，以姜太公之勛勞最高。

3. 周　公

周公，亦稱叔旦，其生平見《史記·魯周公世家》：

> 周公旦者，周武王弟也，自文王在時，旦爲子孝，篤仁異於群子。及
> 武王即位，旦常輔翼武王，用事居多。（卷三十三）

司馬遷敘周公之事，強調一個「忠」字，不僅佐武王克殷，拳拳懇懇；武王崩後，輔成王「攝行政當國」，宵衣旰食，「一沐三捉髮，一飯三吐哺」，可謂辛勞至極，亦無二心。俟成王長成，隨即還政，「北面就臣位」，毫不戀棧。《尚書·大傳》概括其業績：

> 一年救亂，二年克殷，三年踐奄，四年建侯衛，五年營成周，六年制
> 禮作樂，七年致政成王。

周公對朝廷可謂鞠躬盡瘁，忠心耿耿，如此偉大的貢獻，當代甚或千古以來都無人

〔註74〕十三經注疏整理本《毛詩正義》〈商頌·長發〉（臺北：五南出版社，2001 年 10 月），頁 1719。

〔註75〕十三經注疏整理本《孟子注疏》（臺北：五南出版社，2001 年 11 月），頁 316。

能出其右。本傳中並且稱他多才多藝，所以成爲至聖孔子心目中的聖人。觀叔旦於四贊中，出現三次以爲功臣之權衡準的，足證在子長心中，與仲尼同樣欽慕著周公之人格與才能！

4. 召公奭

召公奭或稱召伯、召康公，爲周文王庶子，〈燕召公世家〉記載：

> 召公奭與周同姓，姬氏。周武王之滅紂，封召公於北燕，其在成王時，召公爲三公。（卷三十四）

召公奭的封地燕，即今陝西岐山西南。除了協助武王滅紂外，治理能力也深獲好評：

> 召公之治西方，甚得兆民和。召公巡行鄉邑，有棠樹，決獄政事其下。
> 自侯伯至庶人，各得其所，無失職者。召公卒，而民人思召公之政，懷棠樹不敢伐，哥詠之，作〈甘棠〉之詩。（卷三十四）

召公奭以德治民的長者形象，長存於烝民心中。而召公奭的仁政，嘉惠燕國能「於姬姓獨後亡」。成王卒後，召公奭繼續輔佐康王，享高壽而薨。後人感念其德，作〈甘棠〉詩緬懷之，使召公奭垂馨千祀。

5. 閎夭與散宜生

閎夭與散宜生同爲西周開國大臣，相傳咸受學於太公望。閎夭原先以捕獵爲業，《荀子‧非相》篇形容閎夭的外貌：「閎夭之狀，面無見膚。〔註76〕」後來二人皆成爲周文王四友之一，同輔文、武兩君。其人其事查閱《史記‧周本紀》，唯載商紂囚文王，閎夭之徒求女賂紂一事，並無個人專傳，歷史地位遠不及伊尹、周、召、太公四人重要。

綜合以上論述，由六人之傳文比較後可知，前四位伊尹、周、召、太公咸爲當朝開國之要臣，而散宜生與閎夭兩人則相形見絀。是以，我們可得結論：

就秦朝而言，李斯協助秦始皇完成大一統的事業，功不可沒，在當代位居第一，無人能出其右。

然就漢朝而言，司馬子長將韓信與三位周代首屈一指的功臣並列，可知在他心中，韓信對漢朝之建國，立下最多汗馬功勞，如此豐碩之貢獻，就是比之秦朝李斯也毫不遜色，甚至更勝一籌，功業之斐然，可謂曠古未有也。周勃次之，蕭何則最下。

不過，蕭何的排名，顯然令有些學者不滿意，如葉適質疑曰：

> 蕭何雖不逮古人，然漢非何不興也。遷既不能品第其人，而始但輕之

〔註76〕《荀子集解》（濟南：山東友誼書社，1994年6月），頁214。

爲刀筆吏，終遞與閎、散爭烈。〔註77〕

王若虛亦因此認爲：「遷之品藻陋矣！〔註78〕」而金聖歎誤以爲比之散宜生、閎夭是讚揚之意〔註79〕，則又過矣。

關於子長貶抑蕭何之因，可藉周濟之言來解釋，他說：

> 以刀筆吏當主重明法之世，乃能辭征罷進取，此其識略，豈不偉哉？
> 然而太史論之曰：「錄錄未有奇節。」何也？曰疾秦之深也。何起家刀筆，
> 用圖書就功業，皆秦故也。太史所望隆漢之佐，必且兼綜三代，通明六籍，
> 一革亡秦之陋，開萬世不拔之基。而何所襄，乃止于是，漢所以不復三代，
> 何任其咎矣。〔註80〕

周濟揣測史公之意，指出蕭何當時曾有機會「一革亡秦之陋，開萬世不拔之基」，卻未把握使漢「復三代」之光景，故建功不深。張大可亦持贊同立場：

> 高祖劉邦雖拔蕭何爲第一功臣，而司馬遷卻比之于西周的閎夭、散宜
> 生，這是寓有深意而又很有分寸的。〔註81〕

張大可所謂的「寓有深意」，指的應是同於周濟所論，蕭何實際上沒有盡到開國丞相應盡之職責。李偉泰先生對司馬遷在〈蕭相國世家〉贊的驚人之論發表看法：他認爲蕭何不該原封不動繼承亟待廢除的秦朝苛法，亦未嘗著力於移風易俗的工作。然李氏亦覺贊語抑揚太過，不合史實，反映的是司馬遷對這位漢朝總設計師成果的不滿。〔註82〕

李景星則是從文章技巧切入，他道：

> 贊語，以淮陰、黥布爲蕭相國反對，以閎夭、散宜生爲蕭相國正比，
> 一以寓嘆息之意，一以見身份之高。而「謹守管籥」數語，更括盡一生作
> 用。行文至此，神乎技矣！〔註83〕

〔註77〕葉適《習學紀言序目》卷一九《史記》，引自楊燕起等編《歷代名家評史記》（北京：北京師範大學，1986 年 3 月），頁 511。

〔註78〕王若虛《滹南遺老集》卷一三《史記辨惑》，引自楊燕起等編《歷代名家評史記》（北京：北京師範大學，1986 年 3 月），頁 512。

〔註79〕清·金聖歎著，張國光點校《金聖歎批才子古文》（武漢：湖北人民出版社，1995 年 10 月 4 刷），頁 248。

〔註80〕周濟《味雋齋史義》卷一〈蕭相國世家〉，引自楊燕起等編《歷代名家評史記》（北京：北京師範大學，1986 年 3 月），頁 514。

〔註81〕張大可注釋《史記新注》（北京：華文出版社，2000 年 1 月），頁 1239。

〔註82〕參考李偉泰，〈試論司馬遷貶抑蕭何的原因〉，（香港大學中文系七十週年紀念國際學術研討會論文抽印本，1997 年 12 月），頁 10～13。

〔註83〕李景星《史記評議》，〈蕭相國世家〉，（吉林：東北師範大學出版社，1986 年 4 月），頁 58。

李氏與周濟有同議，關注點皆在於蕭何「謹守管籥」之短處，亦提醒讀者此贊與淮陰、黥布之贊爲反對，屬互見之法；林西仲更云：

> 淮陰有奇節而自誤，……龍門以閎天、散宜生爲比，意謂漢高於開國
> 諸臣，只容得閎散，不能容得周、召、太公，此微詞也。〔註84〕

林氏此段文字觸及了君臣的緊張微妙關係，淮陰「功高震主」，只要他存在一日，輒令劉、呂兩人坐如針氈，閎、散之徒的蕭相國則不足爲懼，故存之。

一般反對蕭相國比之于閎天、散宜生者，著眼於蕭何對劉邦之貢獻，而史公所關注者則在元元百姓之福祉，以及蕭何是否稱職，當然也微寓其對韓信的不顧情義之行徑。司馬遷重視歷史人物之功與德，蕭何有功無德，評價自然低了一些。外此，由《史記》內文觀之，司馬遷所欣賞之歷史人物，傾向項羽、韓信這類天才英雄，蕭何資質平庸，也是不受史公青睞的因素之一。

吳汝綸認爲〈蕭相國世家〉贊中如此的安排，文外的寓意是：「史公於高帝君臣，皆不當其一眄。〔註85〕」反觀其他三位漢初大臣——張良、陳平、曹參等人贊中，連散宜生、閎天這次等人物也未能與之相比，可見此三人之功勳在司馬遷心中根本微不足道。此類頗受爭議之「太史公曰」，適足以凸顯子長史識之卓絕群倫，並且顯露「太史公曰」強烈的主觀意識。

第四節　傳史料明取捨

司馬遷於「太史公曰」當中，傳錄史料並明載其材料取捨。此一作用，使得清人章學誠對《史記》論贊有隆崇的評價，章氏謂：

> 太史敘例之作，其自注之權輿乎！明述作之本旨，見去取之從來，
> 已似恐後人不知其所云而特筆以標之，所謂「不離古文」及「考信六藝」
> 云云者，皆百三十篇之宗旨，或殿卷末，或冠篇端，未嘗不反覆自明也。
> 〔註86〕

就章氏所發現，「太史公曰」爲正文作注解，補充文中所未提之要事，此即「言述作之本旨」與「見去取之從來」的作用，此亦即魯實先所謂之「言去取」一點，以下分別論述之。

〔註84〕林雲銘《古文析義》（臺北：廣文，1989年元月七版），頁160。
〔註85〕吳汝綸評點《史記集評》，〈留侯世家〉（臺北：臺灣中華書局，1970年5月），頁723。
〔註86〕清·章學誠《文史通義》內篇五〈史注〉（臺北：華世出版社，1980年9月），頁154。

（一）言述作之本旨

　　章氏所謂「明述作之本旨」，即「太史公曰」能闡明作傳之宗旨，這一點能由下列幾贊得到印證，如〈五帝本紀〉贊：

　　　　予觀《春秋》、《國語》，其發明〈五帝德〉、〈帝繫姓〉章矣，顧弟弗深考，其所表見皆不虛。書缺有閒矣，其軼乃時時見於他說。非好學深思，心知其意，固難爲淺見寡聞道也。余并論次，擇其言尤雅者，故著爲本紀書首。（卷一）

贊中，司馬遷自注〈五帝本紀〉主要取材於〈五帝德〉和《尚書》等書，並說明此紀安排爲本紀書首之故；〈漢興以來諸侯王年表〉序：

　　　　臣遷謹記高祖以來至太初諸侯，譜其下益損之時，令後世得覽。形勢雖強，要之以仁義爲本。（卷十七）

序裡，司馬遷揭櫫「仁義」之道爲治國之本；〈十二諸侯年表〉序：

　　　　儒者斷其義，馳說者騁其辭，不務綜其終始；曆人取其年月，數家隆於神運，譜諜獨記世諡，其辭略，欲一觀諸要難。於是譜十二諸侯，……，爲成學治古文者要刪焉。（卷十四）

此序，司馬遷感喟周室之衰，諸侯之興；並陳述其史學理論，闡明《史記》以《春秋》爲師法對象；〈河渠書〉贊：

　　　　余從負薪塞宣房，悲〈瓠子〉之詩而作〈河渠書〉。（卷二十九）

贊中，司馬遷陳說作〈河渠書〉是因悲〈瓠子〉之詩；〈蘇秦列傳〉贊：

　　　　吾故列其行事，次其時序，毋令獨蒙惡聲焉。（卷六十九）

此贊爲蘇秦翻案，湔雪惡名。以上諸序贊咸子長提示讀者，作該傳之道理，或爲保留文獻，或爲呈現歷史教訓，或爲傳中人平反，總之爲歸結全文之旨。

　　《史記》序贊「明述作之本旨」之另一形式爲「總結篇義」，亦即傳文已寫完，在「太史公曰」中用幾句話概括全篇之大意，如〈朝鮮列傳〉贊：

　　　　太史公曰：右渠負固，國以絕祀。涉何誣功，爲兵發首。樓船將狹，及難離咎。悔失番禺，乃反見疑。荀彘爭勞，與遂皆誅。兩軍俱辱，將率莫侯矣。（卷一百一十五）

贊中，子長用整齊的四字一句贊語形式，簡略總述〈朝鮮列傳〉傳文大意；〈循吏列傳〉贊：

　　　　太史公曰：孫叔敖出一言，郢市復。子產病死，鄭民號哭。公儀子見好布而家婦逐。石奢縱父而死，楚昭名立。李離過殺而伏劍，晉文以正國法。（卷一百一十九）

子長於贊中復敘孫叔敖、子產、公儀休、石奢、李離等循吏之賢：孫叔敖與子產仁厚愛民，政寬人和；公儀休、石奢、李離咸清廉守法，以身殉法維護君主與綱紀。而以上兩贊咸有押韻的情況；〈滑稽列傳〉贊：

> 太史公曰：淳于髡仰天大笑，齊威王橫行。優孟搖頭而歌，負薪者以封。優旃臨檻疾呼，陛楯得以半更。豈不亦偉哉！（卷一百二十六）

贊中，子長表達折服於這些滑稽人物之急智，他們或許身材矮小，地位低下，卻能利用言談笑語間進行諷諫，成功的使君主明白自己的錯誤；〈魯周公世家〉贊：

> 觀慶父及叔牙閔公之際，何其亂也？隱桓之事；襄仲殺適立庶；三家北面爲臣，親攻昭公，昭公以奔。至其揖讓之禮則從矣，而行事何其戾也？（卷三十三）

此贊子長感喟春秋之時，世風昏亂，周道亦不行於魯；〈梁孝王世家〉贊：

> 太史公曰：梁孝王雖以親愛之故，王膏腴之地，然會漢家隆盛，百姓殷富，故能植其財貨，廣宮室，車服擬於天子。然亦僭矣。（卷五十八）

贊中，子長再次拈出「僭」字，爲〈梁孝王世家〉全篇之眼，並透露對諸侯王奢僭的不滿。

　　以上諸贊，司馬遷於「太史公曰」中總結篇義，不斷復述執政者要以烝民爲念，體恤百姓生活；臣下要盡忠職守，不可僭禮犯上。史公所強調的這些歷史啓示，欲爲萬世炯誡。

（二）見去取之從來

　　《史記》「太史公曰」傳史料明取捨之中，另有一重要之內容，便是「見去取之從來」，亦即交代史料來源。梁啓超曾云：

> 得史料之塗徑，不外兩種：一曰在文字記錄以外者；二曰在文字記錄者。〔註87〕

　　「太史公曰」中所呈現司馬遷蒐集資料的方式，正符合梁公所說，一是參考典籍，即「在文字記錄者」；另一種途徑，則是藉由田野調查中，親自得到某些人的口述，此法能獲得第一手的口述訪錄，彌補文獻所無法提供的材料，亦即「在文字記錄以外者」。

1. 博採群書

　　單以《史記》本書考校，司馬遷所見古書即達一零六種〔註88〕。而司馬遷有時

〔註87〕梁啓超《中國歷史研究法》第四章〈說史料〉（臺北：里仁，1994年12月），頁85。
〔註88〕參考張大可《史記研究》（北京：華文出版社，2002年1月），頁218。

會在論贊中表明他的史料來源，「太史公曰」中所記錄的史料便有三十餘種，用圖表列載如下：

《史記》篇名	引　　文	得知司馬遷參考文獻
〈五帝本紀〉贊	然《尚書》獨載堯以來；……。孔子所傳宰予問五帝德及帝繫姓，儒者或不傳。……。予觀《春秋》、《國語》，其發明〈五帝德〉、〈帝繫姓〉章矣，顧弟弗深考，其所表見皆不虛。	一、《尚書》 二、〈五帝德〉 三、〈帝繫姓〉 四、《春秋》 五、《國語》
〈夏本紀〉贊	孔子正夏時，學者多傳《夏小正》云。	六、《夏小正》
〈三代世表〉序	余讀《諜記》，黃帝以來皆有年數。稽其《歷譜諜》、《終始五德之傳》，古文咸不同，乖異。夫子之弗論次其年月，豈虛哉！於是以《五帝系諜》、《尚書》集世紀黃帝以來訖共和爲世表。 孔子因史文，次《春秋》，……至於序尚書，則畧無年月。	七、《牒記》 八、《歷譜牒》 九、《終始五德之傳》 十、《五帝繫牒》 十一、〈書序〉
〈十二諸侯年表〉序	太史公讀《春秋歷譜牒》，……未嘗不廢書而歎也。……魯君子左丘明……成《左氏春秋》。鐸林又爲楚威王傳，……采取成敗；卒四十章，爲《鐸氏微》。……（虞卿）爲《虞氏春秋》。呂不韋……集六國時事，以爲八覽、六論、十二紀，爲《呂氏春秋》。及如荀卿、孟子、公孫固、韓非之徒，各往往捃摭春秋之文以著書，不可勝記。漢相張蒼，歷譜五德；上大夫董仲舒推春秋義，頗著文焉。	十二、《春秋歷譜牒》 十三、《左氏春秋》 十四、《鐸氏微》 十五、《虞氏春秋》 十六、《呂氏春秋》 十七、《荀子》 十八、《孟子》 十九、《公孫固子》 二十、《韓非子》 二一、《春秋繁露》
〈六國年表〉序	《禮》曰：天子祭天地，諸侯祭其域內名山大川。……余於是因《秦記》，踵春秋之後，起周元王，表六國時事，訖二世，凡二百七十年，著諸所聞興壞之端。後有君子，以覽觀焉。	二二、《秦記》 二三、《禮記》
〈管晏列傳〉贊	吾讀管氏〈牧民〉、〈山高〉、〈乘馬輕重〉、〈九府〉，及《晏子春秋》，詳哉其言之也。……至其書，世多有之。	二四、《管子》 二五、《晏子春秋》
〈商君列傳〉贊	余嘗讀商君〈開塞〉、〈耕戰書〉，與其人行事相類。	二六、《商君書》

〈樂毅傳〉贊	始齊之蒯通及主父偃讀樂毅之報燕王書。	二七、樂毅書等（樂、魯等書，又署見戰國策。）
〈田儋傳〉贊	蒯通者善爲長短說，論戰國之權變爲八十一首。	二八、蒯通之長短說
〈酈生陸賈傳〉贊	余讀陸生《新語》書十二篇。	二九、《新語》（陸賈另有楚漢春秋）
〈大宛傳〉贊	至《禹本紀》、《山海經》所有怪物，余不敢言之也。	三十、《禹本紀》 三一、《山海經》
〈屈原賈生列傳〉贊	余讀〈離騷〉、〈天問〉、〈招魂〉、〈哀郢〉，悲其志。……。及見賈生弔之，又怪屈原以彼其材，游諸侯，何國不容，而白令若是。讀〈服鳥賦〉，同死生，輕去就，又爽然自失矣。	三二、屈原賦 三三、賈誼賦
〈儒林列傳〉序	太史公曰：余讀《功令》，至於廣厲學官之路，未嘗不廢書而歎也。	三四、《功令》
〈貨殖列傳〉序	太史公曰：夫神農以前，吾不知已。至若《詩》《書》所述虞夏以來，耳目欲極聲色之好，口欲窮芻豢之味，身安逸樂，而心誇矜埶能之榮使。	三五、《詩》
〈太史公自序〉	太史公曰：「唯唯，否否，不然。余聞之先人曰：『伏羲至純厚，作《易》八卦。』	三六、《易》

　　由上表觀之，「太史公曰」裡所透露出司馬遷所見之史料多達三十六種，約佔《史記》所見文獻的三分之一，這些包括了古今典籍以及漢代檔案，史遷對此前文化學術的總結，是繼承孔子事業的一種表現。

　　鄭樵曾言：

　　　　當遷之時，挾書之律初除，得書之路未廣，互三千年之史籍，而蹉跎

　　於七、八種書，所可爲遷恨者，博不足也。〔註89〕

鄭氏不知何據，逕言《史記》僅侷限於七、八種書，並以此責司馬遷修史時，所參考之文獻不夠廣博。由以上所述「太史公曰」中，所記錄的史料數量與種類繁多的情形，便足以推翻鄭氏之誤解。

2. 記傳述者

　　「太史公曰」裡，除具註明史料來源、種類之功用，另外還記載了文中軼聞之

〔註89〕宋・鄭樵《通志・總序》（臺北：臺灣商務，1987年），頁1。

傳述者，由此並可窺子長所交遊人物。

「太史公曰」載明該段軼聞得自何人者，如〈衛將軍驃騎列傳〉贊：

> 太史公曰：蘇建語余曰：「吾嘗責大將軍至尊重，而天下之賢大夫毋
> 稱焉，願將軍觀古名將所招選擇賢者，勉之哉。」（卷一百一十一）

司馬遷於贊中明載蘇建之語，揭示衛青位高權重，卻不願舉薦人才，故不受天下賢
士敬重；〈樊酈滕灌列傳〉贊：

> 太史公曰：吾適豐沛，問其遺老，觀故蕭、曹、樊噲、滕公之家，及
> 其素，異哉所聞！……余與他廣通，爲言高祖功臣之興時若此云。（卷九
> 十五）

此贊有二資料來源，一是豐沛遺老，二則爲樊他廣。史公從中得知，蕭何、曹參、
樊噲等漢初功臣未發跡前之軼事；〈趙世家〉贊：

> 太史公曰：吾聞馮王孫曰：「趙王遷，其母倡也，嬖於悼襄王。悼襄
> 王廢適子嘉而立遷。遷素無行，信讒，故誅其良將李牧，用郭開。」（卷
> 四十三）

馮王孫曾告訴司馬遷有關趙王遷的出身背景，以及趙王遷無行又信讒，甚至誅殺良
將等的昏庸情事；〈魏世家〉贊：

> 太史公曰：吾適故大梁之墟，墟中人曰：「秦之破梁，引河溝而灌大
> 梁，三月城壞，王請降，遂滅魏。」（卷四十四）

司馬遷旅行至故大梁城時，大梁已是一片廢墟。但史公曾訪及當地人，得知當年秦
國以「水攻」破大梁的經過；〈刺客列傳〉贊：

> 始公孫季功、董生與夏無且游，具知其事，爲余道之如是。（卷八十六）

由上列之「太史公曰」可知，司馬遷的軼聞來源，訪自馮王孫、大梁之墟中人、
蘇建、豐沛遺老、公孫季功、董生與夏無且等人。而這些紀錄呈現出司馬遷重視文
字以外的資料，勤於親身調查史實。

而子長於「太史公曰」裡述其交遊熟善者，除上列〈樊酈滕灌列傳〉外，還如
〈酈生陸賈列傳〉贊：

> 平原君子與余善，是以得具論之。（卷九十七）

〈田叔列傳〉贊：

> 仁與余善，余故并論之。（卷一百四）

〈韓長孺列傳〉贊：

> 太史公曰：余與壺遂定律曆，觀韓長孺之義，壺遂之深中隱厚。世之
> 言梁多長者，不虛哉！壺遂官至詹事，天子方倚以爲漢相，會遂卒。不然，

壺遂之內廉行脩，斯鞠躬君子也。（卷一百八）

司馬遷縷述其好友，如平原君子朱建與田仁等，並盛推壺遂爲鞠躬君子。李景星於〈樊酈滕灌列傳〉贊中，特別指出：「『余與他廣通』二句，是作此傳根據。」而〈酈生陸賈列傳〉贊則點明：「『至平原君子與余善，是以得具論之。』此二語，尤見身份。〔註90〕」李氏亦頗注意司馬遷贊中此一特色，並一一點出其用意。

而由上述諸贊內容推知，與子長從遊密切者，有樊他廣、平原君子朱建、田仁、壺遂、馮遂等人，然並非意謂其交遊僅止於此。而由這幾贊加入司馬遷之好友，說明了他相當重視友情，亦透露出史公是以「美善」爲其選擇史實的標準之一。

結　語

《史記》「太史公曰」之慣例，往往是對正文的發揮與補充，而所具備之功用與特點，包羅萬象，內容多方。其中與《左傳》之「君子曰」重合者如：褒美、貶刺、辨惑、補遺、寄慨等。「太史公曰」的這些作用有時單獨出現，亦有一篇之中同時出現數種的情形。

由於子長周遊全國，實地考察，訪古問故，爲後世補充了更爲精彩與豐富之軼聞，顯示其爲出色盡責的田野調查者。

司馬遷於大量的文獻資料以外，證之以直接的觀察與親身的訪問，具備了現代史學的精神；他創新以各地諺語入贊，化俗爲雅，更是前無此作也。子長接觸人物層面寬泛，加上自身轗軻的經歷，使他思緒更爲清晰，對歷史別具隻眼。他繼軌《春秋》書法，不盲從輿論，不以成敗論英雄，並重議歷史人物之功名高下，這些咸立於一公正史官之立場，對歷史所作的評述。

綜合上述「太史公曰」之作用與特色，在在證明了司馬遷之論贊，已達到史學應有的廣度與深度。而這些作用與特色，正是《史記》「太史公曰」超越《左傳》史論之處，亦其所以能予後世史書論贊諸多啓迪之要素。由此觀之，梁啓超所言：「史界太祖，端推司馬遷。〔註91〕」實非過譽。

〔註90〕李景星《史記評議》（吉林：東北師範大學出版社，1986 年 4 月），頁 98；頁 101。
〔註91〕梁啓超《中國歷史研究法》（臺北：里仁，1994 年 12 月），頁 59。

第四章　《史記》「太史公曰」與黃老思想

　　道家思想對史傳文學的影響，主要在司馬遷的《史記》〔註1〕，這與司馬遷生活的時代背景有極大之關聯。

　　西漢由秦之法家統治轉爲黃老思想，實行時間廣義說來約七十年——從項羽兵敗自刎（紀元前二○二年），劉邦即帝位，迄武帝建元六年（紀元前一三五年）竇太后薨。翌年，漢武帝詔策賢良，董仲舒上天人三策，主張「罷黜百家，獨尊儒術」，使「諸不在六藝之科、孔子之術者，皆絕其道。〔註2〕」

　　陳澧云：「自漢興，黃老之學盛行，文景因之以致治。〔註3〕」漢初因崇尚黃老，故國力迅速得以恢復。西漢實行黃老之術七十年中，歷經高祖、惠帝、呂后、文、景等朝，終於武帝之世。其間的「蕭規曹隨」傳爲美談，最後更締造了史上輝煌的「文景之治」。司馬遷生長於黃老思想濃厚之時代，其父司馬談更是道家的忠實信仰者，故黃老思想在司馬遷的思維裡，佔有相當程度的份量，而這點能由《史記》「太史公曰」之內容得到驗證。

　　本章先探討漢初黃老思想與太史公之道家思想，接著就「太史公曰」中，偏重道家旨趣之序贊作分析。

第一節　漢初黃老思想

（一）黃老界說

〔註1〕郭丹《史傳文學》（桂林：廣西師範大學，1999年6月），頁177。
〔註2〕漢·班固《漢書》卷五十六〈董仲舒傳〉（臺北：臺灣商務，1988年1月臺六版），頁711。以下所引《漢書》原文皆出自此版本。
〔註3〕陳澧《東塾讀書記》（臺北：臺灣商務，1997年6月臺二版），頁196。

自春秋末世始，道家獨成一家之言，主張爲政清簡，寡欲以修身，戒愼處事，對人居卑下，此實爲亂世中爲求全身所必遵之道。

黃老之學始於戰國，而盛行於西漢前期。所謂「黃老思想，」其中「黃」指的是「黃帝」，「老」指的是「老子」，亦即托黃帝、宗老子之學說。根據先秦典籍，黃帝與老子都是單獨出現的，一直到西漢初年，才被當作學術名詞提出，並爲兩漢所沿襲〔註4〕。換言之，黃老學術古已有之，然而作爲一個學術名詞，卻是漢代社會所特有之產物。

黃老之學以道法思想爲主，兼容並包，講道、講法、講刑名之學，然而並沒有形成系統的法、術、勢思想。黃老之學在爲政上主張「貴清靜」，治國則提倡「無爲而治」，指的是掌握政治要領即可，不要對臣民做過多的干涉，並且配合「省苛事，薄賦斂，毋奪民時」，如此一來，人民自然安定。「無爲而治」中，所謂「無爲」，乃老子政哲體系中特有的術語，字義上是「無所做爲」，其涵義是指人君經國治民，不妄做違反自然物性之事，應順乎人心之求，一任自然，不用智巧矯揉造作，完全聽憑人民之自然化育。

1973年12月，湖南長沙馬王堆三號漢墓出土了帛書《老子》甲卷以及乙卷，其中乙卷本前有《經法》、《十六經》、《稱》、《道原》四篇古佚書，此四篇代表黃帝之學的佚書與《老子》抄寫在一起，象徵著漢代時黃老的關係相當之密切。換言之，在漢代，黃老庶幾等於道家別稱。

然而，「黃老」一詞首先出現於《史記》。據書中記載，申不害、韓非、愼到等人，皆具有此一氣質；而漢代黃老之學的代表人物則有張良、陳平以及曹參等人，第三節將有討論。

（二）傳授關係

關於黃老學派的師承關係，可由《史記・樂毅列傳》贊中得其脈絡：

> 樂臣公學黃帝、老子，其本師號曰河上丈人，不知其所出。河上丈人教安期生，安期生教毛翕公，毛翕公教樂瑕公，樂瑕公教樂臣公，樂臣公教蓋公。蓋公教於齊高密、膠西，爲曹相國師。〔註5〕

此段文字所記載的戰國末期至漢初黃老學派的傳授關係，是目前所能見保存得最有系統之文獻資料，簡單地以圖表示即：

〔註4〕丁原明《黃老學論綱》（濟南：山東大學出版社，1997年12月），頁2。

〔註5〕百衲本《史記》卷八十（臺北：臺灣商務，2001年1月臺一版第八刷），頁847。本文所引《史記》原文皆出自此版本。

河上丈人 — 安期生 — 毛翕公 — 樂瑕公 — 樂臣公 — 蓋公 — 曹參

齊國可謂黃老思想之淵藪，這些人幾乎都與齊國有關聯。黃老學派的遠祖「河上丈人」，相傳是神仙，不知其人；「安期生」是齊國人可考，「樂瑕公」、「樂臣公」則是樂毅的同宗後代，留趙後逃亡入齊國高密。方望溪云：「樂氏多賢，故詳其前後世繫因以爲章法。〔註6〕」，金聖嘆論此贊曰：「言樂毅忠孝之家，而又有學術。〔註7〕」史公將黃老學派的傳授關係置〈樂毅列傳〉末，蓋欲世人明瞭樂毅非有勇無謀之徒，由其家學素養觀之，應是允文允武之將才，忠賢相傳的樂家，同於司馬氏家，故深獲史公推崇。

後來的蓋公、曹參亦皆爲齊人。曹參早年任齊相，爲尋求治國安民之法，便以膠西蓋公爲師，依蓋公「治道貴清靜而民自定〔註8〕」的理論爲主導，首度正式將齊地之「顯學」施展於政治舞台。雖曰西漢黃老治期七十年，但眞正標榜出「黃老」之名，要自惠帝時曹參任丞相始。經過在齊九年的成功試驗，曹參已然精通這「清靜而民自定」的治術，以此入相漢廷，自是駕輕就熟。

據《史記》所載，戰國時期的法家人物——申不害、韓非、愼到這幾位，皆學本於「黃老」：

「申子之學本於黃老而主刑名」（〈老子韓非列傳〉）

「韓非……喜刑名法術之學，而其歸本於黃老。」（〈老子韓非列傳〉）

「愼到，趙人，皆學黃老道德之術。」（〈孟子荀卿列傳〉）〔註9〕

從《史記》這些傳記，可知法家人物皆學黃老道德之術，其中，韓非還作有〈解老〉、〈喻老〉兩篇，是史上第一位注解《老子》之人；而道家流入法家，其轉變關鍵人物則爲愼到。由此可知，道家思想與法家有著密切之淵源關係，而漢初黃老，正是老子之清靜無爲，雜揉了申韓「刑名之言」而成的治術〔註10〕。

（三）黃老之功

公元前221年，秦始皇建立統一的專制王朝，並開始實行一連串殘暴的政策，

〔註6〕清·方苞〈史記評語〉，《方望溪先生全集》四部叢刊正編（臺北：臺灣商務印書館，1979年），頁436。

〔註7〕清·金聖嘆著，張國光點校《金聖嘆批才子古文》（武漢：湖北人民出版社，1995年10月4刷），頁274。

〔註8〕百衲本《史記》卷五十四〈曹相國世家〉。

〔註9〕百衲本《史記》卷六十三；卷七十四。

〔註10〕參考王邦雄《老子的哲學》（臺北：東大，1990年2月六版），頁186。

甚至於「有敢偶語《詩》、《書》者棄市，以古非今者族。〔註11〕」

秦末天下大亂，豪傑蠭起，逐鹿中原，各據疆土，劉邦起兵於沛，以一縣令之微，超越諸侯之將，敗項羽之兵，逼使項羽自刎。劉邦之所以成功，因其為人「豁達大度，寬仁愛人，好謀能聽，知人善任」。其所知之人如張良、陳平咸為黃老之徒，所用之謀即黃老之術。是故，漢高祖一生行事未必本乎道家，然其能得天下、成就帝業實得自黃老之功大矣！

漢朝初立，經濟衰敝，百廢待興，是以在確立鞏固朝政的綱領時，陸賈上言破除劉邦「馬上治之」的天真想法，主張：

> 夫道莫大於無為，行莫大於謹敬，何以言之？昔虞舜治天下，彈五弦
> 之琴，歌南風之詩，寂若無治國之意，漠若無憂民之心，而天下治。〔註12〕

陸賈的核心內容即「無為而治」，高帝對此讚譽有加，他認可陸賈的建言，等於確立了後繼者執政的基本方針，使西漢由秦代法家思想順利轉為黃老思想。

惠帝時，曹參繼蕭何為相，篤行「無為而治」，舉事無所變更，恭身忠職，遵蕭何之法規。百姓歌頌之：

> 蕭何為相，較若畫一，曹參代之，守而勿失，載其清靜，民以寧一。
> 〔註13〕

曹參的「清靜無為」，正符合人民希求一安定之局面，他使百姓能安居樂業，離秦之苦難，滿足社會經濟的形勢需要。是以，曹參短短三年的政績，卻受到黎民長久的歌頌。

諸呂之亂後，陳平素知代王慕黃老，故主謀立之，是為文帝（在位期間公元前180年～前157年）。文帝以陳平為相，繼續實行清靜化民之政，以身作則，德治天下，因此，在位二十三年海內昇平。

景帝（在位期間公元前157年～前141年），治術大致仍襲沿孝文之風，減田租、寬刑罰、勸農桑，與孝文之仁政並稱，《漢書·景帝紀》贊：「周云成康，漢言文景，美矣！〔註14〕」由於文帝、景帝時，大致仍以「無為而治」為政治指導方針，在穩定封建秩序方面起了一定的作用；而國家經過充分的休養生息，經濟也因此逐漸發展起來。

綜合上論，漢高祖之能成就漢家天下，得力於黃老之術甚夥；開國之大臣建議

〔註11〕百衲本《史記》卷六〈秦始皇本紀〉。
〔註12〕陸賈《新語》卷上〈無為〉（臺北：明文，1987年5月），頁59。
〔註13〕百衲本《史記》卷五十四〈曹相國世家〉。
〔註14〕百衲本《漢書》卷五〈景帝紀〉，頁48。

採無爲之治，奠下社會穩定之基礎；文景之治，因君臣深得黃老之旨，國庫得以充實。七十年間，已有「民則人給家足，都鄙廩庾皆滿」的榮景，更甚者造致「太倉之粟，陳陳相因，充溢露積於外至腐敗不可食〔註15〕」的富庶情況。黃老之治使得西漢建國初期，國力與經濟能夠迅速獲得恢復與繁榮，功不可沒。然而，黃老之學並不利於鞏固和加強中央集權統治，漢高祖分封的同姓諸侯爾後日益強大，景帝時終成爲威脅中央的分裂勢力。故陳澧言：「漢初以黃老治，其末亦以黃老亂。〔註16〕」說明「黃老之學」並非十全十美之指導原則，亦有其侷限之處。

第二節　太史公之黃老思想

（一）司馬談

司馬談與其子遷皆當過太史令，後人咸稱太史公。欲探討司馬談之黃老思想，首先必追溯其學術之源，〈太史公自序〉記載：

太史公學天官於唐都，受《易》於楊何，習道論於黃子。（卷一百三十）

文中「太史公」指的是司馬談。而「黃子」，集解引徐廣云：「〈儒林傳〉曰黃生，好黃老之術。〔註17〕」黃生曾在漢景帝前，與儒者轅固生辯論湯伐桀、武王伐紂的性質問題。而由黃生辯論的內容看來，他相當堅持君臣上下的絕對名分，目的是爲了防止政變，此觀點屬於道家學派。而由前節所述，漢初瀰漫濃厚的黃老氛圍觀之，司馬談學習當代顯學——「道論」，亦是相當自然之舉。

最能體現司馬談敬慕黃老思想之資料，莫過於他所作的〈論六家要旨〉，全文收錄於《史記·太史公自序》。先秦《荀子·非十二子》、《莊子·天下》兩篇，開創論學術分派分家之舉，然兩篇只是對諸子作簡要評述。司馬談所作〈論六家要旨〉，首先將六家思想作全盤之整理與剖析得失，使此篇在中國學術發展史上立於舉足輕重地位。梁啓超對〈論六家要旨〉讚譽有加，他稱道：

太史公司馬談之論，則所列六家，五雀六燕，輕重適當，皆分雄於當時學界中，旗鼓相當者也。分類之情，以此爲最。〔註18〕

梁公推尊司馬談之〈論六家要旨〉，將六家學派解析得極爲清晰明白，各得其份，

〔註15〕百衲本《史記》卷三十〈平準書〉，頁446～447。
〔註16〕同註3，頁196。
〔註17〕百衲本《史記》卷一百三十〈太史公自序〉。
〔註18〕梁啓超《飲冰室專集》第九冊〈中國學術思想變遷之大勢〉（臺北：臺灣中華書局，1978年），頁17。

－67－

實爲評論流派之極品。觀〈論六家要旨〉首段，把先秦至漢初的學術流派分爲六家——陰陽家、儒家、墨家、法家、名家、道家，並簡明扼要地概括六家之綱領及與政治之關係：

> 嘗竊觀陰陽之術，大祥而眾忌諱，使人拘而多所畏；然其序四時之大順，不可失也。儒者博而寡要，勞而少功，是以其事難盡從；然其序君臣父子之禮，列夫婦長幼之別，不可易也。墨者儉而難遵，是以其事不可遍循；然其彊本節用，不可廢也。法家嚴而少恩；然其正君臣上下之分，不可改矣。名家使人儉而善失眞；然其正名實，不可不察也。道家使人精神專一，動合無形，贍足萬物。其爲術也，因陰陽之大順，采儒墨之善，撮名法之要，與時遷移，應物變化，立俗施事，無所不宜，指約而易操，事少而功多。

司馬談逐一指出六家之優缺，筆者將其內容分列於下表，使對司馬談思維中的六家學術，能有分星擘兩的認識：

學　派	優　點	缺　失
陰陽家	序四時之大順，不可失也。	大祥而眾忌諱，使人拘而多所畏。
儒　家	序君臣父子之禮，列夫婦長幼之別，不可易也。	博而寡要，勞而少功。
墨　家	彊本節用，不可廢也。	儉而難遵。
法　家	正君臣上下之分，不可改矣。	嚴而少恩。
名　家	正名實，不可不察也。	儉而善失眞。
道　家	使人精神專一，動合無形，贍足萬物。其爲術也，因陰陽之大順，采儒墨之善，撮名法之要，與時遷移，應物變化，立俗施事，無所不宜，指約而易操，事少而功多。	無

由上表可清楚得知，即便是儒家，司馬談也僅稱讚其對倫理秩序的貢獻，然對道家卻是一面倒的讚揚。司馬談說明道家是博採其他五家之要，以治天下爲務。段末他歸結：

> 至於大道之要，去健羨，絀聰明，釋此而任術。（卷一百三十）

這正是道家守柔寡欲之長，司馬談至此已闡明了「無爲而治」之要妙。〈論六家要旨〉次段復申五家之義，因與本文無關略去不論，文末則又全力彰揚道家之長處：

> 道家無爲，又曰無不爲，其實易行，其辭難知。其術以虛無爲本，以

因循爲用。無成執,無常形,故能究萬物之情。不爲物先,不爲物後,故能爲萬物主。有法無法,因時爲業;有度無度,因物與合。故曰:「聖人不巧,時變是守。」虛者道之常也,因者君之綱也。群臣並至,使各自明也。其實中其聲者謂之端,實不中其聲者謂之窾。窾言不聽,姦乃不生。賢不肖自分,白黑乃形,在所欲用耳,何事不成。乃合大道,混混冥冥。光燿天下,復反無名。凡人所生者神也,所託者形也。神大用則竭,形大勞則敝,形神離則死。死者不可復生,離者不可復反,故聖人重之。由是觀之,神者生之本也,形者生之具也。不先定其神,而曰「我有以治天下」,何由哉?(卷一百三十)

由此段論述,我們可得三大重點:一是道家之「道」論,二是「虛無爲本、因循爲用」之無爲論,最後是擷採各家的君術。因此,吾人可覘司馬談所認識的「黃老思想」,亦即關心道與治國、修身如何協調一致的學說。司馬談認爲道家提出「道生法」的觀點,突出刑德觀念,主張恩威並施以鞏固政權。在以道法爲主的同時,又兼采儒家、墨家、名家、陰陽家的思想。在此前提下的黃老學說,主張以法治國,賞罰必信,循名責實,但不應多欲擾民。

何良俊評〈論六家要旨〉曰:

其述六家之事,指陳得失,有若案斷,歷百世而不能易。又其文字貫串,累累如貫珠,爛然奪目,文章之奇偉,孰有能過此者耶![註19]

司馬談以其史學家之學識,對當時的各種思想,結合歷史事實給予比較客觀的敘述、分析、評價,反映出他對歷史的認識,具有相當深度;而司馬談縷述六家優缺,亦如良吏斷案般公正果決。除論理縝密外,奇崛瑰偉之文華,亦自成一家。

司馬談對各家都有批評,唯獨對道家推崇備至,可說是全面的肯定道家。李寅浩認爲,文中幾乎集中討論儒道二家施於治道上之優劣,而旨在抑儒揚道,此點可歸於對當時政治採「罷黜百家,獨尊儒術」之反抗[註20]。而司馬談對道家的這股濃烈熱情亦深深影響了其子司馬遷。

(二) 司馬遷

司馬遷對道家之理論,完全贊同其父司馬談〈論六家要旨〉一文中之觀點,並

〔註19〕何良俊《四友齋叢說》卷五〈史一〉,引自楊燕起等編《歷代名家評史記》(北京:北京師範大學,1986 年 3 月),頁 745。
〔註20〕李寅浩《司馬遷與儒道法三家關係之研究》(臺北:國立臺灣大學碩士論文,1985年 6 月),頁 12。

以此作爲《史記》成一家之言的淵源，表述他的主張、思想、見解。李長之觀察得甚爲清楚，他說：

> 司馬遷的主要思想的路線，所走的卻是他父親的同樣道路，這便依然是道家。道家的主要思想是自然主義，這也就做了司馬遷的思想的根底。〔註21〕

李長之看透司馬遷思想的本源，與他父親同樣是道家，他並分析《史記》書中的道家成分：

> 就歷史的意義而言，稱爲「老學」；就時代的意義而言，稱爲「黃老」；就學術的體系意義而言，稱爲「道家」〔註22〕。

李長之依不同的角度，給予道家特定而準確之名稱，則吾人能精確的認識漢初以及司馬遷的道家思想。俞樟華研究發現《史記》至少有四點與道家相通：

> 一是學術淵源上與道家同源，都是史官；二是學術職責上，道家是「歷記成敗、存亡、禍福、古今之道」，而司馬遷說自己寫史是爲了要「稽其成敗興壞之理」、「通古今之變」、「原始察終，見盛觀衰」，兩者職責相同；三是在學術主張上；四是在學術指歸上，都落實到現實社會。〔註23〕

俞氏歸納《史記》在學術淵源、職責、主張以及指歸四方面，咸與道家有相容相通之處。由此可知，道家哲學對司馬遷「通古今之變」的史學思想，有著深刻之影響。

司馬遷的道家思想，首先表現在他「好奇」的人格上。揚雄曾道：「子長多愛，愛奇。〔註24〕」點出太史公「愛奇」的特徵，劉勰亦言其「愛奇反經〔註25〕」，司馬貞〈史記索隱後序〉則稱「其人好奇」。於是，李長之便將「好奇」歸結爲司馬遷一生最大的特點。試觀子長著名的〈悲士不遇賦〉：

> 無造福先，無觸禍始，委之自然，終歸一矣。〔註26〕

賦中自惕老子「禍福相倚」的教訓，並洋溢著道家自然的浪漫情懷。而在《史記》裡亦充斥著大量奇人奇事、奇言奇計、奇品奇德等，千奇百怪之人、事、物，足覘司馬遷在意無意間，已將道家浪漫情懷流露於作品之中，而這正是道家自由和反抗精神的具體表現。

〔註21〕李長之《司馬遷之人格與風格》（臺北：里仁，1999年4月），頁206。
〔註22〕同註21。
〔註23〕俞樟華《史記藝術論》（北京：華文出版社，2002年1月），頁18。
〔註24〕《文淵閣四庫全書》，子部，儒家類《揚子法言·君子》卷九，頁3。
〔註25〕劉勰《文心雕龍》（臺北：三民，1994年4月），頁257。
〔註26〕司馬遷〈悲士不遇賦〉，見費振剛等編《全漢賦》（北京：北京大學出版社，1993年4月），頁142。

關於司馬遷思想中之儒、道孰重的問題，歷來許多學者有不同看法，首先提出司馬遷偏重道家之人，即為班孟堅。《漢書·司馬遷傳》贊曰：

> 是非謬於聖人，論大道則先黃老而後六經，序遊俠則退處士而進姦雄，述貨殖則崇勢利而羞賤貧。〔註27〕

孟堅認為司馬遷思想中，重道家而次儒家，往往以道家思維作評議；《史記》書中並且推崇姦雄，貶抑處士，更倡揚勢利之事。這段話歷來許多學者以為並非公允之論，如葛洪便駁之：

> 夫遷之洽聞，旁綜幽隱，沙汰事物之臧否，核實古人之雅正。其評論也，實原本於自然，其褒貶也，皆準的乎至理，……，而班固之所論未可據也。〔註28〕

葛洪稱頌司馬遷博學多聞，修史參綜百家，無論評論或褒貶皆合情合理，可謂實錄，班固之論未免有失偏頗。張遂亦剖析道：

> 太史公之權衡審矣。〈田單傳〉，敘王蠋事，至以齊存亡，係一布衣，孰謂史公之退節義乎？又如列孔子於世家，列老子於列傳，而且與申韓相挾，亦何嘗「先黃老而後六經」哉！然則後人之譏遷者，悉眛語也〔註29〕。

張遂舉《史記·田單列傳》贊中，附錄平民王蠋以身殉義之故事，反駁孟堅謂史公「退處士而進姦雄」之觀點；又以史公將孔子列於世家，而老子置於列傳之體例，申明史公之學術傾向絕非「先黃老而後六經」。關於司馬遷對儒家的崇慕之情，詳見第五章〈「太史公曰」與儒家思想〉。

王鳴盛更云：

> 班氏所云：「不虛美，不隱惡」，良信；而「先黃老而後六經」，非子長本意明矣。〔註30〕

王氏以為，孟堅讚司馬遷「不虛美，不隱惡」這部分是正確的，然責司馬遷「先黃老而後六經」，則與實情不侔。以上這些批駁班孟堅之論者，僅為冰山一角，其他尚有黃淳耀、馮班、王又樸、金錫齡等人，亦都反對「先黃老而後六經」之議。

而由下節討論的「太史公曰」中，凡評述歷史人物之榮辱成敗，司馬遷據道家之立場發論觀之，吾人所能肯定的是，黃老思想對司馬遷的確產生相當程度的影響。

〔註27〕百衲本《漢書》卷六十二〈司馬遷傳〉，頁778。
〔註28〕葛洪《抱朴子·內篇十》（臺北：臺灣商務印書館，2001年1月）頁374。
〔註29〕明·張遂《千百年眼》（臺北：廣文，1986年5月），頁63～64。
〔註30〕清·王鳴盛《十七史商榷》卷六〈儒林傳〉（臺北：大化，1984年5月），頁48。

第三節　偏重黃老旨趣之序贊

　　司馬遷推崇道家，經常引用老子之言論評述史事，如〈管晏列傳〉評管仲治齊：「善因禍而爲福，轉敗而爲功。」又稱譽管仲輔佐桓公成就霸業：「知與之爲取，政之寶也。〔註31〕」這都是從老子禍福轉化的觀點出發所作的評論。

　　《史記》「太史公曰」中，司馬遷取法黃老學說與歷史治道經驗，發而爲議，無論是行文間顯露老子之思想，抑或直接引用《老子》原文作評論，咸歸爲偏重黃老旨趣之序贊。而依其性質大致分爲司馬遷的理想政治狀態、論人修身處世之方以及與感嘆客觀自然之道等三方面，另外亦舉出幾例爲偏重法家特點之贊。而前二者咸可由《史記》「太史公曰」中，列舉幾位歷史人物作爲成功或失敗之明證。

（一）政治作爲

1. 無為而治——理想的政治模式

　　司馬遷的根本思想既是道家的自然主義，所以他的政治哲學也便建立在無爲上，心目中理想的政治是無爲而治與順其自然。《老子》曰：

　　　　以正治國，以奇用兵，以無事取天下。吾何以知其然哉？以此：天下
　　　　多忌諱，而民彌貧；人多利器，國家滋昏；人多伎巧，奇物滋起；法令滋
　　　　彰，盜賊多有。故聖人云：「我無爲，而民自化；我好靜，而民自正；我
　　　　無事，而民自富；我無欲，而民自樸。」〈五十七章〉〔註32〕

老子在此闡揚「無爲而治」的思想，也就是「以道治國」。起首處所言「以正治國」，即以法治禁令「正其不正」，史上齊國管仲與秦朝商鞅皆採此法。然在此禁忌下，黎民勢必無所措其手足，故曰：「天下多忌諱，而民彌貧」。是故，「以正治國」不能富天下，惟以「無爲」的態度才能使天下大治。西漢初期執政者實行黃老之術治國，子長便對此讚譽不絕，由以下所舉《史記》「太史公曰」中可得證。

　　漢高祖在位只有短短七年，繼位的惠帝並無實權，完全交由太后一手掌控，〈呂太后本紀〉中描寫他自私、心胸狹隘、性情凶狠，並無可稱之處，但司馬遷並不因此完全抹殺呂后之功績，史公贊曰：

　　　　孝惠皇帝、高后之時，黎民得離戰國之苦，君臣俱欲休息乎無爲，故
　　　　惠帝垂拱，高后女主稱制，政不出房戶，天下晏然。刑罰罕用，罪人是希。
　　　　民務稼穡，衣食滋殖。（卷九）

〔註31〕百衲本《史記》卷六十二〈管晏列傳〉，頁726；，頁727。
〔註32〕余培林註譯《老子讀本》，(臺北：三民書局，1985年2月)，頁93。本文所引《老子》
　　　原文皆出自此版本。

文中「君臣俱欲休息乎無爲」一句，反映了人心思治求安的願望。子長認爲，呂后之主要貢獻在於採取與民「休息無爲」之政策，這使得高祖崩殂後之十餘年裡，社會能維持安定，經濟得以發展。而這政績正是呂后與惠帝垂拱，無爲而治的結果，「休養生息」之政策，解救了天下蒼生，得以脫離秦朝末年兵馬倥傯，顛沛流離之生活。

觀整部《史記》，文帝是司馬遷最爲讚賞之漢代君王，因爲他以國家、黎民百姓爲重，不事興作，並能施行德政，〈孝文本紀〉贊：

漢興，至孝文四十有餘載，德至盛也。廩廩鄉改正服封禪矣，謙讓未成於今。嗚呼，豈不仁哉！（卷十）

太史公讚揚文帝繼續行黃老之治，本身也節樸作則。文帝在位期間，「宮室苑囿狗馬服御無所增益」，而且不僅自身衣粗布，連寵幸的慎夫人「令衣不得曳地，幃帳不得文繡〔註33〕」。更值得稱許的是，文帝時期雖已具備盛世明君之條件，卻仍不願勞師動眾去封禪，這些都是老學「謙讓」之體現，道家早指出人君謙下可以保貴、固位，久享國祚，文帝的作爲結果證實了此言不虛。

漢初安定大業最後成於景帝之時，故〈孝景本紀〉贊：

太史公曰：漢興，孝文施大德，天下懷安，至孝景，不復憂異姓。（卷十一）

文中敘述景帝繼承漢祚，基於前人的基礎，以道家理念治理天下，因此「不復憂異姓」，算是完成階段性任務了，而此時黃老治國也已進入尾聲。

以上是本紀體例中，稱美上位者施行黃老之術；而在臣子中，太史公對曹參輔佐惠帝，繼續朝著黃老無爲目標前進頗爲讚賞。〈曹相國世家〉贊：

太史公曰：曹相國參攻城野戰之功所以能多若此者，以與淮陰侯俱。及信已滅，而列侯成功，唯獨參擅其名。參爲漢相國，清靜極言合道。然百姓離秦之酷後，參與休息無爲，故天下俱稱其美矣。（卷五十四）

曹參繼蕭何之後爲相，對蕭何任內的規矩，不做任何更動，即所謂「蕭規曹隨」；加以他早先曾在齊國依蓋公之見施行「黃老治術」達九年，由齊國大治證明了「無爲而治」能利民富國。以故，曹參升任漢相後繼續沿用，同樣很快就使政治步上軌道。曹參遵循道家無爲而治精神，將國家治理得井井有條，舉國平靜，故得到太史公與世人感激，百姓稱頌道：

蕭何爲相，較若畫一，曹參代之，守而勿失，載其清靜，民以寧一。〔註34〕

因「蕭規曹隨」，漢初國力逐漸強盛，社會經濟也逐漸蓬勃發展。由此民歌中，不難想見當時烝民們熱烈擁戴曹參之情況。司馬遷對於以黃老作爲一種治國的指導思想

〔註33〕百衲本《史記》卷十〈孝文本紀〉。
〔註34〕百衲本《史記》卷五十四〈曹相國世家〉。

之嚮往，由以上數贊中表露無遺。贊中，史公咸嘉無爲之政，倡導清靜無爲，與民休息之論，充分肯定了漢初順民之俗的大方針，此即爲史公心目中最佳之政治境界。

2. 暴　政

（1）殘虐失民

與無爲相反的便是有爲、多事，換言之容易出紕漏。歷史上殘暴的行爲，司馬遷往往予以譴責，因爲如此的行爲，不僅傷害無辜的百姓，最終亦會因不得人心而導致失敗，可謂損人不利己。〈黥布列傳〉贊：

> 太史公曰：英布者，其先豈春秋所見楚滅英、六，皋陶之後哉？身被刑法，何其拔興之暴也！項氏之所阬殺人以千萬數，而布常爲首虐。功冠諸侯，用此得王，亦不免於身爲世大僇。（卷九十一）

一贊之中，兼責項羽與英布兩人皆有著「殘暴」的致命缺點，項羽心狠手辣，能一夜之間活埋二十萬降者。英布總是助項羽殺人，這種凶殘暴戾的行爲，終成爲項羽失敗之關鍵。《老子》云：

> 希言自然。故飄風不終朝，驟雨不終日。孰爲此者？天地。天地尚不能久，而況於人乎？（二十三章）〔註35〕

「飄風」指的是暴政，老子以自然現象比況人事，飄風與驟雨雖爲自然現象，然並不常出現，即便發生也是稍縱即逝，不會持久，而暴政亦然。史公肯定項羽在滅秦中所起的作用，然他在攻城掠地中，草菅人命，焚燒宮室，最後終於落得自刎烏江的下場。而項羽至死不悟，尚言「天亡我，非用兵之罪也〔註36〕」，顯示他還未看清決定勝負的關鍵在人心向背。

〈太史公自序〉：「子羽暴虐，漢行功德」一語，可推知「暴政」與「德治」兩類，是司馬遷總結歷史經驗的政治觀念模式。項羽虐戾，劉邦寬仁，劉氏當然能贏得漢家天下。「太史公曰」就人事論人事，故譏羽歸咎天意爲謬論。

而老子又言：

> 夫兵者，不祥之器，物或惡之，故有道不處。君子居則貴左，用兵則貴右。兵者不祥之器，非君子之器，不得已而用之，恬淡爲上。勝而不美，而美之者，是樂殺人。夫樂殺人者，則不可得志於天下矣。吉事尚左，凶事尚右。偏將軍居左，上將軍居右。言以喪禮處次。殺人之眾，以悲哀泣之，戰勝以喪禮處之。〈三十一章〉〔註37〕

〔註35〕同註32，頁49。
〔註36〕百衲本《史記》卷七〈項羽本紀〉。
〔註37〕同註32，頁60。

道家對「殺」深惡痛絕，認為嗜殺者不能得人心，亦無法取得天下。若不得已進行戰爭時，不應多事殺傷。司馬遷秉持道家理念，痛惡這種草菅人命的行徑，論贊中經常突出此點，作為譴責，前敘項羽、黥布即為顯例，又如〈白起王翦列傳〉贊：

> 白起料敵合變，出奇無窮，聲震天下，然不能救患於應侯。王翦為秦將，夷六國，當是時，翦為宿將，始皇師之，然不能輔秦建德，固其根本，偷合取容，以至圽身。及孫王離為項羽所虜，不亦宜乎！彼各有所短也。
>
> （卷七十三）

白起、王翦二人空有軍事才能，位高權重卻不諫言君王施行德政，造福蒼生；反倒愚從殘暴政策，濫用武力，造成生靈塗炭，墮入家破人亡的戰爭陰霾裡。白起長平一役，殺趙軍四十萬，最後因故被迫自殺；王翦也因滿手血腥，雖得良田美宅，其孫王離卻為項羽所虜。贊中史遷帶有宿命色彩的觀點，目的為使千秋警戒，這點同樣體現在〈蒙恬列傳〉贊：

> 太史公曰：吾適北邊，自直道歸，行觀蒙恬所為秦築長城亭障，塹山堙谷，通直道，固輕百姓力矣。夫秦之初滅諸侯，天下之心未定，痍傷者未瘳，而恬為名將，不以此時彊諫，振百姓之急，養老存孤，務修眾庶之和，而阿意興功，此其兄弟遇誅，不亦宜乎！何乃罪地脈哉？（卷八十八）

司馬遷認為秦國的暴政是由皇帝與大臣共同促成。蒙恬（？～西元前 210 年）、蒙毅兄弟一味的「阿意興功」，他們和白起、王翦有共同之罪，即不勸秦王實行德政，甘願成為朝廷的殺人工具，招禍是必然之結果；而他們對秦朝迅速滅亡之命運，也該擔負部分歷史責任。儲欣也同意此觀點，他說：

> 太史公責王氏、蒙氏，俱以人事準天道，足為萬世炯戒。〔註38〕

儲欣認為，司馬遷申斥王翦和蒙恬未盡臣下之責，建言主上行德政，反而協助推行殘民虐民之政策，王離被擄與蒙恬被賜死，都是這些前因所種下的惡果。可惜蒙恬至死都不知自己真正錯在「固輕百姓力」，還迷信是斬斷地脈之詛咒，史公於贊中亦批駁了此一愚妄之想法，主張人禍引來天譴。無論王翦、白起，甚至是蒙氏兄弟，他們的所做所為皆非輔秦享久祚之道。史公之議為良史之見，後世君臣須以此為鑒，莫蹈覆車之轍。而由論述白起、王翦之惡有惡報，亦能覘子長「究天人之際」的思想表現。

（2）多欲擾民

A. 君王多欲

〔註38〕儲欣《史記選》卷四〈白起王翦列傳〉，引自楊燕起等編《歷代名家評史記》（北京：北京師範大學，1986 年 3 月），頁 582。

執政者若內心多欲則必有擾民之舉，同樣會造成百姓生活艱難，即爲暴政。《老子》道：

> 民之饑，以其上食稅之多，是以饑。民之難治，以其上之有爲，是以難治。人之輕死，以其上求生之厚，是以輕死。夫唯無以生爲者，是賢於貴生。〈七十五章〉〔註39〕

老子於文中闡述，百姓之所以逐漸難治，以至最後輕死，如此的政治禍亂，原因是由於上位者的剝削與高壓統治。上位者倘若橫征暴歛，屬民以自奉，加以政令嚴苛，人民處於如此動輒得咎之田地，自然就輕於犯死。老子的理想是上不多取、不多事擾民，百姓亦就不會輕生、難治以累上，於是兩相平安，社會得以保持穩定。換言之，爲君多欲則不能存其國，爲臣多欲則不能保其位，爲民多欲則不能全其身，貪圖非分，只會加速敗亡。

漢朝在先帝奠定的繁榮社會基礎下，至漢武時倉廩富足，養成他窮奢極欲之心，汲黯曾當面直指武帝缺點，曰：「陛下內多欲而外施仁義，奈何欲效唐虞之治乎？〔註40〕」汲黯一針見血道出劉徹之要害——「多欲」。汲黯所學即「黃老之言，治官理民，好清靜」，當然也就見不慣武帝與公孫弘等寵臣，種種擾民的政治措施。太史公在批判武帝的政治作爲時，經常以黃老思想爲準則，尖銳抨擊武帝的經濟政策與強取豪奪之行徑。

〈平準書〉中，總敘漢初迄武帝時期之財經形勢與各項政策，其中對漢初七十年與民休息無爲盛加褒美；而對當代之事，則頗多譏刺。司馬遷贊道：

> 《書》道唐虞之際，《詩》述殷周之世，安寧則長庠序，先本絀末，以禮義防于利；事變多故而亦反是。（卷三十）

贊首敘唐虞、殷周之世，咸以禮義防止利益薰心，以此譏刺武帝自己作了不良示範，將人民導向「利」之途。贊末更云：

> 外攘夷狄，內興功業，海內之士力耕不足糧饟，女子紡績不足衣服。古者嘗竭天下之資財以奉其上，猶自以爲不足也。無異故云，事勢之流，相激使然，曷足怪焉。（卷三十）

漢武帝的確是史上一位具雄才大略之君，在他執政的五十多年裡，建設漢王朝成爲當時世上最強大之帝國。然也因貪得無厭，不僅連年對外征戰，國內亦多興作，可謂奢靡至極，因此使得國力大傷，造成「海內蕭然，戶口減半」的局面，人民勤奮工作猶不能得溫飽，當然衍生了若干嚴重之社會問題。這些皆是司馬遷以老子的

〔註39〕同註32，頁112。
〔註40〕百衲本《史記》卷一百二十，頁1121。。

有欲之害，所發出的評斷準則，要求帝王節制私欲，以烝民福祉為依歸。

〈天官書〉云：「大上脩德，其次脩政，其次脩救，其次脩禳。〔註41〕」子長於此明確提出自己理想中為政的優先順序，注重德教、勤政理民為其最上乘的政治，武帝的所做所為看在子長眼中，無疑是最低層次的「脩禳」之政。

B. 酷吏政治

漢朝另一種擾民之政即為酷吏政治，子長於〈酷吏列傳〉序中，直接引用《老子》之言為評論，序云：

> 老氏稱：「上德不德，是以有德；下德不失德，是以無德。法令滋章，盜賊多有。」太史公曰：信哉是言也！法令者治之具，而非制治清濁之源也。昔天下之網嘗密矣，然姦偽萌起，其極也，上下相遁，至於不振。當是之時，吏治若救火揚沸，非武健嚴酷，惡能勝其任而愉快乎！言道德者，溺其職矣。故曰：「聽訟，吾猶人也，必也使無訟乎」。「下士聞道大笑之」。非虛言也。漢興，破觚而為圜，斲雕而為朴，網漏於吞舟之魚，而吏治烝烝，不至於姦，黎民艾安。由是觀之，在彼不在此。（卷一百二十二）〔註42〕

首段「老氏稱」之語出自《老子》三十八章，文中老子論社會之「德」，最好之「德」即為上德，以無為用，才能無所偏，社會自然安泰。君臣生事有為的制訂許多妨害人民生活的法令規章，吸取民脂民膏，剝奪百姓之自由，人民因此墮入痛苦深淵，不得已只好鋌而走險，醞釀反抗暴動甚至於叛亂。

〈酷吏列傳〉與〈平準書〉是互為表裡之篇章，武帝所以從事武功，因為漢初經過七十年的休養生息，經濟力量已經膨脹，故武帝開始南征北討。而也因為連年的征戰，迫使經濟轉趨衰竭，社會因而動盪不安，於是武帝便任用酷吏加以管控黎民。由此可知〈酷吏列傳〉與〈平準書〉互為表裡，應相互參照對看，對武帝時期的政治局勢始能有完整之認識。

周勃曾言：「吾嘗將百萬軍，然安知獄吏之貴。〔註43〕」語絕沈痛，由此可想見當時獄吏之殘酷。司馬遷對此亦有切膚之痛，是以，序中贊同道家所提，對不善之民應善待之，使人民在不知不覺中受其潛移默化，而非以峻法治民。序言亦流露

〔註41〕百衲本《史記》卷二十七，頁419。
〔註42〕序首老子之語雖在「太史公曰」之前，然為司馬遷個人所抒發之觀感，故屬於廣義之「太史公曰」。
〔註43〕百衲本《史記》卷五十七，頁698。

史遷嚮往「以百姓心爲心〔註44〕」的德治，希冀能有一個法律寬鬆，人民守秩序之理想社會。

　　由以上太史公褒揚黃老之術治國，以及反暴政的道家思想表現，可知史公心目中最上乘的政治，是實行自然無爲之術，而國君寡欲並能以仁治民。杜維運綜述：

　　　　中國史學家反對戰爭，反對殺人，反對人之相食，是史學上美與善的

　　表現，史學家是應當永遠採取這種立場的。〔註45〕

杜氏主張史學家是應當永遠採取反戰、反殺等立場，始能體現史學上的美與善。以上論贊中，司馬遷正是秉持史家應持反戰、反殺的態度所作的論斷，這種特色展現了史公的美善史學。

（二）修身處世

　　以下就《史記》「太史公曰」中，歷史人物奉行黃老之學與否，對其仕途、生命的影響，以《老子》之不爭、無欲、絕巧三要點分別舉例論述之。最後一項則探討「太史公曰」裡，不學黃老以致取禍身亡之悲劇人物。

1. 不　爭

　　老子認爲有道之士不與人爭，《老子》道：

　　　　上善若水。水善利萬物而不爭。處眾人之所惡，故幾於道。居善地，

　　心善淵，與善仁，言善信，政善治，事善能，動善時。夫唯不爭，故無尤。

　　〔註46〕

　　人有欲，必然會爭取；老氏以爲只要不爭，自然能無欲，這便是老子去欲的方法。司馬遷遵循道家精神，非常重視「不爭」，故於「太史公曰」裡，對具此一情操的季札稱許有加，〈吳太伯世家〉贊：

　　　　延陵季子之仁心，慕義無窮，見微而知清濁。嗚呼，又何其閎覽博物

　　君子也！（卷三十一）

　　季札是吳王壽夢么子，但最賢，故壽夢欲立之，然季札辭讓。太史公稱他爲「閎覽博物君子」，亦是讚其有高世之見，能在詭譎的政治暗潮中，得以全身而退。有欲之害，證之史實多有，如《左傳・隱公元年》，鄭莊公弟段襲鄭，莊公伐之，段出奔共；《左傳・桓公十年》，虞公貪求玉劍，引起虞叔伐虞公，虞公出奔洪池。是以，王世貞道：

〔註44〕同註32，〈四十九章〉，頁84。
〔註45〕杜維運《史學方法論》（臺北：三民書局經銷，2001年10月14版），頁383。
〔註46〕同註32，〈八章〉，頁28。

季札蓋智人也，**得老氏之精而用之**。彼見夫吳之俗狠戾而好戰，日尋楚之干戈，而僚以貪愎躁勇之性，光以狡悍忍訽之資左右焉。……。彼二人者，感札之予立而不忮，安札之無欲而不疑，以其屬尊而不之逼，而札始得爲札矣。吾故曰：季札智人也，得老氏之精而用之者也。〔註47〕

王氏以爲季札之智，因深得老氏之精義，這使其能於狠戾之政治鬥爭中安然無恙。吳王僚與公子光，性格貪愎狡悍，他們深知季札不會與他們爭王位，故對季札不忮不疑，季札亦因此得以善終。在春秋「臣弑君，子弑父」的混亂世情中，唯季札深諳老氏之道，讓國不與人爭以求全身而退。司馬遷予以極高之譽，顯見史公欣賞季札的節行瑰奇，並體諒他處世的用心良苦，同時欲後世效法道家這種「不爭」的高貴情操。

2. 無 欲

〈留侯世家〉裡，完整記錄張良輔佐劉邦滅秦、敗羽，以及穩定漢初的政治情勢，爲漢家奠下日後繁榮之丕基，功冠漢初三傑。〈留侯世家〉贊：

太史公曰：學者多言無鬼神，然言有物。至如留侯所見老父予書，亦可怪矣。高祖離困者數矣，而留侯常有功力焉，豈可謂非天乎？上曰：「夫運籌筴帷帳之中，決勝千里外，吾不如子房。」（卷五十五）

贊文復述張良黃老之術學自黃石公，因而數次協助劉邦脫困。張良除在政治上有所施展外，處世修養更學黃老以柔持身，無所欲求。宋朝楊時云：

老子之術最忍，他閑時似個虛無單弱的人，到要緊處發出來，令人支吾不住，如張子房是也。〔註48〕

張良因無欲，則可柔可剛，持身、處世、治國、平天下無所不宜。楊時之語指出黃老學派者之特徵，子房屬「柔弱勝剛強」之人，他往往欲取先予，並且突發制人。如此不僅輔助高祖完成統一大業，更出計謀除掉許多劉邦的心腹大患。事成之後，留侯不爭利，遵老子「功成身退〔註49〕」之訓，表態「欲從赤松子游」，使得劉邦自始至終未曾對他起疑忌。然吳汝綸曾言：

史公於高帝君臣，皆不當其一眄。「子房狀貌如婦人好女」，蓋輕之也。〔註50〕

〔註47〕王世貞之論，引自明·凌稚隆輯校，《史記評林》（臺北：地球，1992 年 3 月），頁1121～2。
〔註48〕楊時之論，引自明·凌稚隆輯校，《史記評林》（臺北：地球，1992 年 3 月），頁 1629。
〔註49〕同註32，〈九章〉，頁29。
〔註50〕清·吳汝綸評點〈留侯世家〉，《史記集評》（臺北：臺灣中華書局，1970 年 5 月），頁 723。

吳汝綸認爲〈留侯世家〉贊中，司馬遷述子房狀貌如婦人一般柔弱，其中寓有貶意，譏刺他不像大丈夫在沙場上奮勇殺敵，反而像宮娥躲在宮闈，爲呂后設計誅殺功臣；郭嵩燾亦云：

> 史公於留侯蓋多微辭，故其言隱約如此。〔註51〕

郭嵩燾闡述此贊蘊含弦外之音，即史公不滿留侯爲求全身，而不惜犧牲他人之行徑。吳、郭兩人咸指出，史公輕蔑子房狀貌如婦女，此觀點主要是就張良參與誣殺韓信一事而言。而這是在當時政治情勢下，篤行黃老學之留侯爲求自保的必然計策。

3. 絕 巧

老子反對機巧用事，以爲「巧」正是致亂之源。所謂絕巧之「巧」，指的是炫惑眼目，擾亂人心；是華而不實，薄而不厚的。修身最好愛惜精神，節省力量，厚積德則無事不克，故絕巧既合乎自然，亦合於大道。

陳平（？～西元前178年），一生爲人處事得力於黃老，他也是劉邦打天下、安定政治的功臣，但走的卻是陰險的道路。〈陳丞相世家〉贊：

> 太史公曰：陳丞相平少時，本好黃帝、老子之術。方其割肉俎上之時，其意固已遠矣。傾側擾攘楚魏之閒，卒歸高帝。常出奇計，救紛糾之難，振國家之患。及呂后時，事多故矣，然平竟自脫，定宗廟，以榮名終，稱賢相，豈不善始善終哉！非知謀孰能當此者乎？（卷五十六）

贊文首先便點出，陳平年輕時已學黃老之術，並且立志要作一番大事業。適逢楚漢相爭，陳平爲劉邦出了不少妙計，解決國家許多災難。呂后執政時，功臣逐一被屠戮，而陳平卻能善始善終，實在不容易，足覘他善爲陰謀。方望溪指出：

> 六出奇計，陰謀也，其後避讒偏聽呂后，亦陰謀也，故用此總結通篇。〔註52〕

觀高祖崩殂後，陳平首先討好呂后；呂后一死，他隨即又加入討呂之列，是見風轉舵之投機份子，而此種狡智最爲老子所反對，故曰：「以智治國，國之賊。〔註53〕」老子主用愚，因運用智巧治國，只會多事生事。例如陳平多詐謀，用他治國，絕非國家之福，因爲狡詐之臣無法挽救社會人心，只會導致道德向下沈淪。子長雖愛奇，然陳平之「奇」，已屬陰險之道，故子長責詆之。

由贊末「非知謀孰能當此者」句，可知司馬遷對陳平機巧用事亦不苟同，故譏

〔註51〕清・郭嵩燾《史記札記》（臺北：樂天，1971年3月），頁220。
〔註52〕清・方苞〈史記評語〉，《方望溪先生全集》四部叢刊正編（臺北：臺灣商務印書館，1979年），頁435。
〔註53〕同註32，〈六十五章〉，頁102。

貶之。不過，也正因如此「知謀」，使陳平能達到「善始善終」的結果。明代袁黃曾云：

> 張良避穀，曹參酒於酒，陳平淫於酒與婦人，其皆有不得已乎？其憂思深，其道周，其當呂氏之際乎？良也避世，故引而立於潔；參、平避事，故推而納諸污。〔註54〕

張良、曹參、陳平三人，不僅將黃老之術用於立國，更親身奉行以避高祖、呂后之刀鋒，或避穀，或酒於酒，總之將黃老處世哲學發揮得淋漓盡致。由袁黃之分析，吾人亦應瞭解他們在微妙的君臣關係下，為求能善終遠害，日子其實過得相當緊張且辛苦。

4. 自矜取禍

周勃、周亞夫與韓信，三者是在修身處世方面失敗之例，太史公以為三人共同之處在不知謙讓。漢政嚴酷，功臣人人自危，惟深得黃老之學者如張良、陳平等人，能韜光養晦，以保全身。而功高震主者如韓信，個性忠誠篤實者如周勃、周亞夫父子，於天下一統後難容於主上，加以不善君臣相處之道，致三人咸遭遇了悲劇的結局。

《老子》言：

> 曲則全，枉則正；窪則盈，敝則新；少則得，多則惑。是以聖人抱一為天下式。不自見，故明；不自是，故彰；不自伐，故有功；不自矜，故長。夫惟不爭，故天下莫能與之爭。古之所謂「曲則全」者，豈虛言哉！誠全而歸之。〈二十二章〉〔註55〕

人若處曲、枉、窪、敝等境地，就能得到全、直、滿、新等的益處，反之則招致毀、折的害處。是以，老子要人虛懷若谷，不自見、不自是、不自我、不自矜，也就不會與人爭執，發生不快，這是以退為進之道，亦為修己待人很重要的修養。《史記》「太史公曰」中數次以此觀念為評論準則，如〈絳侯周勃世家〉贊：

> 太史公曰：絳侯周勃始為布衣時，鄙樸人也，才能不過凡庸。及從高祖定天下，在將相位，諸呂欲作亂，勃匡國家難，復之乎正。雖伊尹、周公，何以加哉！亞夫之用兵，持威重，執堅刃，穰苴曷有加焉！足己而不學，守節不遜，終以窮困。悲夫！（卷五十七）

贊文對周勃（？～西元前196年），採先抑後揚，甚至捧至伊、周之尊；評亞夫，則是先揚後抑。子長批判周勃、周亞夫父子「足己而不學，守節不遜」，不諳道家「謙

〔註54〕韓兆琦編注《史記選注匯評》，〈留侯世家·匯評〉引袁黃《增評歷史綱鑑補》（鄭州：中州古籍出版社，1990年10月），頁157。
〔註55〕同註32，頁48。

讓」智慧，以致最後都遭迫害，周勃鬱鬱而終，亞夫絕食，嘔血而亡。而同樣的遺憾也發生在韓信身上，〈淮陰侯列傳〉贊：

> 假令韓信學道謙讓，不伐己功，不矜其能，則庶幾哉，於漢家勳可以比周、召、太公之徒，後世血食矣。不務出此，而天下已集，乃謀畔逆，夷滅宗族，不亦宜乎！（卷九十二）

韓信（？～西元前 196 年），之所以有「兔死狗烹」的下場，肇因於他不諳謙抑自退，矜才自負。韓信爲劉邦完成統一大業，處周、召之地位，卻不懂韜光養晦，天真的以爲「功多，漢終不奪我齊」，足見他不明白功高震主的危機，終成爲漢高祖背上芒刺。韓信慘遭誣陷族滅，除反映出劉邦、呂后之妒才嫉能外，其自身「貪」、「驕」相循亦造成無法彌補之遺憾。韓信之「貪」，表現於二處：早在攻克齊國時，上書劉邦欲求立爲齊王；垓下之決戰，又不奉令兵援劉邦，俟獲賜地才出師，此其「貪」也。韓信被貶爲淮陰侯後，與漢高祖論將之道，不知收斂，一句「多多益善」，驕態畢露；幽居京師時，兀傲孤高，羞與功臣名將爲伍，足覘其「驕」〔註56〕。韓信在研究兵法之暇，實在該兼學黃老之術，師法蕭何、張良的委曲保全模式，不自誇、不傲物，此乃老氏所言侯王保貴固位之道。

〈太史公自序〉說曹參：「不伐功矜能」，對照〈淮陰侯列傳〉贊，會發現參與韓信爲背道而馳的兩種類型。《老子》三寶之「不敢爲天下先」，勸人不居天下第一大名，自然不會有人與之相爭鬥，曹參遵之，善始善終；韓信背之，夷滅宗族。由此亦見臣子爲君主立大功後，君臣實難和順相處，精黃老術的張良、陳平雖得保身，卻過著虎尾春冰的生活，未諳道家精義的韓信、周勃父子則身殞。儲欣於是云：

> 功名盛望，居之最難，惟謙遜退讓，可以善始善終耳，然此非不學者知也。太史公望淮陰以學道謙讓，責絳侯、條侯以足己不學，守節不遜，旨哉言乎！〔註57〕

儲欣亦認同子長，嘆息淮陰、絳侯、條侯不諳老氏之學，因爲三人不懂道家「功成身退」之理。而三人又異於張良、陳平之柔順，太過剛強，因此容易遭受摧毀、消滅。

上述二贊史公咸以不懂「謙退」爲淮陰、周勃、周亞夫之敗因，以「曲則全」爲衡量準則。史公對袁盎與鼂錯之自取滅亡，又是以道家之另一教訓議之，《老子》云：

> 我有三寶，持而保之。一曰慈，二曰儉，三曰不敢爲天下先。慈故能勇；儉故能廣；不敢爲天下先，故能成器長。今舍慈且勇；舍儉且廣；舍

〔註56〕參考蔡信發《話說史記》（臺北：萬卷樓，1995 年 10 月），頁 207。
〔註57〕儲欣《史記選》卷三〈絳侯周勃世家〉，引自楊燕起等編《歷代名家評史記》（北京：北京師範大學，1986 年 3 月），頁 524。

後且先；死矣！夫慈，以戰則勝，以守則固。天將救之，以慈衛之。〈六十七章〉〔註58〕

老子三寶中的「慈」，是將仁慈加於人，不做害人之事，不說損人之話。袁盎、鼂錯兩人爾虞我詐，都沒有好結果。史公遵從老子智慧，贊中亦表現以剛強為戒，主守柔處下之論，〈袁盎鼂錯列傳〉贊：

> 太史公曰：袁盎雖不好學，亦善傅會，仁心為質，引義忼慨。遭孝文初立，資適逢世。時以變易，及吳楚一說，說雖行哉，然復不遂。好聲矜賢，竟以名敗。鼂錯為家令時，數言事不用；後擅權，多所變更。諸侯發難，不急匡救，**欲報私讎**，反以亡軀。語曰：「變古亂常，不死則亡」，豈錯等謂邪！（卷一百一）

傳文描述袁盎、鼂錯兩個冤家互相敵對與傾軋，並公報私仇的情形。鼂錯（西元前200年～前154年），先謂丞史：「袁盎多受吳王金錢，專為蔽匿言不反，今果反，欲請治盎宜知計謀。」袁盎反將鼂錯一軍，言：「吳所以反狀以錯故，獨急斬錯以謝吳，吳兵乃可罷。」鼂錯於是被斬，各國之兵卻未罷退，袁盎害鼂錯白白犧牲，自己後來也遭刺殺。兩人的行為都不合道家之「慈」，因此都不得善終。

〈吳王濞列傳〉之「太史公曰」文中，亦有對袁、鼂兩人之評論，〈吳王濞列傳〉贊曰：

> 鼂錯為國遠慮，禍反近身。袁盎權說，初寵後辱。故古者諸侯地不過百里，山海不以封。「毋親夷狄，以疏其屬」，蓋謂吳邪？「毋為權首，反受其咎」，豈盎、錯邪？（卷一百六）

史公感喟社稷臣鼂錯為國遠慮，但因作法太急切以致於速禍；袁盎善於權變遊說，後來受到屈辱，亦適得其宜。贊末並結以「毋為權首，反受其咎〔註59〕」。鄙語曰：「是非總因強出頭。」袁盎、鼂錯不知韜光養晦，違逆《老子》的教訓：

> 知其雄，守其雌，為天下谿。為天下谿，常德不離，復歸於嬰兒。知其白，守其黑，為天下式。為天下式，常德不忒，復歸於無極。知其榮，守其辱，為天下谷。為天下谷，常德乃足，復歸於樸。樸散則為器，聖人用之，則為官長，故大制不割。〈二十八章〉

此章主張為人應「知雄守雌」、「知白守黑」、「知榮守辱」，強調「柔忍退讓，卑弱謙下」的處世方針，以身為「天下谿谷」，自處於卑下之處，才能歸真返璞。老子誡世人不要過份爭，要謙下退讓；好爭的人，結果將是一無所有。持盈揣銳皆不可靠、

〔註58〕同註32，頁104。
〔註59〕百衲本《史記》卷一百零六。

不能長久，唯不爭，始能獲得內心真正的祥和安樂。這些道家精義子長皆透過「太史公曰」表露無遺。「太史公曰」在品評人物成敗方面，體現了老子之不爭、無欲、謙讓、處柔等主張。要之，凡《史記》書中論及一個人的榮敗，大體上都是採取道家的觀點。

（三）自然之道

在此所欲探討之「道」，是世界萬物產生的總根源，及其變化的總規律。《史記》「太史公曰」中所透露的包含幾方面：大器晚成、患吾有身、禍福相倚，並以自然之道解釋經濟本質。

1. 大器晚成

子長對一代英雄西楚霸王——項羽（前 232 年～前 202 年）之評議為：

> 太史公曰：吾聞之周生曰「舜目蓋重瞳子」，又聞項羽亦重瞳子。羽豈其苗裔邪？**何興之暴也**！（卷七）

〈項羽本紀前幾句「承斃易變」中，字裡行間流露出作者無限遺憾與惋惜之心情，太史公雖然稱頌項羽為一代英雄，仍不隱其惡。贊文裡子長對項羽有兩點意見，一是「興之暴」，再者「自矜功伐」。前者是說項羽的征服天下事業發展得太快，至於如何快法，贊中也敘述道：

> 羽非有尺寸，起隴畝之中，三年，遂將五諸侯滅秦，分裂天下，而封王侯，政由羽出，號為「霸王」，位雖不終，近古以來未嘗有也。

項羽崛起才短短幾年，便已經成為統領諸侯之「霸王」；然也因為成功來得太早，導致項羽很快便殞落。而興起太遽同樣也是英布的遺憾，〈黥布列傳〉贊：

> 太史公曰：英布者，其先豈春秋所見楚滅英、六，皋陶之後哉？身被刑法，何其**拔興之暴也**！（卷九十一）

史公以皋陶之後裔稱許英布為一代英雄，然同樣以興起迅速，則覆滅也快，對英布發出太息之聲，正如老子所云：

> 大白若辱；大方無隅；大器晚成；大音希聲；大象無形；道隱無名。
> 〈四十一章〉〔註60〕

對人的成就進程，老子主張「大器晚成」，最貴重的器物之所以製作耗時，因為需要日積月累的功夫，亦即所謂的「慢工出細活」。項羽、英布青年時期便志得意滿，位高權重，也就難怪由雲端重重的摔落。子長以敏銳的歷史眼光察覺到此，明顯透露

〔註60〕同註 32，頁 74。

出他的道家思維成分。

除此之外，同韓信一樣，「滿招損」亦是項羽的致命傷，子長責之：「自矜功伐，奮其私智而不師古。〔註61〕」這正是道家所忌，《老子》曰：

> 企者不立，跨者不行；自見者不明；自是者不彰；自伐者無功；自矜者不長。其在道也，曰：餘食贅形。物或惡之，故有道者不處。〈二十四章〉〔註62〕

子長對西楚霸王、淮陰侯等一代英雄皆以「自矜」議之，這些沙場英豪，能抵萬夫，卻敗在自己驕矜之心，躊躇滿志者能不慎乎。倘若當年項羽、韓信能有像劉邦那樣的歷練，歷史將會完全改寫。

2. 患吾有身

〈魏豹彭越列傳〉則又異於上述，體現出老子之另一訓誡，贊曰：

> 魏豹、彭越雖故賤，然已席卷千里，南面稱孤，喋血乘勝日有聞矣。懷畔逆之意，及敗，不死而虜囚，身被刑戮，何哉？中材已上且羞其行，況王者乎！彼無異故，智略絕人，獨患無身耳。（卷九十）

史公贊末「獨患無身」的評語得自《老子》書中觀念：

> 「寵，辱若驚！」「貴，大患若身！」何謂：「寵，辱若驚！」？「寵」之為下；得之，若驚！失之，若驚！是謂：「寵，辱若驚！」何謂：「貴，大患若身！」吾所以有大患者，為吾有身也；及吾無身，有何患？故：「貴為身於為天下，若可以託天下矣！愛以身為天下，若可以寄天下矣！」〈十三章〉

人生之憂患，有時是自尋的，因為私心太重，慾望太多；若能超然世外，不為物累，才是天下最珍貴之人。假使魏豹、彭越能超出利害關係之外，就能忘身無我，並承受災難；具備此種精神者，才值得將天下寄託與他。贊中，史公獨特的見解明顯承襲了道家「患吾有身」的觀念。

3. 禍福相倚

〈南越列傳〉則透露出史公的另一種道家思維，贊曰：

> 太史公曰：尉佗之王，本由任囂。遭漢初定，列為諸侯。隆慮離溼疫，佗得以益驕。甌駱相攻，南越動搖。漢兵臨境，嬰齊入朝。其後亡國，徵自樛女；呂嘉小忠，令佗無後。樓船從欲，怠傲失惑；伏波困窮，智慮愈

〔註61〕百衲本《史記》卷七，頁123。。

〔註62〕同註32，頁50。

殖，因禍為福。成敗之轉，譬若糾墨。（卷一百一十三）

贊末「伏波困窮，智慮愈殖，因禍為福。成敗之轉，譬若糾墨」一段，同〈悲士不遇賦〉中：「無造福先，無觸禍始」兩句，同樣以道家「禍福相倚」為警惕。史公以此為伏波將軍作結，稱讚將軍雖處在困境，卻積極發憤思慮，使他謀略更加周詳，最後因禍得福。老子云：

> 其政悶悶，其民淳淳；其政察察，其民缺缺。禍兮，福之所倚；福兮，禍之所伏。孰知其極？其無正也。正復為奇，善復為妖。人之迷，其日固久。是以聖人方而不割，廉而不劌，直而不肆，光而不耀。〈五十八章〉
>
> 〔註63〕

宇宙萬事萬物都順著自然之變化，周而復始，若能記取小挫敗之教訓，必能轉禍為福。禍中有福，福中有禍，老子體察到此相對之理念，勸人不必庸人自擾，徒增煩惱。司馬遷於〈南越列傳〉贊末所感嘆的，正是人生禍福恆無定論，故亦不足掛懷；善用情勢，即能成功逆轉。由此而觀司馬遷之「發憤著書」說，賢聖都先遇困然後才能發憤完成名著，此亦為《老子》的「禍福相倚」觀點的闡揚。

4. 經濟本質

司馬遷應用黃老學的特別之處，便是以黃老思維來解釋經濟本質。陳其泰盛讚他在中國史學上開創了重視經濟史料的範例〔註64〕。而史公不僅首創經濟史，更進一步將漢初盛行的「黃老之學」凝煉、昇華為「善者因之」的善因論。這當中包括開展多種經營致富的「富無經業」論，農工商漁多業並重的「產業結構」論，經濟自發調節社會經濟生活的「自然之驗」論，對國民經濟不過多干預的「因勢利導」論等，這是史公對西漢前期近七十年建國經驗的總結。〔註65〕而司馬遷這個特殊的切入點，完全遵循其父司馬談的道家精義。

〈貨殖列傳〉是《史記》裡有關經濟問題的重要篇章，司馬遷作序道：

> 老子曰：「至治之極，鄰國相望，雞狗之聲相聞，民各甘其食，美其服，安其俗，樂其業，至老死不相往來。」必用此為務，輓近世，塗民耳目，則幾無行矣。太史公曰：夫神農以前，吾不知已。至若《詩》《書》所述虞夏以來，耳目欲極聲色之好，口欲窮芻豢之味，身安逸樂，而心誇矜埶能之榮使。俗之漸民久矣，雖戶說以眇論，終不能化。故善者因之，

〔註63〕同註32，頁94。

〔註64〕陳其泰《史學與中國文化傳統》（北京：書目文獻出版社，1992年9月），頁113。

〔註65〕參考韋葦《司馬遷經濟思想研究》（西安：陝西人民教育出版社，1995年8月），頁8。

其次利道之，其次教誨之，其次整齊之，最下者與之爭。（卷一百二十九）

序首引《老子》〈八十章〉，表明了〈貨殖列傳〉是以道家觀點來解釋經濟。司馬遷認識到物質上的富有，是社會發展和進步的基礎，但他並非一味地鼓勵物欲橫流，導致道德淪喪。人類歷史活動離不開經濟與物質利益，然經濟發展的前提必須是社會各階層之人，追求正當生存條件和物質利益。

而史公對統治者則有更高要求，他揭露上層荒淫又不言利的虛偽，要求他們重義輕利，節私欲以求公益，以此才能達到老氏理想中的至治之道。

〈平準書〉贊：

> 太史公曰：農工商交易之路通，而龜貝金錢刀布之幣興焉。所從來久遠，自高辛氏之前尚矣，靡得而記云。……。是以物盛則衰，時極而轉，一質一文，終始之變也。（卷三十）

司馬遷於贊首條分縷晰經濟發展初期情形，段末「是以物盛則衰，時極而轉，一質一文，終始之變也。」顯見司馬遷以道家「物極必衰」之觀點看待經濟發展，此亦顯露其「通古今之變」的思維。〈平準書〉贊又云：

> 湯武承獘易變，使民不倦，各兢兢所以為治，而稍陵遲衰微。（卷三十）

前幾句「承獘易變，使民不倦」同樣體現了史公道家的「通變觀」與「循環觀」，並且揭示了求「利」正是歷史進化的動力。〈平準書〉與〈貨殖列傳〉均反映了太史公精闢的經濟思想和物質觀；而司馬遷之所以能將古今以來的經濟問題，作撥煩理劇的處理與解析，則要歸功於其遠祖流傳下來的家學[註66]。

以上這些看似不合傳統的璀璨思想，正是司馬遷思想庶民性的表現，卻引來了班孟堅「述貨殖則崇勢利而羞賤貧。[註67]」的不當批評。朱鶴齡與許新堂等人則駁斥此說不倫，認為孟堅太小看史公之史識，甚至不解〈貨殖列傳〉所寓之微旨[註68]。

5. 化用《老子》文句

《史記》〈魯仲連鄒陽列傳〉文中，鄒陽〈獄中上梁王書〉有言：

> 女無美惡，居宮見妒；士無賢不肖，入朝見疑〈卷八十三〉

這是鄒陽向梁王表白自己受人嫉妒，遭人陷害的處境。這段話亦見〈扁鵲倉公列傳〉贊：

> 女無美惡，居宮見妒；士無賢不肖，入朝見疑。故扁鵲以其伎見殃，

〔註66〕司馬遷之先祖──司馬昌與司馬無澤，曾在秦漢新舊王朝擔任經濟重官。
〔註67〕百衲本《漢書》卷六十二〈司馬遷傳〉，頁778～779。
〔註68〕參考楊燕起等編《歷代名家評史記》（北京：北京師範大學，1986年3月），頁726～7744。

倉公乃匿迹自隱而當刑。緹縈通尺牘，父得以後寧。故老子曰：「美好者
不祥之器」，豈謂扁鵲等邪？若倉公者，可謂近之矣。（卷一百五）

此贊文末，史公所言「老子曰：『美好者不祥之器』」，實際上《老子》一書並未有此
句，蓋史公巧妙化用《老子》〈三十一章〉：「夫兵者，不祥之器」而成「美好者不祥
之器」，藉以表達賢能者懷璧之罪的無奈，影射史公個人悲慘遭遇的辛酸。

〈外戚世家〉中，亦見司馬遷申論「美好者不祥之器」的道理，序曰：

漢興，呂娥姁爲高祖正后，男爲太子。及晚節色衰愛弛，而戚夫人有
寵，其子如意幾代太子者數矣。及高祖崩，呂后夷戚氏，誅趙王，而高祖
後宮唯獨無寵疏遠者得無恙。（卷四十九）〔註69〕

戚夫人因美色有寵於高祖，呂后恨之入骨已久，高祖晏駕，呂后立即下手，殘虐之
手段令人不忍卒睹；高祖後宮無寵者，想當然姿色平庸，卻也因此得以全身。換言
之，戚夫人之所以成「人彘」，高祖後宮無寵疏遠者之所以無恙，咸因美好的外表，
爲當事者帶來不祥之命運。〈黥布列傳〉贊曰：

禍之興自愛姬殖，妒媚生患，竟以滅國！（卷九十一）

黥布因懷疑愛姬與賁赫有染，迫使賁赫誣告黥布謀反，這又是因美人所惹來的紛端。
外界汲汲追求美好事物，致產生嫉妒，亦爲美好者帶來不祥。美女如此，佳快者如
司馬遷、鄒陽、扁鵲亦然。

（四）側重法家之論贊

第一節已提過道家思想與法家有著密切的淵源關係，漢初黃老，正是老子之清
靜無爲，雜揉了申韓「刑名之言」而成的治術〔註70〕。司馬遷雖爲法家人物立傳，
然「太史公曰」中持法家思想作論述者甚少，僅見韓非、商鞅、吳起等人之贊，〈老
子韓非列傳〉贊：

韓子引繩墨，切事情，明是非，其極慘礉少恩。皆原於道德之意，而
老子深遠矣。（卷六十三）

史公指出韓非所提倡之法家理論，用法過於嚴峻苛刻，法網至密，毫不留情。韓非
之學雖源自道家，實不如老子之道深邃曠遠，最後果然造就出一批深文巧詆的酷吏。

〈商君列傳〉贊：

太史公曰：商君，其天資刻薄人也。（卷六十八）

〔註69〕〈外戚世家〉之「太史公曰」前，雖有一段文字，然亦爲司馬獨出機杼之議論，故
視爲廣義之「太史公曰」。

〔註70〕參考王邦雄《老子的哲學》（臺北：東大，1990年2月六版），頁186。

司馬遷直指商鞅天性殘忍刻毒，所做所為最終報應在其身，不僅蒙上誣反的罪名，還被五刑而死，適得其宜。

〈孫子吳起列傳〉贊：

> 吳起說武侯以形勢不如德，然行之於楚，以刻暴少恩亡其軀。悲夫！
>
> （卷六十五）

史公認為，吳起始終著眼於戰爭、兵法，卻不知以德治民的重要，最後亦因其刻薄暴戾的執政風格，斷送性命。〈平準書〉贊：

> 魏用李克，盡地力，為彊君。自是以後，天下爭於戰國，貴詐力而賤
>
> 仁義，先富有而後推讓。（卷三十）

司馬遷於贊中痛詆，李克採取法家治國之術，為求富國強兵，往往不擇手段。而天下人紛紛仿效此舉，以致形成「貴詐力而賤仁義」的不良風尚，人們不再遵美善傳統講禮重讓。

綜合以上「太史公曰」，吾人可以發現，司馬遷對法家人物，往往以「慘礉少恩」、「刻薄」、「刻暴少恩」等嚴厲的形容詞為論斷，以表達其深惡痛絕。四贊所持之立場，咸與司馬談在〈論六家要旨〉中所分析：「法家嚴而少恩」的結論完全一致，足覘子長贊同並完整承襲其父對法家的觀點。

結　語

黃老之學始於戰國，盛行於西漢前期，而「黃老」並稱則首見於《史記》。漢初的政治指導綱領，由秦代的法家思想轉為黃老，其特點是道法結合。黃老之學為大一統的封建政權，提供了治國方略的經世之學，漢初統治者十分讚賞，從皇帝、太后、太子到諸大臣，都好黃老之學，施行「無為而治」約七十年，恢復了戰後經濟，並出現了「文景之治」的太平盛世。

黃老之學有利於修養生息、發展經濟，卻不利於鞏固和加強中央集權統治，亦對封建皇權宗法制的延續無益。西漢中，政治思想轉型，「黃老之學」失卻了政治上的寵榮光環，終於在漢武帝時被儒學所取代，黯然退出宮廷殿堂。

司馬遷接受道家，承襲了司馬談之學術，《史記》書中凡論及歷史人物或政治的成敗興衰，大體上都是採取道家的觀點。就政治而言，子長反對暴政、有為擾民，讚賞老子主張的「清靜無為」，推崇此為最高明的政治；論修身，子長提倡道家的韜光養晦，告誡人們不爭、守柔、處下，要求謙卑順應自然；司馬遷並以黃老思維解釋人類的經濟生活，認為經濟的發展是自然形成的。

綜合論之，上位者使用黃老治國，可使民安居樂業，久享國祚；爲臣者力行黃老待人處世，則能去災遠禍，福壽綿長。這些道理咸能於許多則「太史公曰」中體現，足覘《史記》的論斷語言，多處都與道家思想相通。

司馬遷靈活運用道家智慧，於特定事物以不同觀點切入評論。何世華認爲這是因爲司馬遷的思維：

> 深受道家思想影響，從而能對問題進行周密全面地思考。〔註71〕

黃老豐贍的內涵，不僅充實了太史公的學識，更啓發他對歷史問題能從不同的角度，進行縝密地全方位思考，這是司馬遷繼軌司馬談的道家思想，進一步的剖析與闡發，展現了他的創意與智慧，使《史記》能成爲一家之言。而這些發現咸需藉助「太史公曰」以茲佐證，由此可見，「太史公曰」實爲探索司馬遷學術思想最直接有力之資料。

〔註71〕何世華《史記美學論》（臺北：水牛，1993 年 11 月初版二刷），頁 77。

第五章 《史記》「太史公曰」與儒家思想

　　司馬遷的思想雖受到黃老之學影響，但由《史記》書中種種證據顯示，司馬遷修纂《史記》卻是以儒學爲主導。首先從〈十二諸侯年表〉序觀之：

　　　　譜十二諸侯，自共和訖孔子，表見《春秋》、《國語》學者所譏盛衰大

　　指著于篇，爲成學治古文者要刪焉。（卷十四）

司馬遷敬慕孔子，故視孔子之卒年爲大事，序中表明春秋與戰國兩時代之分界，即以此爲分界點；再由體例上推論，陳仁錫云：

　　　　史遷可謂知尊聖人之道者矣。班氏謂其先黃老而後六經。非也。觀其

　　作《史記》，於孔子則立世家，於老氏但立傳。至論孔子，則曰可謂至聖：

　　論老氏，但曰隱君子。非知足以知聖人，而能若是乎！〔註1〕

　　孔子（西元前551年～前479年），無寸土之封，卻破格列爲世家，道家之代表人物老子、莊子僅居列傳；推崇孔子爲「至聖」、稱老子「隱君子」，地位高下已然分出；再者由贊語評量，〈孔子世家〉贊：

　　　　太史公曰：《詩》有之：「高山仰止，景行行止。」雖不能至，然心鄉

　　往之。余讀孔氏書，想見其爲人。適魯，觀仲尼廟堂車服禮器，諸生以時

　　習禮其家，余祗迴留之不能去云。天下君王至于賢人眾矣，當時則榮，沒

　　則已焉。孔子布衣，傳十餘世，學者宗之。自天子王侯，中國言六藝者折

　　中於夫子，可謂至聖矣！（卷四十七）

〈孔子世家〉中，子長通過夫子生平的記敘，反映孔子興辦教育和整理六經的歷史過程，肯定夫子思想與文化的永世貢獻，也透露了司馬遷的儒學主張；贊文更盛譽

〔註1〕陳仁錫之論，引自瀧川資言《史記會注考證》卷四七（臺北：宏業，1987年8月），頁748。

這位文化巨人之人格如高山巍峨，幾乎用上所有讚美的話語，襯托孔子之超凡入聖，亦自述受其著作影響甚鉅。

另外，《史記》又有〈仲尼弟子列傳〉及〈儒林列傳〉，樹立了尊儒的典範，並大大提高儒學之歷史地位；〈太史公自序〉與〈孟子荀卿列傳〉亦都集中體現司馬遷的尊儒傾向。

韓非記載孔子之後，儒學分爲八家：

> 有子張之儒，有子思之儒，有顏氏之儒，有孟氏之儒，有漆雕氏之儒，
> 有仲良氏儒，有孫氏之儒，有樂正氏之儒。〔註2〕

本章所論《史記》「太史公曰」中，司馬遷傳承的儒家思想主要來自孔子。以下我們將討論，司馬遷受到孔子如何深刻的沾溉，他往往以儒家思想爲道德評判標準與價值取向，並師法孔子暗寓褒貶的《春秋》書法，從而體現他的政治主張。

第一節　引孔子之言爲論

司馬遷在《史記》裡提及「孔子」高達 255 次，「孔子曰」有 90 處，「子曰」20 次，「夫子」29 次，一共 394 次。〔註3〕「太史公曰」中，更引用仲尼之言凡二十餘條，可說言必稱孔子，足覘司馬遷重視孔子之教訓，對孔子欽敬至極。

就《史記》而言，《論語》是司馬遷按原文引用最多的先秦著作。林義正指出：

> 在《論語》中，孔子本其德教，曾對古人有所品題，這個品題開出了
> 《左傳》「君子曰」、《史記》「太史公曰」、《漢書·古今人表》的人物評價
> 傳統，完成於劉劭的《人物誌》〔註4〕。

一般往往只知《史記》「太史公曰」效仿《左傳》「君子曰」而來，林氏之言，聯繫了《論語》與《史記》「太史公曰」二者之傳承關係，將「太史公曰」之源頭推向更早的《論語》。「太史公曰」裡，經常引用《論語》中，孔子之言論爲評斷依據，或迻錄全文，或稍有增損，各序贊引《論語》情形見下表：

〔註2〕《韓非子·顯學》（臺北：漢京，1983 年 5 月），頁 1080。

〔註3〕參考徐興海《司馬遷的創造思維》（西安：陝西人民教育出版社，1995 年 7 月），頁 139。

〔註4〕林義正《孔子學說探微》（臺北：東大，1987 年 9 月），頁 164。

《史記》篇名	內　　文	出　　處
〈孝文本紀〉贊	太史公曰：孔子言「必世然後仁。善人之治國百年，亦可以勝殘去殺」。誠哉是言！	《論語・子路》
〈吳太伯世家〉贊	太史公曰：孔子言「太伯可謂至德矣，三以天下讓，民無得而稱焉」。	《論語・泰伯》
〈宋微子世家〉贊	太史公曰：孔子稱「微子去之，箕子爲之奴，比干諫而死，殷有三仁焉」。	《論語・微子》
〈伯夷列傳〉〔註5〕	孔子曰：伯夷、叔齊，不念舊惡，怨是用希。	《論語・公冶長》
	求仁得仁，又何怨乎？	《論語・述而》
〈管晏列傳〉贊	管仲世所謂賢臣，然孔子小之。	《論語・八佾》
	方晏子伏莊公尸，哭之成禮然後去，豈所謂「見義不爲無勇」者也？	《論語・爲政》《論語・公冶長》
〈呂不韋列傳〉贊	孔子之所謂「聞」者，其呂子乎？	《論語・顏淵》
〈孟子荀卿列傳〉序	夫子罕言利者，常防其原也。故曰：「放於利而行，多怨。」	《論語・子罕》《論語・里仁》
〈萬石張叔列傳〉贊	太史公曰：仲尼有言曰：「君子欲訥於言而敏於行」，其萬石、建陵、張叔之謂邪？	《論語・里仁》
〈田叔列傳〉贊	太史公曰：孔子稱曰「居是國必聞其政」，田叔之謂乎！	《論語・學而》
〈李將軍列傳〉贊	太史公曰：傳曰「其身正，不令而行；其身不正，雖令不從」。	《論語・子路》
〈酷吏列傳〉序	孔子曰：「導之以政，齊之以刑，民免而無恥。導之以德，齊之以禮，有恥且格。」	《論語・爲政》
	故曰：「聽訟，吾猶人也，必也使無訟乎」。	《論語・顏淵》
〈殷本紀〉贊	孔子曰：「殷路車爲善，而色尙白。」	《論語・衛靈公》

〔註5〕〈伯夷列傳〉全文爲論傳性質，故屬廣義之「太史公曰」。

孔子對當時現象反省，據林義正研究，可分三類：文化、人格、政治問題。由上表所列，可歸納出「太史公曰」中，司馬遷承襲孔子對這幾類問題的思維，分別論述之。

（一）政　治

1. 仁　政

孔子畢生成就中，對後世影響最深的是在教育方面，然其真正理想，乃是成為一位造福人民之政治家。然而，因孔子之道大難容，未能在政治事業上有所斬獲，但孔子為政治所做的努力與其政治理論建設，則有不可磨滅之功。如《論語·子路》云：

> 子曰：「『善人為邦百年，亦可以勝殘去殺矣。』誠哉是言也！」
>
> 子曰：「如有王者，必世而後仁。」〔註6〕

孔子這兩句話總結即政治目標應在保育人民。善人王者出自善意，治國百年亦可克制殘暴，廢去刑殺，培成仁風仁俗。〈太史公自序〉中稱述夏禹「德流苗裔」，周文王「德盛西伯」；關於施德治民，舉「虞、夏之興」以及「湯、武之王」，皆因修仁行義，「德洽百姓」所致，這些都顯示了司馬遷繼軌孔子德治方面思想。

司馬遷給文帝的政治評價之高，居漢代帝王之冠，對其品德，亦稱揚備至。〈孝文本紀〉贊：

> 太史公曰：孔子言：「必世然後仁。善人之治國百年，亦可以勝殘去殺」。誠哉是言！漢興，至孝文四十有餘載，德至盛也。廩廩鄉改正服封禪矣，謙讓未成於今。嗚呼，豈不仁哉！（卷十）〔註7〕

贊首，司馬遷巧妙將上述《論語·子路》兩章文字合而為一，鎔鑄成自己的語言，並負責任地註明智慧權屬孔子。此贊主要稱揚文帝以德治國，文帝平時生活樸素，時時以國家、黎民百姓為重，並能施行德政，並禮賢下士，知人善任，可謂一代賢主。紀末藉由景帝之詔：「功莫大於高皇帝，德莫盛於孝文皇帝。」盛推其德之隆。〈律書〉亦為文帝之德業，作了補充說明，序云：

> 文帝時，會天下新去湯火，人民樂業，因其欲然，能不擾亂，故百姓遂安。自年六七十翁亦未嘗至市井，游敖嬉戲如小兒狀。孔子所稱有德君

〔註6〕十三經注疏整理本《論語注疏》（臺北：五南出版社，2001年11月），頁197；頁198。以下所引《論語》原文皆出自此版本。

〔註7〕百衲本《史記》卷十，臺北：臺灣商務，2001年1月臺一版第八刷。本文所引《史記》原文皆出自此版本。

子者邪！（卷二十五）

文帝謙讓寬仁，思憂天下，關心民瘼。專務以德化民，故海內殷富。兩贊互見，足覘子長崇敬文帝之「德」，故此贊再次藉用孔子來稱文帝爲「有德君子」。而特別的是，文帝雖以黃老之術治國，行事卻符合儒家標準。

此外，〈陳杞世家〉更透露德治之益處，贊云：

太史公曰：舜之德可謂至矣！禪位於夏，而後世血食者歷三代。及楚滅陳，而田常得政於齊，卒爲建國，百世不絕，苗裔茲茲，有土者不乏焉。（卷三十六）

司馬遷認爲施行德治之君，不僅能使當世無憂患，甚至能庇蔭後代子孫國祚長久不衰。這是「太史公曰」裡，經常體現的「積善之家有餘慶」之思維。

至於臣子施政表現，同樣符合孔子理想，而使子長稱美者推屬田叔，田叔是齊國貴族田氏後裔，爲人廉直富俠義精神，〈田叔列傳〉贊云：

太史公曰：孔子稱曰：「居是國必聞其政」，田叔之謂乎！義不忘賢，明主之美以救過。（卷一百四）

贊首引夫子之言，出自《論語·學而》：

子禽問於子貢曰：「夫子至於是邦也，必聞其政，求之與？抑與之與？」

子貢曰：「夫子溫、良、恭、儉、讓以得之。夫子之求之也，其諸異乎人之求之與？」〔註8〕

原文中此句並非出自孔子，而是子禽認爲夫子聖德動人，所到之國，當權者咸就國事請益之，地位相當崇高。

司馬遷托夫子之言，稱田叔「居是國必聞其政」，因爲田叔善諫，並往往達到「明主之美以救過」的巧妙境地，不似唯唯諾諾，貪生怕事之官吏；田叔爲人又具備扶義偲儻，寬仁淳厚的情操，對梁孝王刺殺袁盎一罪的處理，不同於酷吏作法，免於景帝骨肉相殘。李景星對此舉亦盛稱：「田叔案梁獄，可謂善處人骨肉之間。〔註9〕」李氏並稱揚此行，足爲後世效法。要之，太史公之所以如此稱許田叔，看重的全在爲政以「德」。田叔曾向樂巨公學習過黃老之術〔註10〕，是以，此贊同〈孝文本紀〉一樣，主角屬於黃老人物卻以仲尼之言嘉美之，足證儒、道思想對仁人有相同之讚許，此爲子長之儒、道思維相通之處。

「德治」與「暴政」兩相對立，〈太史公自序〉歷數夏桀、殷紂、周幽王、周厲

〔註8〕同註6，頁10。
〔註9〕李景星《史記評議》（吉林：東北師範大學出版社，1986年4月），頁108。
〔註10〕百衲本《史記》卷一百四。

王，以及秦始皇、秦二世這些昏暴之君的惡行，並指出他們亡國起因於暴虐不仁而「失其本」，「本」指的便是仁義。

《論語・為政》云：

> 孔子曰：「導之以政，齊之以刑，民免而無恥。導之以德，齊之以禮，有恥且格。」（三章）〔註11〕

孔子分析為政的兩種型態——力治與德治，對人民所造成的影響。前者以威權役使百姓，只知用法制禁令管理人民，稍有疏失，則刑罰伺候。這樣的統治方式只會使人民但求無過，避免刑罰而已，並不能啟其羞恥之心；而後者本於禮義，德惠加之烝民，並以品節躬行為人民表率，百姓自然恥為不善之事。經孔子分析後，採行德治或力治為政策方向之利弊優缺立現。

〈酷吏列傳〉全文引用上述〈為政〉篇之文句，序云：

> 孔子曰：「導之以政，齊之以刑，民免而無恥。導之以德，齊之以禮，有恥且格。」……太史公曰：信哉是言也！法令者治之具，而非制治清濁之源也。昔天下之網嘗密矣，然姦偽萌起，其極也，上下相遁，至於不振。當是之時，吏治若救火揚沸，非武健嚴酷，惡能勝其任而愉快乎！言道德者，溺其職矣。故曰：「聽訟，吾猶人也，必也使無訟乎」。「下士聞道大笑之」。非虛言也。漢興，破觚而為圜，斲雕而為朴，網漏於吞舟之魚，而吏治烝烝，不至於姦，黎民艾安。由是觀之，在彼不在此。（卷一百二十二）

太史公於序前引孔子名句，贊同孔子提倡為政之原則，應積極「感化」人民；消極的刑罰，只能收一時之效，難以長久，非治本之道。此序同時引用老氏之言，已於第肆章《史記》「太史公曰」與黃老思想〉中談論過，史公儒、道並引，無非是強烈表達嚮往一個政簡刑輕，理想的政治環境之心情。武帝時期政治嚴酷，李廣自殺前曾謂其麾下：「廣年六十餘矣，終不能復對刀筆之吏。〔註12〕」足見刀筆吏之酷之烈，逼使一代名將寧自決亦不願受其辱。

序中，史公引用之言出自《論語・顏淵》：

> 子曰：「聽訟，吾猶人也，必也使無訟乎」。〈第十三章〉〔註13〕

孔子認為世間最好永遠沒有訴訟紛爭，因為這象徵人民各守本分，不相侵奪，是優質的理想社會。

〔註11〕同註6，頁16。
〔註12〕百衲本《史記》卷一百九。
〔註13〕同註6，頁186。

　　司馬遷認同孔子這些「以德治民」的理念，主政者對待人民不該酷烈，因爲「刑」、「法」終非政治之本，只能治標，無法帶來眞正的社會太平。參照〈循吏列傳〉，更爲鮮明看出司馬遷對嚴刑峻法之不以爲然，序云：

　　　　太史公曰：法令所以導民也，刑罰所以禁姦也。文武不備，良民懼然身修者，官未曾亂也。奉職循理，亦可以爲治，何必威嚴哉？（卷一百一十九）

　　這些序都是司馬遷發揚孔子「德治主義」之理論，架構出一個教化成功的最佳政治環境，洋溢對德治社會之憧憬。〈太史公自序〉中「子羽暴虐，漢行功德」，體現出「德治」與「暴政」兩種類型，是司馬遷總結歷史經驗的政治觀念模式。他稱揚文帝爲有德之君，而貶責吳起、商鞅刻暴之徒；因此，就讚揚「德治」與詆訕「暴政」兩點而言，在子長思想中同樣呈現儒、道相容共通的情形。

2. 利

　　〈孟子荀卿列傳〉序：

　　　　太史公曰：余讀孟子書，至梁惠王問：「何以利吾國」，未嘗不廢書而歎也。曰：嗟乎，利誠亂之始也！夫子罕言利者，常防其原也。故曰：「放於利而行，多怨」。自天子至於庶人，好利之獘何以異哉！（卷七十四）

　　司馬遷每每讀到有關追求利祿之資料，輒廢書而太息。除此序外，又如〈儒林列傳〉序亦云：

　　　　太史公曰：余讀功令，至於廣厲學官之路，未嘗不廢書而歎也。（卷一百二十一）

子長感嘆學術扭曲變質，成爲利藪；學官之路，利欲薰心，學子受教育爲貪名逐利，而非服務社會。於是，史公同樣「廢書而歎」，透露出擯斥不義之「利」的立場。

　　孟子提倡「重義輕利」，注意到倫理道德在社會生活及個人行爲中的作用，這一點得自孔子之訓誨，《論語・里仁》云：

　　　　子曰：「放於利而行，多怨。」〔註14〕

一位理想的主政者，對於政策及行政措施，若只著眼於自己的利益一意孤行，最後一定會招致群眾怨恨。《史記》裡〈大宛列傳〉、〈平準書〉、〈貨殖列傳〉等篇，史遷便是以此觀點，微言諷刺武帝多欲，尖銳抨擊武帝搜刮天下之財，只爲圖利一己。孔子又曰：

　　　　「君子喻於義，小人喻於利。」〈里仁〉〔註15〕

〔註14〕同註6，頁55。

君子在「義」與「利」的抉擇關口，應選擇「義」；因為在物質之外有更進一層的精神要求，即「義」的人格修養；小人一切為謀生之利，追求虛榮、以「利」為最高的人生標準。

〈平準書〉裡歷數武帝之五大過失：征伐、巡遊轉運、興利、鬻爵拜官而廢選、嚴刑酷誅，其中「興利」一項危害烝民最甚，「太史公曰」裡，司馬遷經常以「利」為權衡準則，如〈平原君虞卿列傳〉贊：

> 太史公曰：平原君，翩翩濁世之佳公子也，然未睹大體。鄙語曰：「利令智昏」，平原君貪馮亭邪說，使趙陷長平兵四十餘萬眾，邯鄲幾亡。（卷七十六）

史公責備平原君便是以「利」之觀點，引鄙語闡揚孔、孟的義利觀。平原君貪圖馮亭獻地之利，致使趙國在長平一役中，折兵四十餘萬，差點釀成亡國悲劇。又如〈張耳陳餘列傳〉贊，史公譏刺張耳和陳餘兩位「世傳所稱賢者」，其友誼實質上是以「勢利交」，經不起富貴利祿的考驗。

由此觀之，「利」之為害，小及個人之人格損毀，大至國家之存亡，不可不慎。故劉熙載云：

> 「末世爭利，維彼奔義」，太史公於〈伯夷列傳〉發之。而《史記》全書重義之旨，亦不異是。書中言利處，寓貶於褒。〔註16〕

劉氏剖析〈伯夷列傳〉一文闡揚了史公感喟世人爭利之現象，並提示《史記》全書之旨著重在「重義輕利」。觀〈淮陰侯列傳〉，文中載錄韓信拒絕蒯通勸他自立之言，韓信道：

> 吾聞之，乘人之車者，載人之患；衣人之衣者，懷人之憂；食人之食者，死人之事。吾豈可以鄉利背義乎？（卷九十二）

史公以這段話襯托讚韓信為「重義輕利」之君子，如此之人自然不可能謀反，間接為其夷族冤案抱屈。齊樹楷云：

> 利盡交疏，太史公屢嘆之。〈孟嘗君列傳〉、〈魏其武安列傳〉、〈廉頗藺相如列傳〉、〈衛將軍驃騎列傳〉、〈平津主父列傳〉、〈汲鄭列傳〉皆同，其於此有深慨耶？〔註17〕

齊氏道出《史記》裡，如〈孟嘗君列傳〉、〈魏其武安列傳〉、〈廉頗藺相如列傳〉、

〔註15〕同註6，頁56。

〔註16〕清‧劉熙載《劉熙載文集》（南京：江蘇古籍出版，2001年10月），頁63。

〔註17〕《史記意‧鄭世家第十二》，引自楊燕起等編《歷代名家評史記》（北京：北京師範大學，1986年3月），頁480。

〈衛將軍驃騎列傳〉、〈平津主父列傳〉、〈汲鄭列傳〉等篇章，咸對當時唯利是圖的政治或友情暗寓針砭，表露司馬遷推崇孔、孟堅持眞理之「義」，不隨潮流逐「利」的精神。綜觀上述諸序贊，完整地凸顯司馬遷「利誠亂之始」的觀點，以及憂慮社會道德變質的心緒。

（二）修　身

1. 仁

　　《論語》一書中，「仁」字出現了一百零五次，約佔全書字數一百一十一分之一，[註18] 孔子主要講的是「仁」的必需條件或爲「仁」之方。《論語·微子》云：

　　　　微子去之；箕子爲之奴；比干諫而死。孔子曰：「殷有三仁焉！」[註19]

此語爲《論語》中，先記事後記孔子之言的形式，史公卻合以夫子所稱，與《論語》原文有所區別。〈宋微子世家〉贊：

　　　　太史公曰：孔子稱：「微子去之，箕子爲之奴，比干諫而死，殷有三

　　　　仁焉」。（卷三十八）

孔子所稱「三仁」即：微子、箕子、比干。微子是殷帝乙的長子，紂王同父異母之兄，名啓。紂王淫亂無道，屢勸不聽，微子於是出走。箕子假裝發瘋，比干苦諫反被紂王剖腹挖心而死。周武王伐紂後，釋放微子並恢復爵位。周公敉平武庚叛亂後，命微子繼承殷之後裔，立國於宋。[註20] 焦循解釋「仁」的涵義道：

　　　　愛人謂之仁，三人所行異而同稱仁，……以其俱在憂亂寧民也。[註21]

焦氏以爲，微子、箕子、比干三人之所以能稱「仁者」，因爲他們具有「憂亂寧民」的偉大情操，並付諸實際行動。史公繼軌孔子觀點，同樣稱這三位「憂亂寧民」者爲有仁心之人。

2. 讓

　　《論語·泰伯》云：

　　　　子曰：「泰伯其可謂至德也已矣。三以天下讓，民無得而稱焉。」

夫子崇「讓」，故稱讚泰伯讓國之至德，因孔子之美，吳太伯自此成爲儒家最理想的人物之一。司馬遷於〈吳太伯世家〉中，亦對「讓」有同樣的稱揚，贊曰：

〔註18〕參考周伯達《孔孟仁學原論》（臺北：學生，1999 年 4 月），頁 25。
〔註19〕同註 6，頁 280。
〔註20〕〈殷本紀〉與〈宋微子世家〉記載微子出走時間不同，蓋因史公秉持「疑以傳疑，信以傳信」之作史態度之故，在此從〈殷本紀〉。
〔註21〕同註 6，頁 280。

太史公曰：孔子言：「太伯可謂至德矣，三以天下讓，民無得而稱焉」。

……延陵季子之仁心，慕義無窮，見微而知清濁。嗚呼，又何其閎覽博物君子也！（卷三十一）

引文與《論語》原文有二字之異，蓋史公精簡文句以合贊之文氣。在此，司馬遷讚揚太伯不重君位，能以君位相讓的大公氣度，展現出子長理想中的政治局勢與道德風尚。

這家族在十九世之後，又出現第二次「讓國」事件：壽夢欲立四子季札，季札辭讓以為不可，後來「諸樊卒，有命受弟餘祭，欲傳以次，必致國於季札止。」季札其人，司馬遷相當敬重，推崇他是位「博物君子」。觀其在魯國觀樂情形，足覘他的確有修養、有內涵；再視季札與晏嬰、叔向等人的談話，證明他確能燭幽察微，預推世事之未來發展。而「讓國」更是季札另一項令人崇敬之美德，故李景星稱之：

〈吳世家〉以「讓」字為骨，其將興也以「讓」，其將亡也則以「不讓」。前後一正一反，天然對待。而中間詳敘季札事，正為「讓」字推波助瀾。蓋季札一生行為，在吳為極有關係人物，而在太史公意中則為極端景仰人物，故不憚詳悉言之。〔註22〕

李氏拈出一「讓」字，牽引〈吳太伯世家〉全文，盛推太伯和季札不重權位，能避而讓國的高風勁節。並指出季札因為力行「讓」，加上一生慕義無窮，故成為史公極端仰慕之君子。伯夷、叔齊兩人亦有「讓」的表現，〈伯夷列傳〉云：

伯夷、叔齊，孤竹君之二子也。父欲立叔齊，及父卒，叔齊讓伯夷。伯夷曰：「父命也。」遂逃去。叔齊亦不肯立而逃之。（卷六十一）

伯夷與太伯、季札同樣具冰壺玉尺之節操，〈太史公自序〉解釋作〈伯夷列傳〉之旨，曰：

末世爭利，維彼奔義；讓國餓死，天下稱之。（卷一百三十）

司馬遷在本紀之首記載堯舜禪讓，將〈吳太伯世家〉與〈伯夷列傳〉，置於世家與列傳體例之首篇，主要原因之一便是頌揚他們，不以江山為私業，能拱手讓給賢能之人。

也許有人會認為他們對社稷人民不負責，然史遷正是以這種淡泊平和的高風亮節，與爭權攘利之陋行作對比，正面鞭撻執政者宗族為謀奪王位，而同室操戈的現象；換言之，司馬遷透過歌頌「讓」，反襯現實政治上的「爭」。

「太史公曰」中，往往見史公以「讓」為衡量準則，〈張耳陳餘列傳〉贊：

張耳、陳餘始居約時，相然信以死，豈顧問哉。及據國爭權，卒相滅

〔註22〕李景星《史記評議》（吉林：東北師範大學出版社，1986年4月），頁37。

亡,何鄉者相慕用之誠,後相倍之戾也!豈非以勢利交哉?名譽雖高,賓

客雖盛,所由殆與**大伯**、延陵季子異矣。(卷八十九)

張耳和陳餘曾有和衷共濟的情誼,後因受到權位利祿的誘惑,兩人竟變得爾虞我詐,互相傾軋。史公贊末「據國爭權,卒相滅亡」,責張耳、陳餘空有賢名,行徑實與太伯、季札大異其趣。將前兩贊吳太伯、季札等行「讓」之賢德者,與張耳、陳餘「以勢利交」者對襯,後者自然相形見絀。

3. 怨

《論語・公冶長》云:

　　孔子曰:「伯夷、叔齊,不念舊惡,怨是用希。」〔註23〕

在孔門或孔子所論及的時人中,「下學上達」的功夫作得最好的當然非顏回莫屬,伯夷、叔齊則是以「清」著稱,孟子稱之「聖之清者〔註24〕」。一般人容易嫉惡過甚,形成對他人的偏見;然伯夷、叔齊之嫉惡隨著惡行之消失而去,並不僵固,正因如此活潑善化的心靈,故無人怨之。

《論語・述而》云:

　　冉有曰:「夫子爲衛君乎?」子貢曰:「諾;吾將問之。」入,曰:「伯

　　夷、叔齊何人也?」曰:「古之賢人也。」曰:「怨乎?」曰:「求仁而得

　　仁,又何怨?」出,曰:「夫子不爲也。」

子貢聞夫子對伯夷、叔齊崇仁之評價,即知夫子不會幫助衛君。〈伯夷列傳〉引述以上兩段,云:

　　孔子曰:「伯夷、叔齊,不念舊惡,怨是用希。」「求仁而得

　　怨乎?」(卷六十一)

太史公將〈伯夷列傳〉置於列傳之首,繼軌發揚孔子稱頌伯夷、叔齊之行仁與不怨。司馬遷在此,藉言己身亦是操行廉直者,然不免遭禍;顏淵與伯夷受孔子稱譽而顯名,司馬遷則欲藉《史記》而立名千古。

4. 「聞」與「達」

〈呂不韋列傳〉贊:

　　太史公曰:不韋及嫪毐貴,封號文信侯。人之告嫪毐,毐聞之。秦王

　　驗左右,未發。上之雍郊,毐恐禍起,乃與黨謀,矯太后璽發卒以反蘄年

　　宮。發吏攻毐,毐敗亡走,追斬之好時,遂滅其宗。而呂不韋由此絀矣。

〔註23〕同註6,頁73。

〔註24〕十三經注疏整理本《孟子注疏》(臺北:五南出版社,2001年11月),頁316。

孔子之所謂「聞」者，其呂子乎？（卷八十五）

贊末子長質疑呂不韋養客好士，編纂《呂氏春秋》，皆爲鑽營投機之舉，只爲沽名釣譽，即孔子所謂「聞」者，《史記集解引》馬融注曰：「此言佞人也。〔註25〕」據《論語・顏淵》記載：

> 子張問士：「何如斯可謂之達矣？」子曰：「何哉？爾所謂達者！」
> 子張對曰：「在邦必聞，在家必聞。」子曰：「是聞也，非達也。夫達也
> 者：質直而好義，察言而觀色，慮以下人；在邦必達，在家必達。夫聞也
> 者：色取仁而行違，居之不疑；在邦必聞，在家必聞。」〔註26〕

子張誤將「聞」者以爲「達」者，於是，孔子爲子張分析「達」與「聞」者之異同：「達」者，性情樸實正直，喜愛道義，處處爲人著想，願屈居下位；而所謂「聞」者，外表僞裝成仁人，雖然聲譽遠播，世人盡知，然其所做所爲，完全違背「仁」，還自以爲是，像這種假仁假義之屬，大家都曉得僅是徒具虛名罷了。

呂不韋以賈國始，終於賈禍，他就是如此處心積慮，以騙取名利爲目的的人，堪稱「千古第一大奸商」。綜觀不韋一生，「奸商」是他的事業成就，「佞人」則是他的品格。李景星稱許本贊：

> 傳末又曰：「孔子之所謂「聞」者，其呂子乎？」一篇極不堪情事，
> 而以「聞」字結之。史公之意，若曰充不韋之類而至其盡，即孔子之所謂
> 聞人者，亦是也。嗚呼！其警世之意深矣。〔註27〕

李氏揭示〈呂不韋列傳〉一篇以「聞」字收束之，概括不韋一生作爲。子長憎惡呂不韋積慮算計、博取名利之行徑。李氏並以爲，司馬遷引夫子之言實貼切至極，垂誠世人切勿效法呂不韋這位「千古第一奸商」。

5. 君子──儒家理想人格

「君子」，是儒家推崇的理想人物形象，孔子並不輕易許人。夫子理想的「君子」的條件，首先要知識淵博，其次是具仁愛之情感，最後還要有堅毅不拔之意志〔註28〕。

《論語・里仁》云：

> 子曰：「君子欲訥於言，而敏於行。」〔註29〕

孔子教人敏於事而慎於言，有德行之人，不輕易表達自己的意思，卻能迅速實踐事

〔註25〕引自百衲本《史記》卷八十五，頁878。
〔註26〕同註6，頁188。
〔註27〕李景星《史記評議》（吉林：東北師範大學出版社，1986年4月），頁88。
〔註28〕參考邱鎮京《論語思想體系》（臺北：文津1988年2月四版），頁88。
〔註29〕同註6，頁58。

情。「訥」是指說話遲鈍，一種純厚誠實的品德，也是「君子」的條件之一。

子長於「太史公曰」中亦時常以「君子」為評斷的標準，〈樗里子甘茂列傳〉贊：

> 甘茂起下蔡閭閻，顯名諸侯，重彊齊楚。甘羅年少，然出一奇計，聲
> 稱後世。雖非篤**行之君子**，然亦戰國之策士也。方秦之彊時，天下尤趨謀
> 詐哉（卷七十一）

甘羅年方十三，就善於縱橫詐騙之術，同於蘇秦、張儀為己利而言語反覆，贊中，
看似褒揚，實乃譏諷這類戰國策士「言而無信」。

「太史公曰」中同樣用「君子」，來論斷其品德者，尚如〈萬石張叔列傳〉贊：

> 太史公曰：仲尼有言曰「**君子**欲訥於言而敏於行」，其萬石、建陵、
> 張叔之謂邪？是以其教不肅而成，不嚴而治。塞侯微巧，而周文處讇，君
> 子譏之，為其近於佞也。然斯可謂篤**行君子**矣！（卷一百三）

「微巧」與「處讇」已近佞，又怎可謂「篤行君子」？子長於此稱這些人為「君子」，
背後卻是別有用意。

漢武帝時，天下並非太平，拓邊戰爭頻仍，政治情勢十分動盪，加上武帝封禪
求仙，勞民傷財。然而，石慶居宰相之位九年，卻「無能有所匡言」、「無他大略，
為百姓言」；衛綰「自初官以至丞相，終無可言。」而直不疑買金償亡，不辯盜嫂的
裝模作樣行徑，旨在譁眾取寵，以干利祿。吳汝綸深得本篇之旨，故云：

> 此篇以『佞』為主。孝謹，美德也，然近於巧佞，君子慎之。曾文正
> 公嘗謂余言：「太史公真知道，其去孔子不遠。」觀此等文，其辨於朱紫
> 苗莠者，不其微哉！〔註30〕

子長深入浸濡孔子思想，故能巧妙引仲尼之言，揭露萬石君輩恭謹的表面背後，實
際上是裝聾作啞，不願面折匡諫，惟求少說少錯，以明哲保身為處事原則，博得敦
厚之虛名。是以，子長稱萬石、建陵、張叔、塞侯、周文為「君子」，實際上是一種
反諷手法，讀者不可不辨之。

司馬遷心目中，真正符合「君子欲訥於言而敏於行」標準，且具備道德才能者
應屬李廣（？～西元前119年）。〈李將軍列傳〉贊：

> 太史公曰：傳曰：「其身正，不令而行；其身不正，雖令不從」。其李
> 將軍之謂也？余睹李將軍悛悛如鄙人，口不能道辭。及死之日，天下知與
> 不知，皆為盡哀。彼其忠實心誠信於士大夫也？（卷一百九）

贊首所謂「傳曰」，其實是《論語・子路》之句子，子曰：

〔註30〕清・吳汝綸評點《史記集評》（臺北：臺灣中華書局，1970年5月），頁1022。

其身正，不令而行；其身不正，雖令不從。〔註31〕

一位領袖，自己若遵守禮法，以身作則，公正無私，百姓便會受到感化，自然而然起而效尤；倘若他不能帶頭起示範作用，那麼，即便是採取強硬手段，屬下也不見得會服從。孔子說明了正人必先正己的道理。

李廣具備一代名將的卓越才能，也是子長理想的人物形象，他武藝高強，作戰威勇，子長更藉出獵射石一段，突出李將軍的英武風姿。李廣應付匈奴，展現有勇有謀的將才；他仁愛士卒，不貪錢財，為人簡易，號令不煩。

子長贊中引用孔子之言，無非是強調李將軍足堪為所有領導者的表率。觀〈李將軍列傳〉中描述李廣與士卒同甘共苦之情形，傳載：

> 廣廉，得賞賜輒分其麾下，飲食與士共之。……廣之將兵乏絕之處，
> 見水，士卒不盡飲，廣不近水；士卒不盡食，廣不嘗食。（卷一百九）

李廣得到賞賜總是分給部下，在行軍期間，往往在士卒盡飲盡食後才飲食，司馬遷幾句話便將李廣視卒如子、以身作則的情操表露無遺，故〈自序〉反覆稱美李將軍道：「勇於當敵，仁愛士卒」。將軍如此的愛護士卒，屬下所受其感化，不待多言，正如甜美的桃李樹下自成蹊徑，這才是真正「欲訥於言而敏於行」之篤行君子。

（三）其　它

本段探究司馬遷間接化用《論語》中，孔子之言論或孔子主張的觀點，其中〈管晏列傳〉贊融合《論語》數章之義，〈殷本紀〉贊更化用了《論語》與《禮記》兩書之文句。

1. 贊含數旨

〈管晏列傳〉贊中，可尋得司馬遷融《論語》數章精義為己論，「太史公曰」：

> 管仲世所謂賢臣，然孔子小之。豈以為周道衰微，桓公既賢，而不勉之至王，乃稱霸哉？語曰：「將順其美，匡救其惡，故上下能相親也」。豈管仲之謂乎？
>
> 方晏子伏莊公尸，哭之成禮然後去，豈所謂『見義不為無勇』者邪？至其諫說，犯君之顏，此所謂『進思盡忠，退思補過』者哉！假令晏子而在，余雖為之執鞭，所忻慕焉。

史公在此贊裡，所化用《論語》之篇章，以下分別論述之：

（1）管仲器小

〔註31〕同註6，頁196。

《論語‧八佾》云

　　　　子曰：「管仲之器小哉。」或曰：「管仲儉乎？」　曰：「管氏有三歸，官事不攝，焉得儉？」「然則管仲知禮乎？」　曰：「邦君樹塞門，管氏亦樹塞門。邦君為兩君之好，有反坫，管氏亦有反坫。管氏而知禮，孰不知禮？」

孔子以為大政治家應當樹立良好典範，教化淳善風氣，才能流澤無窮。管仲當權日久，進而僭越禮節享受，侈擬於君，最終人亡政息，咸因氣量短淺之故。

　　司馬遷精簡此段對話入贊，與仲尼同意，更深入責管仲不輔佐桓公實現王道，而僅止於稱霸。正因「管仲器小」，造成君主亦成為器小之人，這裡表現了司馬遷認同孔子重王道、輕霸道之思想。

（2）見義不為

《論語‧為政》云：

　　　　子曰：「非其鬼而祭之，諂也。見義不為，無勇也。」〔註32〕

孔子教人行事要本於正理，不做面諛、貪榮冒寵之人，遇到理所當然之事，要義不容辭，才算有勇氣之人。

　　司馬遷對「見義不為」感觸特深。遷為李陵仗義執言，做到「見義而為」，卻也因此被判刑。然而，當時子長「交遊莫救，左右親近，不為壹言。〔註33〕」以致於最後忍辱接受腐刑。以是，司馬遷不僅表達對晏子之敬意，亦嘆其交遊咸「見義不為」，寄寓了深沈的人生感慨。

（3）執鞭之慕

《論語‧公冶長》載：

　　　　子曰：「晏平仲善與人交，久而敬之。」〔註34〕

孔子稱讚晏平仲交友之道。一般交友的過程大抵是「臭味相投」，而晏平仲卻能超越這一層，以謙讓的德行生命呈現於人前，因此感召別人也如此待他，長久下來，彼此間的敬意貞定不衰。

《論語‧述而》云：

　　　　子曰：富貴如可求，雖執鞭之士，吾亦為之。如不可求，從吾所好〔註35〕。

晏嬰是位合義之士，為這樣一位君子執鞭，亦合仲尼之志。史遷巧妙融合以上兩段

〔註32〕同註6，頁29。
〔註33〕百衲本《漢書》卷六十二〈司馬遷傳〉，頁776。
〔註34〕同註6，頁69。
〔註35〕同註6，頁98。

語錄入贊，足見其受孔子影響，對晏嬰忻慕之情溢於言表。

　　徐與喬言：

　　　　兩傳絕不敘事迹，於仲則入自陳一段，可歌可泣；於嬰則述兩逸事，
　　　竟結總寫知己悲感良情，即贊中爲之執鞭，所欣慕之意，風神超雋，與〈伯
　　　夷傳〉同絕。〔註36〕

《論語‧述而》同樣這段話，亦曾出現於〈伯夷列傳〉，同寫知己悲感良情，故徐與喬將兩傳並論，以爲絕調。子長每引孔子「執鞭」一語，往往完全流露其對傳主的欣慕之意。

2. 化用兩書

　　〈殷本紀〉贊：

　　　　太史公曰：余以〈頌〉次契之事，自成湯以來，采於《書》、《詩》。……
　　　孔子曰：「殷路車爲善，而色尚白。」（卷三）

《論語‧衛靈公》云：

　　　　顏淵問「爲邦」。子曰：「行夏之時，乘殷之輅。服周之冕。樂則韶
　　　舞。放鄭聲，遠佞人；鄭聲淫，佞人殆。」〔註37〕

夫子談論建國方略，再度強調崇尚行夏之時，表示首重農事；其次，「乘殷之輅」，即重視軍備；再次即爲重禮服與與教育。

　　《禮記‧檀弓》曰：

　　　　夏后氏尚黑，大事斂用昏，戎事乘驪，牲用玄；殷人尚白，大事斂用
　　　日中，戎事乘翰，牲用白；周人尚赤，大事斂用日出，戎事乘騵，牲用騂。
　　　〔註38〕

〈檀弓〉記載夏、商、周三代之禮，各自崇尚黑、白、紅三色，大事斂、戎事與犧牲都不同，這是「太史公曰」裡，少數出現《禮記》之文句。史公綜述夫子之言與〈檀弓〉之義，爲的是表達樸質遠較華麗來的理想。

3. 子不語

　　《論語‧述而》云：

　　　　子不語：怪，力，亂，神。〔註39〕

〔註36〕徐與喬《經史辨體》史部〈管晏列傳〉，引自楊燕起等編《歷代名家評史記》（北京：
　　　　北京師範大學，1986 年 3 月），頁 553。
〔註37〕十三經注疏整理本《論語注疏》，頁 239。
〔註38〕十三經注疏整理本《禮記正義》（臺北：五南出版社，2001 年 10 月），頁 208。
〔註39〕十三經注疏整理本《論語注疏》，頁 102。

孔子立言有三種態度：一是常言，如《詩》、《書》、《禮》、《樂》；二是罕言，如性與天道；三則是不言，如光怪陸離、逞勇鬥狠、顛覆秩序以及聽命於神祇之事。

司馬遷於〈大宛列傳〉表述贊同此理念：

> 太史公曰：〈禹本紀〉言：「河出崑崙。崑崙其高二千五百餘里，日月所相避隱爲光明也。其上有醴泉、瑤池。」今自張騫使大夏之後也，窮河源，惡睹本紀所謂崑崙者乎？故言九州山川，《尚書》近之矣。至〈禹本紀〉、《山海經》所有怪物，余不敢言之也。（卷一百二十三）

子長在此遵循夫子科學精神，不敢亂言傳聞中之怪物，表述了自己嚴肅的修史態度。

4. 以貌取人

一般人在初識時，往往習慣以貌取人，《史記》中亦有此例，如〈留侯世家〉贊：

> 余以爲其人計魁梧奇偉，至見其圖，狀貌如婦人好女。蓋孔子曰：「以貌取人，失之子羽。」留侯亦云。（卷五十五）

司馬遷熟知張良之豐功偉績，以爲他有英雄之貌，不料見圖像後大失所望。贊中孔子所言出自《史記·仲尼弟子列傳》，文中子羽即澹臺滅明，史公記載其背景，曰：

> 武城人，字子羽。少孔子三十九歲，狀貌甚惡。欲事孔子，孔子以爲材薄，既已受業，退而修行。行不由徑。非公事，不見卿大夫。南游至江。從弟子三百，設取予去就，名施乎諸侯。孔子聞之，曰：「吾以言取人，失之宰予；以貌取人，失之子羽。」（卷六十七）

孔子見子羽貌寢，而以爲他材能低下，殊不知他日後卻學道有成，名聞諸侯，使孔子有「以貌取人，失之子羽」之感言，而此句也就成了相人不易的名言，廣爲流傳。聖如孔子，尚且如此，至於眾庶則更有識人惟艱之歎了。

《史記·平原君列傳》亦曾記載相人失準的實例：趙國平原君極喜賓客，延攬達數千人之多。平原君爲趙孝成王求救於楚，擬自賓客中精選二十名隨行；可是，幾經挑選，只得十九人，最後毛遂自荐才湊足數。平原君求救於楚考烈王見拒，關鍵時刻，毛遂登階劫持楚王，模仿刺客的伎倆，逼使楚王就範，而其他十九人毫無表現，宜乎平原君歸國後要說：「勝不敢復相士。」這便同夫子一樣犯了「以貌取人」之誤。

而〈游俠列傳〉贊：

> 太史公曰：吾視郭解，狀貌不及中人，言語不足採者。然天下無賢與不肖，知與不知，皆慕其聲，言俠者皆引以爲名。諺曰：「人貌榮名，豈有既乎！」於戲，惜哉！（卷一百二十四）

史公曾親見郭解，但覺其相貌、談吐平庸，然天下人咸慕其人，贊文因此援引俗諺，印證人格與其外貌不見得有必然的關係，子羽如此，毛遂、留侯、郭解亦然。

5. 托名孔子

〈滑稽列傳〉序：

> 孔子曰：「六藝於治一也。《禮》以節人，《樂》以發和，《書》以道事，《詩》以達意，《易》以道化，《春秋》以義。」太史公曰：天道恢恢，豈不大哉！談言微中，亦可以解紛。（卷一百二十六）

〈滑稽列傳〉顯示司馬遷重視小人物，能發掘他們良善的一面，進行熱情歌頌，精神與〈刺客列傳〉、〈游俠列傳〉一致。文中的小人物，地位雖低，然能爲國家與元元百姓之福祉，勇於仗義執言，巧妙地阻諫殘暴的統治者之種種不當行爲：淳于髡寓言諫齊威王，收「一鳴驚人」之功，使諸侯皆還齊地；優孟哭諷楚莊王爲愛馬出殯，並爲廉吏孫叔敖之子爭得應受之封；優旃笑語使陛楯郎得半更，並勸阻秦始皇將關中變獵場，以及諫止二世漆飾城牆。序前夫子之言不知出自何處，〈太史公自序〉亦有相同文字：

> 《禮》以節人，《樂》以發和，《書》以道事，《詩》以達意，《易》以道化，《春秋》以道義。（卷一百三十）

末兩句雖稍有出入，然或爲史公托名孔子，以總結其對六藝大義之瞭解。司馬遷將滑稽人物與六經相提並論，爲表揚他們對國家人民之貢獻。史公理想的社稷臣，是要能犯顏直諫。這些人巧思富弦外之音的輕鬆笑語，成功地達成諫阻執政者的作用，保存了人力、物力，免於上千人流血流汗，是「見義有爲」的勇者之表現。滑稽人物的愛國愛民精神可比之漢代張釋之、馮唐、汲黯等忠臣，故贊末太史公稱曰：「豈不亦偉哉！」對他們致上隆崇之敬意。

以上爲司馬遷在「太史公曰」裡，所援引孔子之言及儒家典籍，作爲佐證其議論之依據。其數量之夥，份量之重，足覘子長對歷史人事的褒貶評價，是以孔子思想精義爲主要價值取向。

第二節　「太史公曰」與經學

司馬遷自述《史記》一書的學術宗旨，爲「厥協六經異傳，整齊百家雜語」，亦即言其目標爲整合六經與諸子百家學說。

漢代經學門戶森嚴，講求師法，而推重六藝則是漢代今古文經學家的共識。司馬遷之經學思想，反映出漢代的經學風尚，他不求章句訓詁，而著重在闡發經義，以求經世致用。〔註40〕

〔註40〕參考聶石樵〈論司馬遷的思想〉，收於張師高評主編《史記研究粹編》（高雄：復文

　　《史記》「太史公曰」裡，司馬遷述及六藝處，如〈滑稽列傳〉序：

　　　　孔子曰：「六藝於治一也。《禮》以節人，《樂》以發和，《書》以道事，

　　《詩》以達意，《易》以神化，《春秋》以義。」（卷一百二十六）

〈伯夷列傳〉：

　　　　夫學者載籍極博，猶考信於六藝。詩書雖缺，然虞夏之文可知也。

〈孔子世家〉贊：

　　　　孔子布衣，傳十餘世，學者宗之。自天子王侯，中國言六藝者折中於

　　夫子，可謂至聖矣！（卷四十七）

史公以為六藝之學都是教化人民的，為治國治事之用；並以六藝為為史料鑑別、材料取捨依據，最後肯定孔子整理六藝之功。六藝在精神上是六種文化教養，具體的表現則為六經〔註41〕。六經，是孔子的心血，透過子長對六經的評價，可窺其崇仰孔子之情，〈太史公自序〉：

　　　　太史公曰：「先人有言：『自周公卒五百歲而有孔子。孔子卒後至於今

　　五百歲，有能紹明世，正《易傳》，繼《春秋》，本《詩》、《書》、《禮》、《樂》

　　之際？』意在斯乎！意在斯乎！小子何敢讓焉。」（卷一百三十）

司馬遷本著六經，克紹孔子之志，又主張六經皆為治國安邦之書：

　　　　《易》著天地陰陽四時五行，故長於變；《禮》經紀人倫，故長於行；

　　《書》記先王之事，故長於政；《詩》記山川谿谷禽獸草木牝牡雌雄，故

　　長於風；《樂》樂所以立，故長於和；《春秋》辯是非，故長於治人。（卷

　　一百三十）

子長闡發六經之義：《易經》的內容是有關天地四時與陰陽五行，其作用是闡明自然物理的變化；《禮》則是治理人們的綱常，可節制人欲，指導人們合宜的行動；《書經》所記載的先王事業，起著指導政事的作用；《詩經》裡有豐富的博物知識，表現出各地之風土民情；《樂經》為研究聲音協調之書，探討如何令人快樂，其作用是能發揚和氣；《春秋》明辨是非，引領人民遵循道義。是以司馬遷作了總結：

　　　　是故《禮》以節人，《樂》以發和，《書》以道事，《詩》以達意，《易》

　　以道化，《春秋》以道義。（卷一百三十）

六藝各從不同角度教化百姓，達致陶冶性情，和樂治國之目的，亦即前述〈滑稽列傳〉序中所表達之意。

　　下文欲探究，「太史公曰」中引用六藝內容為論者，然《樂》亡於秦火，而《禮》

　　書局，2001 年 11 月），頁 407。

〔註41〕李長之《司馬遷之人格與風格》（臺北：里仁，1999 年 4 月），頁 53。

的影響亦不顯著；外此，《史記》中之〈禮書〉、〈樂書〉經考證實摘自《荀子》、《禮記》，是以，張大可以爲兩書均不得作爲司馬遷之思想加以引證〔註42〕，故「太史公曰」與《禮》、《樂》略去不論。而《春秋》影響「太史公曰」至爲深遠，因此另起一節討論之。

（一）「太史公曰」與《易》

1. 傳授系統

　　《史記》與《周易》同出於史官文化系統，而《史記》在思想上大體上與《易傳》相近，因爲《易傳》與《史記》都有著共同的學術背景與學術目標——建立一個彌綸天地，囊括萬有的知識體系〔註43〕。

　　關於西漢以前《易》學的傳授系統，可於以下圖表清楚看出其源流〔註44〕：

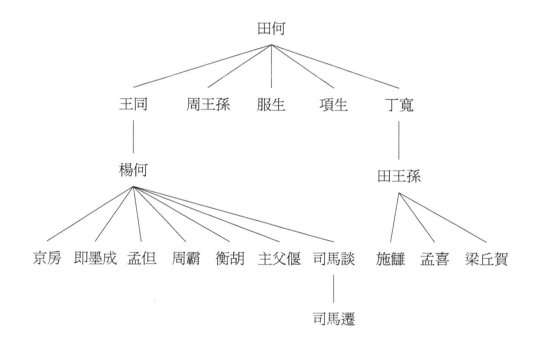

　　司馬遷在《史記》裡，對其《易》學之師承有關的記載，見〈太史公自序〉：

　　　　太史公學天官於唐都，受《易》於楊何，習道論於黃子。（卷一百三十）

〔註42〕張大可輯釋《史記論贊輯釋》（西安：陝西人民出版社，1983 年 7 月），頁 118～119。

〔註43〕參考陳桐生《中國史官文化與史記》（臺北：文津，1993 年 11 月），頁 312。

〔註44〕圖表參考陳桐生《史記與今古文經學》（西安：陝西人民出版社，1995 年 7 月），頁 97。

文中「太史公」指的是司馬談。司馬談向唐都學習天文知識，《易》學承自楊何，並向黃生研習道論，而司馬遷的《易》學應受自其父司馬談。〈自序〉又云：

> 太史公曰：「先人有言：『自周公卒五百歲而有孔子。孔子卒後至於今五百歲，有能紹明世，正《易傳》，繼《春秋》，本《詩》、《書》、《禮》、《樂》之際？』意在斯乎！意在斯乎！小子何敢讓焉。」（卷一百三十）

史公崇仰孔子，故以「正《易傳》」為編纂《史記》重責大任之一，此為《史記》與《易》密不可分的精神聯繫。因為家學淵源，造就了司馬遷深厚的《易》學造詣，此由「太史公曰」裡，恰如其分的融入《易傳》思想一點可證。

2. 化用《易傳》語言

《史記》「太史公曰」中，明白道出《易》之作用者為〈田敬仲完世家〉：

> 太史公曰：蓋孔子晚而喜《易》。《易》之為術，幽明遠矣，非通人達才孰能注意焉！故周太史之卦田敬仲完，占至十世之後；及完奔齊，懿仲卜之亦云。田乞及常所以比犯二君，專齊國之政，非必事勢之漸然也，蓋若遵厭兆祥云。（卷四十六）

此贊，首先藉孔子喜《易》，以肯定《易》的價值，與提高《易》的地位；「非通人達才孰能注意焉！」一句，則顯露史公極重視《易》，認為通人達才始能明《易》；贊末「蓋若遵厭兆祥云」，曲折的寫出信《易》之心態，由此足覘《史記》「究天人之際」的來源。而史公雖信卜筮，卻絕非迷信。

至於「太史公曰」篇章中，應用或化用了《易傳》之語句，可由下圖一覽無遺：

《史記》篇名	「太史公曰」內文	《易傳》出處
〈太史公自序〉	伏羲至純厚，作《易》八卦。	〈繫辭〉：古者包犧氏之王天下也，仰則觀象於天，俯則觀法於地，觀鳥獸之文，與地之宜，近取諸身，遠取諸物，於是始作八卦〔註45〕。
〈太史公自序〉	昔西伯居羑里，演《周易》。	〈繫辭〉：《易》之興也，其當殷之末世、周之盛德邪？當文王與紂之事邪？〔註46〕
〈太史公自序〉	故曰：『臣弒君，子弒父，非一旦一夕之故也，其漸久矣』。	〈坤文言〉：積善之家，必有餘慶；積不善之家，必有餘殃。臣弒其君，子弒其父，非一朝一夕之故，其所由來者漸矣〔註47〕。

〔註45〕十三經注疏整理本《周易正義》（臺北：五南出版社，2001年9月），頁350。以下所引《周易》原文皆出自此版本。

〔註46〕十三經注疏整理本《周易正義》（臺北：五南出版社，2001年9月），頁375。

〔註47〕同註46，頁36。

	《易》著天地陰陽四時五行，故長於變。	〈繫辭〉：廣大配天地，變通配四時，陰陽之義配日月，易簡之善配至德。 《易》窮則變，變則通，通則久〔註48〕。
〈滑稽列傳〉	《易》以神化。	〈繫辭〉：神而化之，使民宜之〔註49〕。
〈留侯世家〉	學者多言無鬼神，然言有物。	〈繫辭〉：精氣爲物，遊魂爲變，是故知鬼神之情狀〔註50〕。

　　從表中得知，化用《易傳》之語句，絕大部分出現於〈太史公自序〉，內容則涵括史料記載與《易》「變」之特徵；而《易傳》中又以〈繫辭〉影響「太史公曰」最爲弘深。

　　《易傳》的通變觀，對司馬遷產生了深刻的影響。「太史公曰」裡，呈現《易傳》思想中，以變化爲天人宇宙的永恆法則者，如〈高祖本紀〉贊：

　　　　太史公曰：夏之政忠。忠之敝，小人以野，故殷人承之以敬。敬之敝，
　　小人以鬼，故周人承之以文。文之敝，小人以僿，故救僿莫若以忠。三王
　　之道若循環，終而復始。周秦之間，可謂文敝矣。秦政不改，反酷刑法，
　　豈不繆乎？故漢興，承敝易變，使人不倦。（卷八）

史公將夏、商、周三代之政，分別以忠、敬、文等特點概括之，他同時評述其中所產生之弊端：夏朝忠厚質樸之政，最終百姓變得粗俗少禮；商代矯之以尊天敬祖，卻使人民陷入迷信；周朝以禮義典章教化烝民，則導致人們僅注重表面繁瑣的形式，缺乏誠敬的心。贊中「三王之道若循環」以及「承敝易變，使人不倦」處，則顯見太史公視歷史以某種特定的模式不斷循環。而這種「承敝易變」之思想則本於《周易·繫辭》，故知司馬遷同時接受了《易傳》與公羊學派的循環觀。

　　〈平準書〉贊首段云：

　　　　是以物盛則衰，時極而轉，一質一文，終始之變也。（卷三十）

　　此段司馬遷以道家「物極必衰」之觀點，看待經濟發展，亦顯露《易傳》「承敝易變」之思維。贊又云：

　　　　湯武承獘易變，使民不倦，各兢兢所以爲治，而稍陵遲衰微。

　　前幾句「承獘易變，使民不倦」與〈高祖本紀〉贊末幾乎雷同，未免重出，司

〔註48〕同註46，頁321；頁353。
〔註49〕同註46，頁353。
〔註50〕同註46，頁313。

馬遷更「敝」為「斃」，移「人」為「民」，然其義不變，同樣體現了史公《易傳》的「通變觀」與「循環觀」。

　　司馬遷的「循環論」著重從文化道德方面，探究歷史的演變，其旨趣主在闡析歷史是不斷在變動的，而「太史公曰」與《易》之聯繫關鍵即在「變」。

　　值得一提的是，〈坤文言〉中所云：

　　　積善之家，必有餘慶；積不善之家，必有餘殃。〔註51〕

這種有關陰陽禍福之思想，司馬遷深信不疑，「太史公曰」裡，往往以此為帝王諸侯久享國祚之因，詳見本章第三節「太史公曰」與《春秋》。

（二）「太史公曰」與《尚書》

　　劉知幾曾譽《尚書》為「七經之冠冕，百氏之襟袖〔註52〕」，並建議學者必先精此書。史公深諳《尚書》之重要性，是以修史頗採《尚書》。

　　《史記》據《尚書》為說者，有〈五帝本紀〉、〈夏本紀〉、〈殷本紀〉、〈周本紀〉、〈秦本紀〉、〈三代世表〉、〈高祖功臣侯者年表〉、〈建元以來王子侯者年表〉、〈律書〉、〈封禪書〉、〈河渠書〉、〈吳太伯世家〉、〈齊世家〉、〈魯世家〉、〈燕世家〉、〈管蔡世家〉、〈衛世家〉、〈宋世家〉、〈晉世家〉、〈楚世家〉、〈三王世家〉、〈伍子胥列傳〉、〈穰侯列傳〉、〈蒙恬列傳〉、〈張釋之馮唐列傳〉、〈匈奴列傳〉、〈太史公自序〉等近三十篇。雖其引述文字多寡不一，然其述唐虞三代史事，則多本之《尚書》。又考其引述範圍，除前述篇章外，有但舉其篇名，或述其行事大意者，共達六十八篇，佔百篇書序八十一目之八成有四，於此可見《史記》與《尚書》二者之關係為密不可分〔註53〕。

1.《尚書》師承

　　據《漢書‧儒林傳》的記載，司馬遷曾向孔安國學習《古文尚書》，傳曰：

　　　孔氏有《古文尚書》，孔安國以今文字讀之，因以起其家逸《書》，得
　　　十餘篇，蓋《尚書》茲多於是矣。遭巫蠱，未立於學官。安國為諫大夫，
　　　授都尉朝，而司馬遷亦從安國問故。〔註54〕

孔安國是孔子第十二代孫，西漢武帝時的經學大家，兼通今古文學。安國的古文學承自家學，至於今文學，則是學自兒寬，兒寬是伏勝的再傳弟子。是以，司馬遷在

〔註51〕十三經注疏整理本《周易正義》（臺北：五南出版社，2001年9月），頁36。
〔註52〕唐‧劉知幾著，民國‧呂思勉評《史通釋評》卷四，〈斷限〉第十二（臺北：華世，1980年11月），頁117。
〔註53〕參考古國順《史記述尚書研究》（臺北：文史哲出版社，1985年5月），頁3。
〔註54〕漢‧班固《漢書》百衲本，卷八十八〈儒林傳〉（臺北：臺灣商務，1988年1月臺六版），頁1080。

《史記》裡，引用《尚書》時兼採今古文和逸篇。

2. 引《書》為論斷

「太史公曰」中，援引《尚書》之文佐證論斷者，如下表所列：

《史記》篇名	「太史公曰」引句	引《書》篇名
〈高祖功臣侯者年表〉	協和萬國。	〈堯典〉
〈建元以來王子侯者年表〉	一人有慶，天下賴之。	〈呂刑〉
〈張釋之馮唐列傳〉	不偏不黨，王道蕩蕩； 不黨不偏，王道便便。	〈洪範〉

以下就表中所載，逐條論述分析之：

〈高祖功臣侯者年表〉序曰：

> 余讀高祖侯功臣，察其首封，所以失之者，曰：異哉所聞！《書》曰：「協和萬國」……漢興，功臣受封者百有餘人。天下初定，故大城名都散亡，戶口可得而數者十二三，是以大侯不過萬家，小者五六百戶。後數世，民咸歸鄉里，戶益息，蕭、曹、絳、灌之屬，或至四萬，小侯自倍，富厚如之。子孫驕溢，忘其先，淫嬖。至太初百年之閒，見侯五餘皆坐法隕命亡國耗矣。罔亦少密焉，然皆身無兢兢於當世之禁云。（卷十八）

序中，史公舉古慨今，首先批評高祖在漢朝安定之初，便對功臣趕盡殺絕。當年跟隨劉邦開國功臣一百四十三人封侯，不料短短百年間，當中的一百三十七侯犯法隕命或無後國除，失侯率高達近百分之九十六，由此足見漢法之嚴苛，漢室執政者屠戮功臣亦太過慘急；另一方面，史公表面上申斥諸侯王驕恣、目無王法的行徑，以致國除身亡，然實質上主要是責詆主上法網過密，為貫徹「強本幹」政策而動輒羅織罪名以消滅諸侯。文中「協和萬國」一語，出自《尚書・堯典》：

> 克明俊德，以親九族。九族既睦，平章百姓。百姓昭明，協和萬邦。
>
> 黎民于變時雍。〔註55〕

〈堯典〉原文作「協和萬邦」，《史記》之所以改成「國」，原因是「邦」字觸高祖劉邦諱。這段話原是盛推堯寬容溫和的治理天下，使家族與各諸侯國協調和順。由此可推知，「協和萬國」在〈高祖功臣侯者年表〉序裡實質上是一種反語，並非讚譽皇

〔註55〕十三經注疏整理本《尚書正義》（臺北：五南出版社，2001 年 9 月），頁 31。以下所引《尚書》原文皆出自此版本。

上的恩澤，而是藉由帝堯的美德作為強烈對比，嘲弄漢君「狡兔死，良狗烹」以及同宗相殘的苛恩寡情。

〈建元以來王子侯者年表〉云：

太史公曰：盛哉，天子之德！一人有慶，天下賴之。（卷二十一）

末句「一人有慶，天下賴之」，不易其義的更動《尚書・呂刑》原文兩字：

惟敬五刑，以成三德。**一人有慶，兆民賴之**。其寧惟永。〔註56〕

〈呂刑〉裡這段文字是告誡王族當勤政慎刑，全天下都仰賴君主一人之作為。而陳仁錫指出「太史公曰」文中：「盛哉，天子之德！」即所謂「推私恩也」〔註57〕。尚鎔之語可作為進一步說明：

> 王子侯一百六十二人，雖推恩分邑，實因主父偃之策削弱諸侯也。然
> 旋坐酎金失侯者多至五十五人，則是錫鞶帶而終朝三褫矣。而遷反盛推天
> 子之德，豈所謂諱莫如深耶。〔註58〕

主父偃上策武帝：「願陛下令諸侯得推恩分子弟，以地侯之。彼人人喜得所願，上以德施，實分其國，不削而稍弱矣。〔註59〕」，武帝欣然採納其見，企圖以此分削諸侯勢力。此序，子長巧妙化用《尚書》之句子作反諷，表面上，看似讚嘆天子之德澤廣被，實乃刺譏武帝劉徹刻薄寡恩；一讚兩面，頌中寓諷，合於武帝推恩分邑卻另存削弱諸侯的私謀。

上述兩序，史公咸引《尚書》雅言，以微婉顯晦的方式譏諷當政者，將屠殺功臣的作法，殘忍地施展在血緣宗親身上。而〈漢興以來諸侯王年表〉序末：「要之以仁義為本」一句，隱喻漢君為政有失仁義，殘民逞威，此為子長心底最深的感慨。類此的反語，要較正面批評來的刻骨深入。

〈張釋之馮唐列傳〉贊則是另一類正面頌揚的情形：

太史公曰：張季之言長者，守法不阿意；馮公之論將率，有味哉！有味哉！語曰：「不知其人，視其友」。二君之所稱誦，可著廊廟。《書》曰：「不偏不黨，王道蕩蕩；不黨不偏，王道便便」。張季、馮公近之矣。（卷一百二）

〈張釋之馮唐列傳〉表現出君明臣良的理想政治氣氛，與〈酷吏列傳〉中，君嚴臣

〔註56〕同註55，頁640。
〔註57〕陳仁錫《陳評史記》卷二十一，引自楊燕起等編《歷代名家評史記》（北京：北京師範大學，1986年3月），頁404。
〔註58〕尚鎔《史記辯證》卷二，引自楊燕起等編《歷代名家評史記》（北京：北京師範大學，1986年3月），頁406。
〔註59〕百衲本《史記》卷一百一十二，〈平津侯主父列傳〉，頁1065。

戾的情況，形成強烈之對比。贊末四句引錄自《尚書·洪範》：

　　　　無偏無陂，遵王之義。無有作好，遵王之道。無有作惡，遵王之路。

　　無偏無黨，王道蕩蕩；無黨無偏，王道平平。無反無側，王道正直。會其

　　有極，歸其有極。〔註60〕

〈洪範〉此段話，宣揚君臣團結之法則。子長引用時稍微翻譯以近當代語言，藉以褒美文帝與張、馮君臣。因為文帝能擇賢善用，而張釋之與馮唐則為盡忠職守，正直之社稷臣，他們忠於國事，深謀遠慮，並且執法公平，更難能可貴的是有著批逆鱗、捋虎鬚的精神，總是適時糾正主上的過失。

　　〈西南夷列傳〉贊：

　　　　太史公曰：楚之先豈有天祿哉？在周為文王師，封楚。及周之衰，地

　　稱五千里。秦滅諸侯，唯楚苗裔尚有滇王。（卷一百一十六）

贊首「天祿」一詞，語出《尚書·大禹謨》：

　　　　人心惟危，道心惟微，惟精惟一，允執厥中。無稽之言勿聽，弗詢之

　　謀勿庸。愛非君？可畏非民？眾非元后何戴？后非眾罔與守邦？欽哉！慎

　　乃有位，敬修其可願，四海困窮，**天祿永終。**〔註61〕

〈大禹謨〉裡這段文字，告誡君王若無道，上天會將所賜的福祿終止。司馬遷在〈西南夷列傳〉贊中，巧妙摘出「天祿永終」之前二字入贊，雅馴之言不僅為論斷潤色，更重申他對祖先為善能澤蔭子孫之因果深信不疑。

　　綜合上述，史公引用《尚書》為論斷之贊，大都與國家政事有關，如譏削藩政策，稱美文帝與張、馮，以及讚楚之有天祿。司馬遷深厚的《尚書》造詣，表現在適當篇章中，選擇引用或迻錄《尚書》文句。他陶鑄化裁史料，對艱澀如《尚書》之文，改以明暢的譯述，足覘他並非惟皓首窮經、掃章捃句的迂儒，而是一位有卓識、有修養之文史學大家。

（三）「太史公曰」與《詩》

　　《史記》「太史公曰」裡，時常拈掇經典，《詩》即為其中之一部，司馬遷有幾贊是援用《詩經》章句作論斷。章學誠曾言：

　　　　《騷》與《史》，皆深於《詩》者也，言婉多風，皆不悖於名教，而

────────────

〔註60〕同註55，頁351。

〔註61〕同註55，頁112。

梏於文者不辨也。〔註62〕

章氏指出《史記》受《詩經》沾溉相當深，展現出「言婉多風」的特徵，而這點由《史記》「太史公曰」中亦可窺其端倪。以下便探討「太史公曰」裡所蘊含之《詩》學。

1. 《詩》學所本

漢代《詩》學有魯、齊、韓、毛四家，其中魯、齊、韓三家爲今文經，《毛詩》則爲古文經。四家詩中，司馬遷之《詩》學源自《魯詩》，這一點能由《史記》「太史公曰」裡，所顯示之證據窺得，試舉數例：

首先，〈十二諸侯年表〉序云：

周道缺，詩人本之衽席，〈關雎〉作。仁義陵遲，〈鹿鳴〉刺焉。（卷十四）

〈儒林列傳〉序亦曰：

嗟乎！夫周室衰而〈關雎〉作，幽厲微而禮樂壞，諸侯恣行，政由彊國。（卷一百二十一）

兩贊咸稱述，因爲人倫綱常式微，《詩》於是由抒情功用轉爲諷刺，得知子長以爲〈關雎〉、〈鹿鳴〉皆爲譏刺周朝時政之作，這便是依據《魯詩》之說。因爲《魯詩》主張，〈關雎〉是諷刺周康王迷戀后妃之美色而晏朝，非如《毛詩》所解釋，爲詠后妃、求淑女之作。

其次，〈燕召公世家〉中，史公頌揚召公奭，贊道：

召公奭可謂仁矣！〈甘棠〉且思之，況其人乎？（卷三十四）

四家詩解釋〈甘棠〉之旨時，唯《魯詩》突出召公奭體恤民情，深得民心之面，與《史記・燕召公世家》之內容最爲接近，此爲子長取自《魯詩》之另一證明。

〈宋微子世家〉贊：

襄公之時，修行仁義，欲爲盟主。其大夫正考父美之，故追道契、湯、高宗，殷所以興，作〈商頌〉。（卷三十八）

按此贊所言，《詩經・商頌》爲宋詩，作者是孔子祖先——宋國大夫正考父，創作動機則是讚美宋襄公修行仁義之良範，這概念又來自《魯詩》。〔註63〕由以上所述諸觀點，足覘《魯詩》爲司馬遷編纂《史記》時所本。

2. 引《詩》爲議

「太史公曰」除上述佐證子長據《魯詩》之例證外，《史記》其他篇章之「太史公曰」中引《詩》的情形如下表：

〔註62〕清・章學誠《文史通義》（臺北：華世出版社，1980年9月），頁150。
〔註63〕參考陳桐生《史記與詩經》（北京：人民文學出版社，2000年2月），頁20～22；頁148。

《史記》篇名	「太史公曰」引句	引《詩》篇名
〈建元以來侯者年表〉	「戎狄是膺，荊荼是徵」	《詩·魯頌》
〈淮南衡山列傳〉	「戎狄是膺，荊舒是懲」	
〈燕召公世家〉	〈甘棠〉且思之	〈甘棠〉
〈孔子世家〉	高山仰止，景行行止。	《小雅·車舝》

《史記》承襲了《詩經》的美刺精神，「太史公曰」裡往往體現之，如〈司馬相如列傳〉贊：

> 太史公曰：《春秋》推見至隱，《易》本隱之以顯，〈大雅〉言王公大人，而德逮黎庶，〈小雅〉譏小己之得失，其流及上。所以言雖外殊，其合德一也。相如雖多虛辭濫說，然其要歸引之節儉，此與《詩》之風諫何異。（卷一百一十七）

司馬遷在此贊中，闡述《春秋》、《易》與《詩》之內涵，其中，史公以《詩》教作為評論文章之依據。司馬遷主張《詩》有諷諫作用，只要作品寓有此一旨趣，則能推至與《詩》並重的地位，由此足覘《史記》繼軌《詩經》之精神。

上表所列載，司馬遷援引《詩》佐議之「太史公曰」，性質可分為譏刺與稱頌兩類型，以下分論之：

（1）譏　刺

上表中，〈建元以來侯者年表〉序與〈淮南衡山列傳〉贊中有文句雷同之處，即「戎狄是膺，荊舒（荼）是懲（徵）」，此句源出《魯頌·閟宮》：

> 公車千乘，朱英綠縢，二矛重弓。
> 公徒三萬，貝冑朱綬，烝徒增增。
> **戎狄是膺，荊舒是懲，則莫我敢承。**
> 俾爾昌而熾，俾爾壽而富。
> 黃髮台背，壽胥與試。
> 俾爾昌而大，俾爾耆而艾。
> 萬有千歲，眉壽無有害。〔註64〕

《毛詩正義》云：「作〈閟宮〉詩者，頌美僖公能復周公之宇。〔註65〕」司馬遷引其中「戎狄是膺，荊舒是懲」兩句，並非一味讚賞僖公與齊桓舉義兵，抵擋北

〔註64〕十三經注疏整理本《毛詩正義》（臺北：五南出版社，2001年10月），頁1668。
〔註65〕同註64，頁1655。

方戎、狄，安撫南面的荊及群舒，另寓含有譏諷主政者之意。觀〈建元以來侯者年表〉序：

> 自《詩》《書》稱三代「戎狄是膺，荊荼是懲」，齊桓越燕伐山戎，武靈王以區區趙服單于，秦繆用百里霸西戎，吳、楚之君以諸侯役百越。況乃以中國一統，明天子在上，兼文武，席卷四海，內輯億萬之眾，豈以晏然不為邊境征伐哉！自是後，遂出師北討彊胡，南誅勁越，將卒以次封矣。
> （卷二十）

史公表序引《詩》、《書》，盛讚征伐蠻夷之義戰，字面上看似推許武帝開邊拊循四夷為正義之師。實際上，司馬遷暗譏武帝根本無法與齊桓公越燕伐山戎，武靈王服單于，秦繆霸西戎，吳、楚之君役百越之偉勛相提並論，因為這些賢王用力小而收功大，反觀漢武帝耗盡公帑東征西討，卻寥無所獲，僅僅換來「功臣受封侔於祖考」之結果，可謂「勞而少功」。是以，史公引《詩》譏刺武帝多欲、好大喜功。

又如〈淮南衡山列傳〉贊：

> 太史公曰：《詩》之所謂「戎狄是膺，荊舒是懲」，信哉是言也。淮南、衡山親為骨肉，疆土千里，列為諸侯，不務遵蕃臣職以承輔天子，而專挾邪僻之計，謀為畔逆，仍父子再亡國，各不終其身，為天下笑。此非獨王過也，亦其俗薄，臣下漸靡使然也。夫荊楚僄勇輕悍，好作亂，乃自古記之矣。（卷一百一十八）

贊前同樣引《魯頌·閟宮》之句為議，這部分不再贅述。然而，值得一提的是，司馬遷將淮南、衡山謀為叛逆之過，歸結於地形與風俗使然，他憐惜三王，為三王出脫，含蓄的暗示此罪是受誣陷的。另一方面指斥當政者，兵力原應是攻擊外族敵人，竟反過來用以對付親人，足覘漢室豆其相煎之醜行。

（2）稱　頌

「太史公曰」援引《詩》自然亦有正面謳歌之情形，如〈燕召公世家〉贊：

> 太史公曰：召公奭可謂仁矣！〈甘棠〉且思之，況其人乎？燕外迫蠻貉，內措齊、晉，崎嶇彊國之間，最為弱小，幾滅者數矣。然社稷血食者八九百歲，於姬姓獨後亡，豈非召公之烈邪！（卷三十四）

召公奭或稱召伯、召康公，為周文王庶子。召公奭除了協助武王伐紂、輔佐成、康外，其以德治民的風範亦廣受烝民愛戴。子長於贊裡稱揚召公奭近仁，並指出〈甘棠〉一詩是人民為其所作，《召南·甘棠》原文為：

> 蔽芾甘棠，勿翦勿伐，召伯所茇。蔽芾甘棠，勿翦勿敗，召伯所憩，

蔽芾甘棠，勿翦勿拜，召伯所説。〔註66〕

作者以高大茂密的甘棠樹，代表召公奭在人民心中崇高的形象，百姓睹樹思人，緬懷這位永遠的長者。而贊中亦縷述召公奭之仁政為善因，後裔享其遺澤，國祚得以延續了八、九個世紀之久。又如〈孔子世家〉贊：

> 太史公曰：詩有之：「高山仰止，景行行止。」雖不能至，然心鄉往之。（卷四十七）

贊首詩句引自《小雅‧車舝》：

> 間關車之舝兮，思孌季女逝兮。匪飢匪渴，德音來括。
>
> 雖無好友，式燕且喜。
>
> 依彼平林，有集維鷮。辰彼碩女，令德來教。
>
> 式燕且譽，好爾無射。
>
> 雖無旨酒，式飲庶幾；雖無嘉殽，式食庶幾。
>
> 雖無德與女，式歌且舞。
>
> 陟彼高岡，析其柞薪。析其柞薪，其葉湑兮。
>
> 鮮我覯爾，我心寫矣。
>
> 高山仰止，景行行止。四牡騑騑，六轡如琴。
>
> 覯爾新昏，以慰我心。〔註67〕

〈車舝〉一詩，原是大夫譏刺幽王之作。當世之時，幽王寵姬褒姒讒佞禍國，小人因而得以活躍，周人殷切盼望能得賢女以配國君。末章「高山仰止，景行行止」，原是歌頌季女人品之高尚美好，充分表露詩人興高采烈之情。而司馬遷藉以形容夫子品德學問，如巍峨青山般崇高，洋溢著史公嚮慕之情、隆崇之意，後人循之作為稱美先生之佳言。

上述「太史公曰」裡，司馬遷引用《詩》佐助論斷之篇章，譏刺與稱頌之例證看似平分秋色；然而，就《史記》全文而言，司馬遷所述《詩經》內容，頌美之詩的比重卻是刺詩的一倍以上〔註68〕。因此，司馬遷的《詩》學思想，絕不侷限於批判和諷刺單一層面，而是兼及美刺。而《史記》裡所充斥的「發憤著書」精神，亦來自《詩》的內涵，〈太史公自序〉云：

> 夫《詩》、《書》隱約者欲遂其志之思也。昔西伯居羑里，演《周易》；

〔註66〕十三經注疏整理本《毛詩正義》（臺北：五南出版社，2001年10月），頁91～93。

〔註67〕十三經注疏整理本《毛詩正義》（臺北：五南出版社，2001年10月），頁1023。

〔註68〕參考陳桐生《史記與詩經》（北京：人民文學出版社，2000年2月），頁228。

孔子厄陳蔡，作《春秋》；屈原放逐，著〈離騷〉；左丘失明，厥有《國語》；
孫子臏腳，而論兵法；不韋遷蜀，世傳《呂覽》；韓非囚秦，〈說難〉〈孤
憤〉；《詩》三百篇，大抵賢聖發憤之所爲作也。此人皆意有所鬱結，不得
通其道也，故述往事，思來者。（卷一百三十）

序中，司馬遷首先道出《詩》、《書》是作者「欲遂其志之思」的作品，文末更歸結
《詩》三百篇咸爲聖賢發憤之所作。《詩經》作者托憤的創作動機，帶領著司馬遷走
出李陵案的悲情，亦提煉出對後世文學理論影響深遠的「發憤著書」說，由此，司
馬遷體現了夫子所謂《詩》可以「怨」之作用。對此，蔣凡闡譽之：

「發憤著書」說是作者借古喻今的自白，閃爍著強烈批判現實的精神
光輝。〔註69〕

所謂「發憤著書」說，指的是作家面對生命的轗軻與蹇厄，能擺脫悲觀心態，
從困境中奮起，化悲憤爲積極熱情之力量，以此從事創作，綻放出生命的璀璨火花，
流芳青史。有關「發憤」這類志節的文字，《史記》「太史公曰」當中不乏其例，如
〈越王句踐世家〉贊、〈伍子胥列傳〉、〈范雎蔡澤列傳〉……等贊，咸光揚這些人物，
於窮困中不忘青雲之志，終於發憤成功之例。至如與史公一樣，將心中鬱結之氣轉
爲創作動力者，如〈平原君虞卿列傳〉贊：

虞卿非窮愁，亦不能著書以自見於後世云。（卷七十六）

史遷推崇虞卿能於窮愁潦倒中，創作了《虞氏春秋》；而〈屈原賈生列傳〉贊裡更發
揚了「發憤以抒情」的楚騷情懷。司馬遷深刻瞭解屈原、賈誼之作品，並同情兩人
「信而見疑，忠而被謗」的委屈，故除了揭示文學作品有表達怨憤之情的作用，順
帶一吐喉鯁。劉鶚謂：

〈離騷〉爲屈大夫之哭泣，《莊子》爲蒙叟之哭泣，《史記》爲太史公
之哭泣。〔註70〕

老殘道出了司馬遷與屈原兩人的人生和文章，有著相同的「怨」，牽引著千古孤臣孽
子心底的感動。而此「發憤」精神亦爲司馬遷人才思想的必要條件之一。王守雪曾
剖析司馬遷心目中的人才需具備三條件：要有豐富曲折的經歷，要勤奮好學，以及
要發憤。〔註71〕這三點子長完全具備：他十歲起勤讀古文，好學深思；二十起壯遊，
幾乎完成全國之巡禮，閱歷廣泛；無辜因李陵案下蠶室，隱忍恥辱發憤著功名。故

〔註69〕蔣凡〈司馬遷的文學理論〉，收錄於張師高評主編《史記研究粹編》（高雄：復文書
局，2001年11月），頁526。
〔註70〕清·劉鶚《老殘遊記·自敘》（臺南：成大書局，1986年10月），頁1。
〔註71〕參考王守雪〈司馬遷的人才思想〉，《殷都學刊》，1994年第一期），頁55。

司馬遷亦以之為欣賞人物之權衡準則。

以上便是「太史公曰」中所寓《詩》的內涵。我們得知，司馬遷的《史記》據《魯詩》之說；《史記》引《詩》為贊，兼及美刺；《詩經》亦影響司馬遷的「發憤著書」說。

第三節　「太史公曰」與《春秋》

（一）《春秋》

1. 《史記》與《春秋》

《春秋》是孔子據魯史刪約、整理而成的，首先提出孔子作《春秋》明王道是孟子：

> 世衰道微，邪說暴行有作，臣弒其君者有之，子弒其父者有之，孔子懼，作《春秋》。〔註72〕

孟子指出，孔子因當代世衰道微，君臣之間綱常紊亂、邪說暴行並起，為安邦濟世，因而作《春秋》。《春秋》是孔子政治上積極的理想所託，其中的褒貶寄託微言大義，為後世史家典範。

司馬遷一生以孔子傳人自任，曾言：

> 先人有言：『自周公卒五百歲而有孔子。孔子卒後至於今五百歲，有能紹明世，正《易傳》，繼《春秋》，本《詩》、《書》、《禮》、《樂》之際？』意在斯乎！意在斯乎！小子何敢讓焉。（卷一百三十）

他竊比孔子，並將《史記》暗擬《春秋》，在〈太史公自序〉裡可見其推崇《春秋》之情，且具體言明六經異傳以《春秋》為主：

> 《春秋》辯是非，故長於治人。……《春秋》以道義。撥亂世反之正，莫近於《春秋》。《春秋》文成數萬，其指數千。萬物之散聚皆在《春秋》。（卷一百三十）

司馬遷認為六藝各從不同層次、角度表述了治理天下的道理。而六藝之中，又以《春秋》的內容最為深刻與豐富，最能符合現實政治，其理由〈自序〉裡亦反覆作了深入的論述：

> 《春秋》之中，弒君三十六，亡國五十二，諸侯奔走不得保其社稷者不可勝數。察其所以，皆失其本已。（卷一百三十）

〔註72〕十三經注疏整理本《孟子注疏》，〈滕文公下〉（臺北：五南出版社，2001年11月），頁210。

春秋時期，各國之所以無寧世，蓋因「失其本」，而其中的「本」，司馬貞解釋爲「仁義之道〔註73〕」。《春秋》一書，論載著諸侯政治的興敗存亡，闡明了治國必須以王道德治爲基礎。〈自序〉又云：

> 故有國者不可以不知《春秋》，前有讒而弗見，後有賊而不知。（卷一百三十）

君王可自《春秋》中得到啓發，辨別身邊的讒賊小人，亦即《春秋》能提高君主的洞察力，從而防微杜漸。除了協助主上的預見力，另外尚能提供臣子準則、規範，以履行仁義之道：

> 爲人臣者不可以不知《春秋》，守經事而不知其宜，遭變事而不知其權。爲人君父而不通於《春秋》之義者，必蒙首惡之名。爲人臣子而不通於《春秋》之義者，必陷篡弒之誅，死罪之名。（卷一百三十）

《史記》裡的《春秋》，代表「是非」的權衡，是「王道」的綱領，是一切人「通權達變」的指南〔註74〕。人臣應視《春秋》爲侍奉君主的圭臬。段末：「故《春秋》者，禮義之大宗也。」確立了《春秋》爲六藝之首的地位。以上爲司馬遷心目中，《春秋》的意義與價值。

2.　《春秋》書法

杜維運推崇《春秋》書法，使中國的褒貶史學應運而出；而《春秋》書法褒貶之學，使中國的史學，到達一最高境界〔註75〕。司馬遷以孔子接班人自任，將《史記》視爲史上第二部《春秋》，這種精神體現在學習《春秋》書法上。司馬遷效法《春秋》書法，進行「明嫌疑，定猶豫，善善惡惡，賢賢賤不肖」的任務，給予歷史人物應有之褒貶，將中國的褒貶史學推向另一巔峰。

宋代眞德秀嘗言：

> 若夫有志於史筆者，自當深求《春秋》大義，而參之以遷、固諸書，非此所能該也。〔註76〕

眞德秀主張史家應明徹「春王正月」之義法，如《史記》、《漢書》便都具有《春秋》史法，然未能概括之；郭嵩燾更進一步道：

> 史公之著《史記》自以爲繼《春秋》而作，以明著書之旨也，而因採諸子之名爲《春秋》者論次之，贊語著明諸家得失，以自證其上擬《春秋》

〔註73〕司馬貞《史記索隱》，引自百衲本《史記》卷一百三十，頁1202。
〔註74〕李長之《司馬遷之人格與風格》（臺北：里仁，1999年4月），頁64。
〔註75〕杜維運《中國史學史》第一冊（臺北：三民書局經銷，1998年3月再版），頁92。
〔註76〕宋・眞德秀《文章正宗》（臺北：台灣商務，1975年），頁3。

之義，言微而旨遠矣。〔註77〕

郭氏不僅申明史公繼孔子之志，更點出「太史公曰」的譏刺微旨，正為史公上擬《春秋》義法之證。

由上述可知，《春秋》影響《史記》最深之處，莫過其褒貶書法。「書法」一詞，首見於《左傳‧宣公二年》：

孔子說：「董狐，古之良史，**書法**不隱。」〔註78〕

孔子因為董狐修史秉筆直書，而稱之為「良史」。欲明《史記》「太史公曰」之褒貶義法，則須先瞭解孔子作《春秋》之書法、史法，因為史公完整傳承此一精神。

所謂「《春秋》書法」，即史家於處理史料過程中，產生自己的看法，有時卻因有所忌諱而不便明白表示，然為顯露個人觀感，便以「《春秋》書法」為之。

據學者研究，就史傳文學而言，《史記》傳承《春秋》書法，自成一家之言者，約有四端：一、《春秋》《左傳》之據事直書，衍變為《史記》之以敘事寓含議論；二、《春秋》《左傳》之微婉顯晦，衍變為《史記》之以側筆揭示真相；三、《春秋》《左傳》之屬辭比事，衍變為《史記》之以互見法開創傳記文學；四、《春秋》《左傳》之「君子曰」論斷，衍變為《史記》之以「太史公曰」發微闡幽。〔註79〕

筆者觀察，「太史公曰」中所傳承《春秋》書法較顯著者，有上述第一、二項，第四項則為本論文之寫作旨趣。以下分條逐述「太史公曰」所體現之《春秋》書法：

（1）據事直書

《春秋》《左傳》所謂之「據事直書」書法，類同於《詩經》的「賦、比、興」寫作手法當中之「賦」，即直言表述、無所忌憚，以此彰顯出歷史人物之過失，期收「亂臣賊子懼」之效。

這種「據事直書」之書法，《史記》以「寓論斷於序事」之手法表現。而「寓論斷於序事」一點，首先由顧炎武提出：

古人作史，有不待論斷，而于序事之中即見其指者，唯太史公能之。〈平準書〉末載卜氏語，〈王翦傳〉末載客語，〈荊軻傳〉末載魯句踐語，〈鼂錯傳〉末載鄧公與景帝語，〈武安侯田蚡傳〉末載武帝語，皆史家于序事中寓論斷法也。〔註80〕

〔註77〕清‧郭嵩燾《史記札記》（臺北：樂天，1971年3月），頁100。
〔註78〕十三經注疏整理本《春秋左傳正義》（臺北：五南出版社，2001年10月），頁688。
〔註79〕參考張師高評《春秋書法與左傳學史》（臺北：五南出版社，2002年1月），頁65。
〔註80〕清‧顧炎武著，黃汝成集釋《日知錄集釋》卷26，（長沙：岳麓書社，1994年5月），頁891～892。

顧炎武所舉五例，表達了史公對當朝政治之微言譏諷，由此可知，「寓論斷於序事」為《史記》特殊獨創之論斷形式。而此手法，又可分以典型事例表現，以及借他人之語為論等兩大類〔註81〕。筆者發現，「太史公曰」中主要手法為後者「借他人之語為論」，試觀〈衛將軍驃騎列傳〉贊：

　　　　太史公曰：蘇建語余曰：「吾嘗責大將軍至尊重，而天下之賢大夫毋稱焉，願將軍觀古名將所招選擇賢者，勉之哉。大將軍謝曰：『自魏其、武安之厚賓客，天子常切齒。彼親附士大夫，招賢絀不肖者，人主之柄也。人臣奉法遵職而已，何與招士！』」驃騎亦放此意，其為將如此。（卷一百一十一）

贊中借蘇建之語，譏衛青、霍去病不招舉賢士，地位雖尊而天下賢士大夫卻無稱，與李廣贊云：「及死之日，天下知與不知，皆為盡哀。」相形見絀。〈佞幸列傳〉末更突兀的補入一段：「衛青、霍去病亦以外戚貴幸，然頗用材能自進。」史公毒筆將衛、霍兩人歸為佞幸者，足覘史公厭鄙衛、霍之人品；又如〈趙世家〉贊：

　　　　太史公曰：吾聞馮王孫曰：「趙王遷，其母倡也，嬖於悼襄王。悼襄王廢適子嘉而立遷。遷素無行，信讒，故誅其良將李牧，用郭開。」（卷四十三）

贊中載錄馮王孫之語，評述趙王遷之出身微鄙，又無德聽信讒言，誅殺良將，最終不免遭秦虜獲。

　　〈汲鄭列傳〉贊：

　　　　翟公乃大署其門曰：「一死一生，乃知交情。一貧一富，乃知交態。一貴一賤，交情乃見。」汲、鄭亦云，悲夫！（卷一百二十）

贊中藉翟公署門之句，感嘆世態炎涼，人情澆薄。其它頗多論贊則是引孔子、老氏名言為評議，如〈田叔列傳〉贊：

　　　　太史公曰：孔子稱曰：「居是國必聞其政」，田叔之謂乎！（卷一百四）

　　〈酷吏列傳〉序：

　　　　孔子曰：「導之以政，齊之以刑，民免而無恥。導之以德，齊之以禮，有恥且格。」老氏稱：「上德不德，是以有德；下德不失德，是以無德。法令滋章，盜賊多有。」（卷一百二十二）

《史記》裡，援引孔、老之言佐論的「太史公曰」，已見前幾章節論述，不再贅述。諸如此類，以他人之言為論斷，能呈現較為客觀之立場；而借聖賢評論歷史人物或

_____

〔註81〕參考白壽彝〈司馬遷寓論斷於序事〉，收於《中國史學史論集》（北京：中華書局，1999年4月），頁81。

史事，爲「太史公曰」泛常出現之情形，當中尤以孔子出現次數最頻繁，在本章第一節中已論及。

（2）微婉顯晦

《春秋》書法多微辭，「微辭」，指的是曲折匿其實義，而隱微其辭，如此則形成微而婉，顯而晦之特質。孟子論《春秋》曰：

> 其事則齊桓、晉文，其文則史。孔子曰：「其義則丘竊取之矣！」〔註82〕

其中所謂的事、文、義便成爲歷代學者評論史書的依據。而本段所謂的「微婉顯晦」，指的是《左傳‧成公十四年》：「微而顯，志而晦，婉而成章，盡而不汙，懲惡而勸善。〔註83〕」所言之五例。

〈司馬相如列傳〉與〈匈奴列傳〉，咸提示了《史記》採用《春秋》書法爲修史法則：

〈司馬相如列傳〉贊：

> 太史公曰：《春秋》推見至隱。（卷一百一十七）

〈匈奴列傳〉贊：

> 太史公曰：孔氏著《春秋》，隱、桓之閒則章，至定哀之際則微，爲其切當世之文而罔褒，忌諱之辭也。（卷一百十）

兩贊之首，史公明示自己有所顧忌，故紹法《春秋》諱書曲筆，暗寓褒貶的書法。而此史法直接影響司馬遷以側筆揭示真相，批評當代之政。徐復觀解釋其中「側筆」意涵：

> 我之所謂側筆，意謂一篇傳記之形成，必有某人一連貫之重要行事，以形成一篇的主要綱維，也就是形成一篇的主文。側筆則是軼出於主文之外所穿插的小故事，所以側筆係對主文而言。史公常用這種側筆，以暴露人與事的真實，乃至假此以拆主文的臺，使主文成爲帶有滑稽意味的表現。〔註84〕

徐氏陳述「側筆」並非全文主角，可能僅是瑣事叢語，但由於與主文之間的矛盾對照，形成一種耐人尋味又詼詭之筆意。這種手法往往是爲了迴避政治忌諱，遠害的一種不得已之選擇。

《史記》之「側筆」，大約能區分五種表現方式：記瑣事叢語，傳弦外之音；寫神怪靈異，示不惑妖祥；載陰陽禍福，寓文外曲致；故佈疑陣，以翻歷史公案；由

〔註82〕十三經注疏整理本《孟子注疏》卷第八上，〈離婁章句下〉，頁267。
〔註83〕十三經注疏整理本《春秋左傳正義》（臺北：五南出版社，2001年10月），頁879。
〔註84〕徐復觀《兩漢思想史》卷三〈論史記〉（臺北：學生書局，1993年9月四刷），頁419。

正言若反，定是非褒貶。〔註85〕「太史公曰」裡，則表現出第一、三、五種情形，以下分述之：

A. 傳弦外之音

《史記》中，有些「太史公曰」之文字，看似記瑣事叢語之贅語，然實質上卻有弦外之音寓含其中，如〈孟子荀卿列傳〉序：

> 太史公曰：余讀孟子書，至梁惠王問「何以利吾國」，未嘗不廢書而歎也。（卷七十四）

與〈儒林列傳〉序：

> 太史公曰：余讀功令，至於廣屬學官之路，未嘗不廢書而歎也。

司馬遷於兩序中，感嘆學術尊嚴已扭曲變質，導向利祿之途，微諷漢武與民爭利並專用興利之臣。又如〈匈奴列傳〉贊末，全篇文意、氣勢似乎已經收截，卻又旁出一意，云：

> 堯雖賢，興事業不成，得禹而九州寧。且欲興聖統，唯在擇任將相哉！
>
> 唯在擇任將相哉！（卷一百十）

尾端看似贅語，其實是委婉曲折地責武帝連年窮兵黷武，且無知人之明，用將不賢，漢朝人民因此陷入痛苦深淵。上述這些「太史公曰」，咸以記載瑣事叢語之手法，將弦外之音蘊含其中，用以嘲諷執政者之不當政治作為。

B. 寓文外曲致

《左傳》並不像《公羊》、《穀梁》二傳，逐字逐句地闡發《春秋》的微言大義，但卻繼承西周以來的敬天保民思想。《左傳》揭櫫民心向背對於鞏固政權的重要性，書中具福善禍淫之史觀，太史公吸納其義法，亦以此寄託其資鑑勸懲。「太史公曰」裡，子長對於一些國祚享久，輒以「陰德」為其因，徐復觀指出：

> 在戰國末期，似乎流行一種道德地因果報應的觀念，史公受其影響，
>
> 而成為史學中的宗教精神的另一型態。〔註86〕

《左傳·襄公二十九年》，罕氏在鄭國鬧飢荒之際賑濟災民，因而深得鄭國民心，拜為鄭國上卿；宋國樂氏聞善思齊，遇荒年貸粟於民且不記名。作者借叔向之口對此愛民義舉，給予高度讚揚，而當中所論鄭之罕氏、宋之樂氏「後亡得國」的陰功陰德思想，對司馬遷影響忒深，《史記》中往往以此為帝王諸侯國祚之所以能久享之故。

以下就諸侯國之祖先行善事，福佑後代，與作惡招禍兩點，揭示「太史公曰」中所顯露之因果報應思想。

〔註85〕張師高評《春秋書法與左傳學史》（臺北：五南出版社，2002 年 1 月），頁 74。
〔註86〕徐復觀《兩漢思想史》卷三〈論史記〉（臺北：學生書局，1993 年 9 月四刷），頁 427。

a. 積善餘慶

司馬遷於「太史公曰」裡，稱頌祖上積德，因而惠及子孫者，其規則往往是在贊首便以讚嘆之語破題點出，中間詳敘遠祖之功，沾漑後人之情形，末句再度稱揚。史公以這種前呼後應的方式，呈現其積善餘慶之觀念。如〈燕召公世家〉贊：

> 太史公曰：召公奭可謂仁矣！……燕外迫蠻貉，內措齊、晉，崎嶇彊
> 國之間，最為弱小，幾滅者數矣。然社稷血食者八九百歲，於姬姓獨後亡，
> 豈非召公之烈邪！（卷三十四）

子長於贊首稱頌召公奭之仁，使燕國雖處於強敵環伺之境，仍能多次解除亡國之危機，而能「於姬姓獨後亡」，這完全要歸功於召公奭德懋棠蔭之政績。子長並於末句再次推崇召公之烈，與首句呼應；又如〈陳杞世家〉贊：

> 太史公曰：舜之德可謂至矣！禪位於夏，而後世血食者歷三代。及楚
> 滅陳，而田常得政於齊，卒為建國，百世不絕，苗裔茲茲，有土者不乏焉。
> （卷三十六）

史公在首句開宗明義盛讚舜禪讓禹之懿德，使子孫經歷夏商周三代仍享祀不絕；楚雖滅陳，但田常又代姜齊，百世苗裔繁盛，皆因舜禪位之福報。

而有關夏禹治水之遺烈共有二則，其一為〈越王句踐世家〉贊：

> 太史公曰：禹之功大矣，漸九川，定九州，至于今諸夏艾安。及苗裔
> 句踐，苦身焦思，終滅彊吳，北觀兵中國，以尊周室，號稱霸王。句踐可
> 不謂賢哉！蓋有禹之遺烈焉。（卷四十一）

司馬遷首末往復讚嘆大禹治水煒燁之勳勞，他疏導九條大河，拊循九州，這種苦身焦思之精神，遺傳給他的後裔句踐。句踐不負遠祖賢名，完成尊周室之霸業；再者是〈東越列傳〉贊：

> 太史公曰：越雖蠻夷，其先豈嘗有大功德於民哉，何其久也！歷數代
> 常為君王，句踐一稱伯。然餘善至大逆，滅國遷眾，其先苗裔繇王居股等
> 猶尚封為萬戶侯，由此知越世世為公侯矣。蓋禹之餘烈也。（卷一百十四）

史公以疑問句起首，懷疑東越祖考有峻德於烝民，子孫享其流澤，故能數代常為君王，或為公侯，這完全仰賴禹治水積德累仁。

〈西南夷列傳〉贊：

> 太史公曰：楚之先豈有天祿哉？在周為文王師，封楚。及周之衰，地
> 稱五千里。秦滅諸侯，唯楚苗裔尚有滇王。漢誅西南夷，國多滅矣，唯滇
> 復為寵王。（卷一百一十六）

史公亦以問句開端，義法同於〈東越列傳〉贊。接著縷述楚之先祖為周文王師，

積德累功，是以，在周衰之時，擁地五千里；秦統一天下，獨楚尚存苗裔——滇王；之後，滇王又受到漢室關愛。司馬遷將楚之子孫綿延不絕，爵位能失而復得，歸功其先人有天所授與的祿位，遺澤福佑昆裔。

再如〈韓世家〉贊：

> 太史公曰：韓厥之感晉景公，紹趙孤之子武，以成程嬰、公孫杵臼之義，此天下之陰德也。**韓氏之功，於晉未睹其大者也。然與趙、魏終爲諸侯十餘世**，宜乎哉！（卷四十五）

金聖歎闡明〈韓世家〉贊之精義曰：「此贊高推陰德，想見史公心地醇厚，夫陰德，豈可忽乎？〔註87〕」史公頌揚韓厥存趙氏孤兒之厚德，故韓能與趙、魏三家分晉，且據天下之要津，雖疆土腹背受敵，尚能爲諸侯十餘世，延祀垂二百年。

《左傳》的民本思想每每呈現社稷無常奉，君臣無常位的歷史原則。而由上述論贊觀之，《左傳》不僅以「君子曰」啓發司馬遷，開創「太史公曰」之史論形式，它將尚德重民的史家良善思想，注入史書內容，更爲子長確立成功之明範。「太史公曰」藉賢祖修德可以垂馨千祀，勸君主應施仁布德，始能流芳百世，世代血食不已。

b. 作惡招禍

「太史公曰」當中，子長責怪古人不修善德，因此招禍之例者不勝枚舉，如〈韓信盧綰列傳〉贊：

> 太史公曰：韓信、盧綰非素積德累善之世，徼一時權變，以詐力成功，遭漢初定，故得列地，南面稱孤。內見疑彊大，外倚蠻貊以爲援，是以日疏自危，事窮智困，卒赴匈奴，豈不哀哉！（卷九十三）

史公明確指出韓、盧因未曾積德累善，而是以欺詐狡謀獲得封地，因無福佑故不能守。韓信、盧綰與天子日益疏遠，陷入危境，迫不得已只好投奔匈奴。又如〈項羽本紀〉贊：

> 及羽背關懷楚，放逐義帝而自立，怨王侯叛己，難矣。自矜功伐，奮其私智而不師古，謂霸王之業，欲以力征經營天下，五年卒亡其國。（卷七）

史公責羽放逐義帝，自矜功伐；又不聽諫言，誤以爲霸王之業，可以暴力成之，因爲不懂仁愛，殺人盈城，最末終於造成自刎的悲劇。〈黥布列傳〉贊：

> 項氏之所阬殺人以千萬數，而布常爲首虐。功冠諸侯，用此得王，亦不免於身爲世大僇。（卷九十一）

司馬遷斥責黥布爲項氏殺人無數，造孽太深，雖曾功冠諸侯，最終仍身僇國滅！〈白

〔註87〕清・金聖歎著，張國光點校《金聖歎批才子古文》（武漢：湖北人民出版社，1995年10月4刷），頁242。

起王翦列傳〉贊：

> 翦爲宿將，始皇師之，然不能輔秦建德，固其根本，偷合取容，以至
> 刎身。及孫王離爲項羽所虜，不亦宜乎！（卷七十三）

太史公剖析，當年秦始皇倚重王翦時，王翦未利用機會，盡到輔秦建德之責，雖自己未遭禍，其孫王離卻爲項羽所擒獲。

以上三贊，史公咸不滿主角殺人盈城，或助紂爲虐，故於贊中詆其最後遭禍以及延及後嗣，得其所宜，此爲史家反對戰爭以及反殺之態度。

〈蒙恬列傳〉贊：

> 觀蒙恬所爲秦築長城亭障，塹山堙谷，通直道，固輕百姓力矣。……
> 恬爲名將，不以此時彊諫，振百姓之急，養老存孤，務修衆庶之和，而阿
> 意興功，此其兄弟遇誅，不亦宜乎！（卷八十八）

司馬遷譴責蒙恬不恤百姓之苦，爲築長城，因而過度壓迫人民，死傷無數。蒙氏「阿意興功」，以致兄弟遇誅，此其應得之懲罰；再觀〈李斯列傳〉贊：

> 斯爲三公，可謂尊用矣。斯知六蓺之歸，不務明政以補主上之缺，持
> 爵祿之重，阿順苟合，嚴威酷刑，聽高邪說，廢適立庶。（卷八十七）

李斯位高權重，卻不匡諫天子，拊循烝民；亦不堅持正義立場，阿順苟合，推行峻法酷刑，廢嫡子扶蘇改立庶子胡亥，故被處以五刑。

以上諸贊中，司馬遷秉著根深柢固「積善之家，必有餘慶；積不善之家，必有餘殃〔註88〕」之觀念，沿襲《春秋》書法，成爲「太史公曰」別具一格之褒貶義法，提倡仁政，主張臣下要勇於彊諫輔主，始能福蔭昆裔。

C. 定是非褒貶

有些「太史公曰」，文字上看似褒揚推崇，然實爲正言若反之表現，此正爲司馬遷所寓之微言妙旨。如〈萬石張叔列傳〉贊：

> 塞侯微巧，而周文處讇，君子譏之，爲其近於佞也。然斯可謂篤行君
> 子矣！（卷一百三）

贊中，子長標明「塞侯微巧」、「周文處讇」，末句卻稱這些人爲「篤行君子」，其實是反諷他們以諂求譽，已見本章第一節不再贅述。另外，〈蕭相國世家〉贊：

> 淮陰、英布等皆以誅滅，而何之勳爛焉。位冠群臣，聲施後世，與閎
> 天、散宜生等爭烈矣。（卷五十三）

史公特別點出蕭何之勳，在淮陰侯韓信、英布等被誅滅後才耀顯，其意爲蕭何之功

〔註88〕十三經注疏整理本《周易正義》（臺北：五南出版社，2001 年 9 月），頁 36。

在韓信、英布之下；稱蕭何「位冠群臣」，卻又僅能比之周代「閎夭、散宜生」次等
功臣，史公在一抑一揚間，對蕭何之譏刺展露無遺；〈曹相國世家〉贊：

> 曹相國參攻城野戰之功所以能多若此者，以與淮陰侯俱。及信已滅，
> 而列侯成功，唯獨參擅其名。(卷五十四)

贊文表面上似乎對曹參褒獎備至，細味其言，曹參在韓信被殺之後，始能獨擅其名，
義法同於〈蕭相國世家〉贊。以上咸為正言若反之書法，而此方式較正面抨擊來得
刻骨。

　　綜合上述，這些「太史公曰」，繼志《春秋》書法，呈現據事直書、微婉顯晦之
特質，因而最能得「無韻之離騷」之致。蔣彤曾云：

> 《傳》曰孔子於哀、定之朝多微辭，又曰微而顯、婉而成章，史公其
> 深於《春秋》者哉！〔註89〕

蔣彤闡明孔子見春秋哀公、定公之際，世衰道微，故作《春秋》，而其「微而顯、
婉而成章」之書法，則為司馬遷承襲，發而為「太史公曰」。故梁啟超亦謂史公：
「於孔子之學，獨得力於《春秋》。〔註90〕」蔣彤、梁公皆看透子長鑽研《春秋》
至深，並將其精髓融入《史記》，而「太史公曰」更是司馬遷發揮「春王正月」書
法之最佳舞台。

　　梁公推崇史公為「上古學術思想之集大成」者，因「太史公曰」裡，處處司馬
遷其以博大精深之學術造詣，從事為「善善惡惡，賢賢賤不肖」之史家職責，充分
顯示「天子之權，不及史氏之筆也〔註91〕」之史家魄力。由此足覘《春秋》影響《史
記》之弘深。

(二)《公羊傳》

　　孔子所作之《春秋》只是簡略的大事記，其敘二百四十二年事，只用了一萬六
千字，故王安石譏之為「斷爛朝報」。因為太簡略，使得能領悟《春秋》旨意之人寥
若晨星，因而闡發《春秋》之旨，便成為戰國、秦漢之際儒者的專門學問，於焉產
生三部有影響深遠的《春秋》傳經之作——《公羊傳》、《左傳》、《穀梁傳》。

〔註89〕蔣彤《丹棱文鈔》卷二〈書衛將軍驃騎列傳後〉，引自楊燕起等編《歷代名家評史記》
　　　　（北京：北京師範大學，1986年3月），頁681。
〔註90〕梁啟超《飲冰室專集》第九冊〈中國學術思想變遷之大勢〉（臺北：臺灣中華書局，
　　　　1978年），頁52。
〔註91〕王治皞《史記權參》卷之七〈衛將軍驃騎〉，引自楊燕起等編《歷代名家評史記》（北
　　　　京：北京師範大學，1986年3月），頁679。

　　《春秋》三傳又以《公羊》為首，《左傳》影響《史記》「太史公曰」已於前節述及，而《穀梁》之義在「太史公曰」中並不明顯，故不論。以下就「太史公曰」與董仲舒書中文句內容相近與觀點相通處，討論「太史公曰」與《公羊》的關係。

1. 「太史公曰」與《春秋繁露》

　　六經中以《春秋》對《史記》的影響最深遠，而《春秋》三傳又以《公羊》對《史記》影響最遠。西漢前期治公羊《春秋》的有公孫弘、胡毋生、董仲舒。《史記‧儒林列傳》載：

　　　　瑕丘江生為《穀梁春秋》。自公孫弘得用，嘗集比其義，卒用董仲舒。

　（卷一百二十一）

董仲舒（公元前179年～前104年），廣川人（今河北棗強縣），少治《春秋》，景帝時為博士，是漢代儒學大師，他能集前人之大成，在中國思想史上有著舉足輕重的地位。他一生以講學為業，著作甚夥，據《漢書‧董仲舒傳》記載，凡百二十三篇又十餘萬言，可惜現僅存《天人三策》與《春秋繁露》。董仲舒的《春秋公羊》學在當時已形成博大精深的思想體系，能適應現實政治之需求，故得到漢武帝的認同，繼而成為漢朝統治思想。司馬遷時代的官學所立《春秋》，實際上便是董仲舒的《春秋公羊》學。

　　司馬遷在〈太史公自序〉裡，雖曾云：「余聞董生曰……」，然並不足證明董仲舒與司馬遷有直接的師承關係，不過司馬遷確實受到董仲舒巨大之影響。《史記》「太史公曰」裡有多處內容是闡發或義本於董仲舒的《春秋繁露》及公羊學，此種情形大部分主要集中在〈太史公自序〉，羅列於下表：

《史記‧太史公自序》文句	《春秋繁露》篇章
子曰：『我欲載之空言，不如見之於行事之深切著明也。』	〈俞序〉： 孔子曰：「吾因其行事而加乎王心焉。」以為見之空言，不如行事博深切明。 〈重政〉： 《春秋》明得失，差貴賤，本之天。王之所失天下者，使諸侯得以大亂之，說而後引而反之。故曰博而明，深而切矣。
夫春秋，上明三王之道，下辨人事之紀，別嫌疑，明是非，定猶豫，善善惡惡，賢賢賤不肖，存亡國，繼絕世，補敝起廢，王道之大者也。	〈楚莊王〉： 吾以其近近而遠遠，親親而疏疏也，亦知其貴貴而賤賤，重重而輕輕也。有知其厚厚而薄薄，善善而惡惡也，有知其陽陽而陰陰，白白而黑黑也。百物皆有合偶，偶之合之，仇之匹之，善矣。

	《詩》云：「成儀抑抑，德音秩秩。無怨無惡，率由仇匹。」此之謂也。《春秋》，義之大者也。視其溫辭，可以知其塞怨。是故於外，道而不顯，於內，諱而不隱。於尊亦然，於賢亦然。此其別內外、差賢不肖而等 尊卑也。 〈王道〉： 孔子明得失，差貴賤，反王道之本。 〈盟會要〉： 故曰：立 義以明尊卑之分，強干弱枝以明大小這職；別嫌疑之行，以明正世之義；采摭托意，以矯失禮。善無小而不舉，無惡小而不去，以純其美。別賢不肖以明其尊。親近以來遠，因其國而容天下，名倫等物不失其理。公心以是非，賞善誅惡而王澤洽，始於除患，正一而萬物備。
《易》著天地陰陽四時五行，故長於變；《禮》經紀人倫，故長於行；《書》記先王之事，故長於政；《詩》記山川谿谷禽獸草木牝牡雌雄，故長於風；《樂》樂所以立，故長於和；《春秋》辯是非，故長於治人。是故禮以節人，樂以發和，書以道事，詩以達意，易以道化，春秋以道義。	〈玉杯〉： 《詩》《書》具其志，《禮》《樂》純其養，《易》《春秋》明其知。六學皆大，而各有所長。《詩》道誌，故長於質。《禮》製節，故長於文。《樂》詠德，故長於風。《書》著功，故長於事。《易》本天地，故長於數。《春秋》正是非，故長於治人。〔註92〕
《春秋》之中，弒君三十六，亡國五十二，諸侯奔走不得保其社稷者不可勝數。察其所以，皆失其本已。故《易》曰『失之豪釐，差以千里』。故曰『臣弒君，子弒父，非一旦一夕之故也，其漸久矣』。故有國者不可以不知春秋，前有讒而弗見，後有賊而不知。	〈王道〉： 弒君三十二，亡國五十一，細惡不絕之所致也。〔註93〕 〈滅國上〉： 弒君三十六，亡國五十二。 〈盟會要〉： 患乃至於弒君三十六，亡國五十二，細惡不絕之所致也。 〈俞序〉： 其為切而至於殺君亡國，奔走不得 保社稷，其所以然，是皆不明於道，不覽於《春秋》也。故衛子夏言，有國家者不可 不學《春秋》，不學《春秋》，則無以見前後旁側之危，則不知國之大柄，君之重任也。故或脅窮失國，搶殺於位，一朝至爾。苟能述《春秋》之法，致行其道，豈徒除 禍哉，乃堯舜之德也。

〔註92〕此處為董仲舒歸納戰國以來人們對六藝功能的共識。

〔註93〕弒君三十二，當作「三十六」；亡國五十一，當作「五十二」。見百衲本《漢書・劉向傳》卷三十六，顏師古注（臺北：臺灣商務，1988 年 1 月臺六版），頁 509。

爲人臣者不可以不知春秋，守經事而不知其宜，遭變事而不知其權。	〈竹林〉： 《春秋》無通辭，從變而移。…《春秋》之道，固有常有變，變用於變，常用於常，各止其科，非相妨也。
爲人臣子而不通於春秋之義者，必陷篡弒之誅，死罪之名。其實皆以爲善，爲之不知其義，被之空言而不敢辭。	〈玉杯〉： 按盾辭號乎天，苟內 不誠，安能如是？是故訓其終始無弒之志。掛惡謀者，過在不遂去，罪在不討賊而已。
	〈玉杯〉又云： 《春秋》之道，視人所惑，爲立說以大明之。今趙盾賢而不遂於理，皆見其善，莫見其罪，故因其所賢而加之大惡，擊之重責，使人湛思而自省悟以反道。曰：吁！君臣之大義，父子之道，乃到乎此，此所由惡薄而責之厚也。
夫不通禮義之旨，至於君不君，臣不臣，父不父，子不子。	〈玉杯〉： 父不父則子不子，君不君則臣不臣耳。
太史公曰：「余聞董生曰：『周道衰廢，孔子爲魯司寇，諸侯害之，大夫壅之。孔子知言之不用，道之不行也，是非二百四十二年之中，以爲天下儀表，貶天子，退諸侯，討大夫，以達王事而已矣。』	〈二端〉： 是故《春秋》之道，以元之深正天之端，以天之端正王之政，以王之政正諸侯之即位，以諸侯之即位正竟內之治，五者俱正而化大行。

另外，《史記》其它序贊中，亦往往見其文義本於《春秋繁露》：

《史記》「太史公曰」篇章	《春秋繁露》篇章
〈十二諸侯年表〉序： 是以孔子明王道，干七十餘君，莫能用，故西觀周室，論史記舊聞，興于魯而次《春秋》，上記隱，下至哀之獲麟，約其辭文，去其煩重，以制義法，王道備，人事浹。	〈玉杯〉： 《春秋》論十二世之事，人道浹而王道備。
〈宋微子世家〉贊： 襄公既敗於泓，而君子或以爲多，傷中國闕禮義，褒之也，宋襄之有禮讓也。	〈俞序〉： 宋襄公不厄人，不由其道而勝，不如由其道而敗，春秋貴之，將以變習俗，而成王化也。
〈匈奴列傳〉贊： 太史公曰：孔氏著春秋，隱、桓之閒則章，至定哀之際則微，爲其切當世之文而罔褒，忌諱之辭也。	〈楚莊王〉： 春秋分十二世以爲三等：有見，有聞，有傳聞。有見三世，有聞四世，有傳聞五世。故哀、定、昭，君子之所見也。襄、成、文、宣，君子之所聞也。僖、閔、莊、桓、隱，君子之所傳聞也。所見六十一年，所聞八十五年，所傳聞九十六年。於所見 微其辭，於所聞痛其禍，於傳聞殺其恩，與情俱也。

以上爲《史記》序贊中文句，可自《春秋繁露》中，找到子長迻錄其文句或承襲其義之例，足覘董仲舒對太史公影響之寬泛。

2. 觀　點

下文將探討「太史公曰」中所體現的《公羊春秋》觀點，可分爲肯定革命、一王之法、三統論、大一統等幾部分來談：

（1）頌揚革命

董仲舒發揚孔子《春秋》微言大義對暴君痛加針砭，並肯定湯、武革命，因爲上天愛民，暴政必亡。這一點在董仲舒的〈天人三策〉、《春秋繁露》中，反覆論述。

《史記》記載清河王太傅轅固生，與黃生爭論「湯、武受命與否」：

> 黃生曰：「湯武非受命，乃弒也。」轅固生曰：「不然。夫桀紂虐亂，天下之心皆歸湯武，湯武與天下之心而誅桀紂，桀紂之民不爲之使而歸湯武，湯武不得已而立，非受命爲何？」黃生曰：「冠雖敝，必加於首；履雖新，必關於足。何者，上下之分也。今桀紂雖失道，然君上也；湯武雖聖，臣下也。夫主有失行，臣下不能正言匡過以尊天子，反因過而誅之，代立踐南面，非弒而何也？」轅固生曰：「必若所云，是高帝代秦即天子之位，非邪？」於是景帝曰：「食肉不食馬肝，不爲不知味；言學者無言湯武受命，不爲愚。」遂罷。是後學者莫敢明受命放殺者。（卷一百二十一）

黃生主張君臣上下應正名份，敝冠仍須加於首，新履則必關於足，故湯武革命爲弒君之行；轅固生則堅持湯武受天命爲王之立場，並以劉邦代秦即位，反將黃生一軍。轅、黃的這段爭論使得景帝很尷尬，雖然沒有結論，然由〈太史公自序〉中，史公指出滅國亡身的原因，在於失仁義之道，可推測司馬遷是持肯定革命的立場。

子長本此理念，肯定陳勝、項羽反秦之役。〈太史公自序〉提示作〈陳涉世家〉之旨：

> 桀、紂失其道而湯、武作，周失其道而《春秋》作。秦失其政，而陳涉發跡，諸侯作難，風起雲蒸，卒亡秦族。

而〈項羽本紀〉贊曰：

> 羽非有尺寸乘埶，起隴畝之中，三年，遂將五諸侯滅秦，分裂天下，而封王侯，政由羽出，號爲「霸王」，位雖不終，近古以來未嘗有也。（卷七）

司馬遷極度讚賞抗秦暴政的革命中，首先起義之陳涉，以及徹底滅秦的大英雄項羽。他甚至將陳涉發難的象徵意義，提升到與《春秋》同等崇高之地位。

董仲舒慣借秦喻漢，故公羊學中充滿著尚德與抗暴的革命精神，司馬遷受其

深刻的影響，因而形成《史記》以尚德爲核心內容的王道觀。他在「太史公曰」裡亦往往採王道德治標準批判歷史，歌頌堯、舜、文帝等聖君仁政，譏刺苦民的暴君酷吏。

（2）一王之法

《公羊傳》主張孔子作《春秋》有雙重目的：一是撥亂反正，以王道文化傳統去貶損、匡正現實政治；二是爲後代聖王建立一家制度〔註94〕。其中，爲後王主法之說則是董仲舒《公羊》學的核心與靈魂，漢武尊之，對漢代社會產生了巨大影響。

《史記》「太史公曰」述及一王之法處，如〈儒林列傳〉序：

> 仲尼干七十餘君無所遇，曰：「苟有用我者，期月而已矣。」西狩獲麟，曰：「吾道窮矣。」故因史記作《春秋》，以當王法，其辭微而指博，後世學者多錄焉。（卷一百二十一）

又如〈太史公自序〉：

> 壺遂曰：「孔子之時，上無明君，下不得任用，故作春秋，垂空文以斷禮義，當一王之法。

由兩序可知，司馬遷認同《公羊》學所主張，孔子作《春秋》有「以當王法」的目的，

（3）三統論

三統說在《公羊傳》中並無明文，而是《公羊》學家歸納後所提出的一種理論。三統說的主要核心理論，認爲《春秋》應天作新王之事，時正黑統，王魯尚黑，絀夏、新周、故宋。〔註95〕

「太史公曰」裡有關三統論者，如〈高祖本紀〉贊：

> 太史公曰：夏之政忠。忠之敝，小人以野，故殷人承之以敬。敬之敝，小人以鬼，故周人承之以文。文之敝，小人以僿，故救僿莫若以忠。三王之道若循環，終而復始。周秦之閒，可謂文敝矣。秦政不改，反酷刑法，豈不繆乎？故漢興，承敝易變，使人不倦，得天統矣。朝以十月。車服黃屋左纛。葬長陵。（卷八）

司馬遷掌握了《公羊》學的精髓，完全接受帝王承敝通變應天改制的思想，故力主漢家應爲土德制度，並對此起了關鍵性作用。〈張丞相列傳〉贊：

> 太史公曰：張蒼文學律曆，爲漢名相，而絀賈生、公孫臣等言正朔服

〔註94〕參考陳桐生《史記與今古文經學》（西安：陝西人民出版社，1995 年 7 月），頁 41。
〔註95〕蒲衛忠〈《公羊》三統說與董仲舒〉，《春秋三傳綜合研究》（臺北：文津，1995 年 4 月），頁 113。

色事而不遵，明用秦之顓頊曆，何哉？（卷九十六）

漢家建國迄武帝太初改曆期間，曾爲漢得水德或土德而舉棋不定，司馬遷在此贊便表明不解張蒼爲何提倡水德制度？最後，「黃龍見成紀〔註96〕」，張丞相眼見自己的謬誤敗露，只好自行引退，謝病稱老。

（4）大一統

《春秋·隱公元年》曰：

> 元年，春，王正月。

《公羊傳》云：

> 何言乎王正月？大一統也。〔註97〕

《公羊》學派致力於闡揚《春秋》的一統思想，故《春秋公羊傳》開章明義便提出大一統的思想，而此正是《公羊》學的思想核心。

所謂「大一統」，即「欲天下之一乎周也〔註98〕」，大一統即須遵循禮與尊王。子長對《公羊春秋》的一統大義有深入領會，《史記》裡多方表現。「太史公曰」中顯露「遵循禮」一點者，如〈宋微子世家〉贊：

> 襄公既敗於泓，而君子或以爲多，傷中國闕禮義，襃之也，宋襄之有
> 禮讓也。（卷三十八）

〈宋微子世家〉內容採《左傳》，然「太史公曰」則是站在《公羊》學的角度作評判。《史記》傳文與「太史公曰」分採古文和今文之說，這種情況極爲少見。此贊表述了子長讚賞宋襄公崇讓循禮的精神。

《公羊》學提倡大一統，在完成大一統的國度裡，天子的地位至高無上，〈太史公自序〉則經常突出「尊王」主題，無論尊周天子或尊漢室，如：

> 依之違之，周公綏之；憤發文德，天下和之；輔翼成王，諸侯宗周。隱
> 桓之際，是獨何哉？三桓爭彊，魯乃不昌。嘉旦金縢，作〈周公世家〉第三。
>
> 武王克紂，天下未協而崩。成王既幼，管蔡疑之，淮夷叛之，於是召公
> 率德，安集王室，以寧東土。燕之禪，乃成禍亂。嘉〈甘棠〉之詩，作〈燕
> 世家〉第四。
>
> 嘉句踐夷蠻能修其德，滅彊吳以尊周室，作〈越王句踐世家〉第十一。
>
> 天下未集，賈、澤以族，爲漢藩輔。作〈荊燕世家〉第二十一。

〔註96〕百衲本《史記·孝文本紀》，頁159。
〔註97〕十三經注疏整理本《春秋公羊傳注疏》（台北：五南出版社，2001年10月），頁6；頁11。以下所引《公羊》原文皆出自此版本。
〔註98〕同註97，〈文公十三年〉，頁352。

呂氏之事，平爲本謀，終安宗廟，定社稷。作〈陳丞相世家〉第二十六。

諸呂爲從，謀弱京師，而勃反經合於權；吳楚之兵，亞夫駐於昌邑，以

戹齊趙，而出委以梁，作〈絳侯世家〉第二十七。〔註99〕

這些即是司馬遷所謂的「忠信行道，以奉主上」之含義，凡扶助王室的忠心行爲，子長必定不遺餘力的予以表彰，其中對尊周者往往突出一「嘉」字。而由上述，亦可覘子長於世家體例，最集中體現王者一統的思想，此與《公羊》學反覆強調尊王的觀點是一致的。

以上是「太史公曰」中，透露出子長繼承了董仲舒《公羊》學派，肯定革命、一王之法、三統論以及大一統等觀點，尤其〈太史公自序〉裡，庶幾是語必稱《公羊》，足見董仲舒與司馬遷思想之緊密聯繫。

結　語

司馬遷於「太史公曰」中所體現之儒家思想，主要在對歷史人物、事件的褒貶評價上，往往以孔子言論爲價值取向的主要標準。史公批評當代政治，師法《春秋》暗寓褒貶的史法；並以六藝作爲考證史料和著史的原則，《史記》中更確立了孔子在中國文化上的崇高地位。《史記》「太史公曰」裡，經常以孔子之言爲論斷，又引《詩》稱《書》效《春秋》，使得贊文具有「句皆韶夏，言盡琳琅」之特色。

司馬遷學術視野廣闊，兼納儒學與《公羊》學說之長，並有所摒棄與創新。「太史公曰」裡，顯露出子長繼承了董仲舒《公羊》學派的種種觀念。子長以如此恢弘氣度，吸收各家之長，並且融會貫通，實後世史家難以企及。

孔子的儒學，深刻的浸透到《史記》「太史公曰」的字裡行間，吾人可以說《論語》之於孔子，如同「太史公曰」之於司馬遷；《論語》爲弟子記錄孔子言行之書，「太史公曰」則爲司馬遷自述其觀點之專欄。司馬遷之成就，如同遷所自我期許，堪稱爲孔子之傳人。

〔註99〕〈太史公自序〉全篇爲論傳性質，屬廣義之「太史公曰」。

第六章　《史記》「太史公曰」之藝術表現

　　前面兩章專論《史記》「太史公曰」中，所體現司馬遷之學術思想，亦即義法之「義」；本章則探討「太史公曰」文章中，在形式技巧上所展現之藝術表現，亦即義法之「法」。

　　關於《史記》的藝術表現，李長之剖析云：

　　　　《史記》一部書，就整個看，有它整個的結構；就每一篇看，有它每一篇的結構。這像一個宮殿一樣，整個是堂皇的設計，而每一個殿堂也都是匠心的經營。〔註1〕

　　李氏將《史記》比喻爲一座宮殿，從裡到外，每片屋瓦，每根圓柱咸蘊藏著司馬遷的匠心獨運。而俞樟華則揭示《史記》的藝術成就主要在二方面：其一爲中國敘事文學的偉大里程碑，其次則是創立許多敘事手法〔註2〕。這些都道出了《史記》文章章法縝密、手法巧妙之佳處，而「太史公曰」正是這座富麗堂皇的宮室中，別出心裁的一座殿堂。

　　「太史公曰」雖包含於各篇之中，因其結構完整，亦可以視爲獨立文章。而「太史公曰」篇幅最長者有一千二百字，最短者僅三十六字之數，然無論在組織結構、意境甚或氣勢方面，都經過司馬遷精心之設計，故有卓卓錚錚之表現。

　　李景星所著《史記評議》、吳闓生《桐城吳氏古文法》以及金聖嘆評點《才子古文》等書中，對《史記》論贊皆有獨到之評述。而由前賢之種種分析，筆者發現到司馬遷作「太史公曰」，亦遵循著一定的美學法則來發揮。

　　歸納「太史公曰」之藝術表現，大致上有幾種特質：其一是長於轉折，工於頓

〔註1〕李長之《司馬遷之人格與風格》（臺北：里仁，1999年4月），頁289。
〔註2〕俞樟華《史記藝術論》（北京：華文出版社，2002年1月），頁76。

挫；其次爲文外曲致，韻味無窮；最後則是尺幅之文蘊蓄著千里之氣勢。以下就此三點分節討論之，期使能對「太史公曰」之藝術表現有明晰之領會。

第一節　長於轉折，工於頓挫

《史記》「太史公曰」最顯明之藝術表現即在於轉折、頓挫，劉師培嘗云：

　　《史記》、《漢書》之所以高出後代史官者，亦在善於轉折。〔註3〕

劉氏讚嘆《史記》饒富「轉折」之筆法與特色，後代史家實難望其肩項。黃永武先生曾言：「詩心文心，無不以曲折爲本色。〔註4〕」說明無論詩文，「轉折」恆爲優秀作品之重要組成條件。所謂「轉折」，有時像是故意截斷文意，又似前後矛盾，爲文者不欲文意平直而下，則必須製造「轉折」，架設層次，始能有豐富之意旨呈現。

清代方東樹嘗云：

　　頓挫者，橫斷不即下，欲說又不直說，所謂「盤馬彎刀惜不發」。〔註5〕

此語正足以詮釋本節所謂的「頓挫」：蓋「頓」者，指的是突然停下之意；「挫」即爲「折」，爲文者，往往在氣盛之處，下一挫語，以摧殘其氣而收斂之〔註6〕。文章若無「頓挫」，一意到底，則全篇平淡無奇；反之則能增添波瀾氣勢。

由上述可知，頓挫與轉折愈能助於凸顯文章重點。方東樹謂：「凡短章最要層次多，每一二句即當一大段。〔註7〕」「太史公曰」大部分篇幅短小，加上篇旨不惟一端，更需要善用頓挫與轉折之技巧，才能將論點發揮得淋漓盡致。

一篇「太史公曰」之中，往往幾經轉折，而產生二至四處不等之折數，子長爲文手法之精妙絕倫，闡析於下：

（一）一贊雙折

一篇「太史公曰」裡，有兩處轉折者，如〈曹相國世家〉贊：

　　太史公曰：曹相國參攻城野戰之功，所以能多若此者，以與淮陰侯俱。

　　及信已滅，而列侯成功，唯獨參擅其名。參爲漢相國，清靜極言合道。然

　　百姓離秦之酷後，參與休息無爲，故天下俱稱其美矣〔註8〕。

〔註3〕劉師培《劉師培中古文學論集》（北京：中國社會科學出版社，1997年6月），頁120。

〔註4〕黃永武《中國詩學·設計篇》（臺北：巨流圖書出版社，1976年6月），頁78。

〔註5〕清·方東樹《昭昧詹言》（臺北：漢京，1985年9月），頁533。

〔註6〕參考陶鼎尼《古文筆法探微》（臺南：文杉，1990年5月再版），頁27。

〔註7〕同註5，頁239。

〔註8〕百衲本《史記》卷五十四，臺北：台灣商務，1988年1月。本文所引《史記》原文

　　李景星剖析此贊道：「分將相兩半寫，抑揚轉折，風神獨遠。〔註9〕」觀贊文，第一句迄「唯獨參擅其名」，寫參從軍時之戰功，然語中暗貶其勳業實居韓信之後；後半寫曹參以黃老之道，接蕭何爲相之政績，所謂「蕭規曹隨」，天下稱美。贊語分寫曹參前後半生，適呼應參由將轉相之仕途轉折歷程。

　　〈吳王濞列傳〉贊：

　　　　太史公曰：吳王之王，由父省也。能薄賦斂，使其眾，以擅山海利。逆亂之萌，自其子興。爭技發難，卒亡其本；親越謀宗，竟以夷隕。鼂錯爲國遠慮，禍反近身。袁盎權說，初寵後辱。故古者諸侯地不過百里，山海不以封。「毋親夷狄，以疏其屬」，蓋謂吳邪？「毋爲權首，反受其咎」，豈盎、錯邪？（卷一百六）

首句迄「竟以夷隕」爲前段，寫吳王起國至卒始末，因封地沃饒而萌生叛意，此其勢也。此段跳接「毋親夷狄，以疏其屬」一語，用以印證吳王之失；後半筆意一折，轉寫盎、錯之事，悲鼂錯之忠而被讒受禍，恨袁盎之巧佞權說。文末「毋爲權首，反受其咎」一語，適爲鼂錯、袁盎兩人作結。此贊雖以兩折敘兩事，然句法變幻錯綜，筆意回翔縝密。

　　〈汲鄭列傳〉贊：

　　　　太史公曰：夫以汲、鄭之賢，有勢則賓客十倍，無勢則否，況眾人乎！下邽翟公有言，始翟公爲廷尉，賓客闐門；及廢，門外可設雀羅。翟公復爲廷尉，賓客欲往，翟公乃人署其門曰：「一死一生，乃知交情。一貧一富，乃知交態。一貴一賤，交情乃見。」汲、鄭亦云，悲夫！（卷一百二十）

此贊前四句言汲、鄭兩人在仕途升沉中，所遭遇趨炎附勢與過河拆橋之世情；自「下邽翟公」起，筆鋒忽然下轉，改敘翟公在廷尉之職一上一下，賓客一進一出之現實，庶幾成爲翟公小傳，筆法甚爲疏奇。

　　由以上觀之，子長將「太史公曰」分兩半議論的情形，或寫一人一生前後不同經歷，如曹參；或前後段分議不同人、事，如〈吳王濞列傳〉贊；甚或兩折看似無關，實則同歸一旨，如〈汲鄭列傳〉贊，俱見子長之巧思。

（二）贊排三層

　　司馬遷於一篇「太史公曰」之中，寄寓三層意旨者，如〈梁孝王世家〉贊：

　　　　太史公曰：梁孝王雖以親愛之故，王膏腴之地。然會漢家隆盛，百姓

皆出自此版本。
〔註9〕李景星《史記評議》（吉林：東北師範大學出版社，1986年4月），頁59。

殷富，故能植其財貨，廣宮室，車服擬於天子。然亦僭矣。（卷五十八）

李景星評此贊云：「以短勝，凡三轉，筆峭而調古。〔註10〕」因贊文相當簡潔，凡四十三字，卻有三層轉折。首兩句點出梁孝王受竇太后與景帝之溺愛，即韓非子所謂的「慈母有敗子〔註11〕」之意；中間轉敘其財貨、宮室、車服咸比擬天子之驕縱，而贊末結以「僭」字，爲古今天下女主與驕子明鑑。

同樣連排三層之「太史公曰」，還如〈樗里子甘茂列傳〉贊：

太史公曰：樗里子以骨肉重，固其理，而秦人稱其智，故頗采焉。甘茂起下蔡閭閻，顯名諸侯，重彊齊楚。甘羅年少，然出一奇計，聲稱後世。雖非篤行之君子，然亦戰國之策士也。方秦之彊時，天下尤趨謀詐哉！（卷七十一）

金聖歎論此贊曰：

嘆秦時尤趨謀詐，只一『尤』字，便是罵盡天下盡趨謀詐也。〔註12〕

金氏一語，道盡史公痛惡戰國狡詐策士之情。「樗里子」起頭四句爲第一層，簡述樗里子爲皇親亦兼備智謀；中間分敘甘茂、甘羅祖孫兩代，爲出色之戰國策士因而顯名後世；最終以「謀詐」一筆總收，指斥戰國時代，天下盡趨謀詐之風不足取。

又如〈張耳陳餘列傳〉贊：

太史公曰：張耳、陳餘，世傳所稱賢者；其賓客廝役，莫非天下俊桀，所居國無不取卿相者。然張耳、陳餘始居約時，相然信以死，豈顧問哉！及據國爭權，卒相滅亡，何鄉者相慕用之誠，後相倍之戾也！豈非以勢利交哉？名譽雖高，賓客雖盛，所由殆與大伯、延陵季子異矣。（卷八十九）

李景星解析此贊云：「贊語凡三轉，明白舒暢，而頓挫自古。〔註13〕」蓋自贊首「張耳、陳餘」起，迄「豈顧問哉」，稱張、陳兩位俱有賢名，又是一對交情匪淺之密友；至「及據國爭權」一轉，譏張、陳兩人「以勢利交」，因「利」致使宣稱固若金湯的友情產生裂隙；贊末又轉出一折，請出「世傳所稱賢者」——有讓國之美德的吳太伯與季札作對照，張、陳爲「利」反目成仇之陋行相形見絀。史公譏刺這種「以勢利交」者，經不起現實的考驗；以古諷今，筆力窮妙極巧。

以上爲「太史公曰」文中，呈現三轉三折之例，其焦點咸集中於贊末：如〈梁

〔註10〕同註9，頁63。

〔註11〕《韓非子・顯學》（臺北：漢京，1984年5月），頁1097。

〔註12〕清・金聖歎著，張國光點校《金聖歎批才子古文》（武漢：湖北人民出版社，1995年10月4刷），頁262。

〔註13〕同註9，頁92。

孝王世家〉贊以「僭」結，〈樗里子甘茂列傳〉贊以「謀詐」收，〈張耳陳餘列傳〉贊譏兩人之爭權攘利，迥異於吳太伯與季札「讓」之懿德。

（三）四折抑揚

篇幅簡煉的「太史公曰」，在子長的恣筆揮灑下，甚至能析出四層意旨，如〈伍子胥列傳〉贊：

> 太史公曰：怨毒之於人甚矣哉！王者尚不能行之於臣下，況同列乎！向令伍子胥從奢俱死，何異螻蟻？棄小義，雪大恥，名垂於後世，悲夫！方子胥窘於江上，道乞食，志豈嘗須臾忘郢邪？故隱忍就功名，非烈丈夫孰能致此哉？白公如不自立爲君者，其功謀亦不可勝道者哉！（卷六十六）

李景星總結此贊之藝術表現道：「全以跌頓見意〔註14〕」。全贊自「怨毒」起三句爲第一層意境，嘆服「怨」能對人激起如此強烈之作用；「向令……，悲夫！」進一層讚賞子胥棄小義不輕死，而終能報父兄被殺的分天之仇；「方子胥……」迄「非烈丈夫孰能致此哉」一段，闡述了司馬遷「發憤說」之精義，敘述著伍子胥與司馬遷隱忍待發之心路歷程，其中「隱忍就功名」一語，正是《史記》全書之精神所在；贊末剖析白公不能忍，故無法成就大業，此又另出一意作結，全贊共析得四折。

〈屈原賈生列傳〉首創將不同時代之人物合傳，具歷史比較法之雛形，而其贊云：

> 太史公曰：余讀〈離騷〉、〈天問〉、〈招魂〉、〈哀郢〉，悲其志。適長沙，未嘗不垂涕，想見其爲人。及見賈生弔之，又怪屈原以彼其材，游諸侯，何國不容，而自令若是。讀〈服鳥賦〉，同死生，輕去就，又爽然自失矣。（卷八十四）

吳闓生分析此贊道：「層折清晰，最易玩味。〔註15〕」李景星則云：

> 贊語凡四轉，全以騷賦聯合屈、賈，沈挫中有流逸之致。〔註16〕

兩人均指出此傳之「太史公曰」，具有豐富轉折頓挫之特色。贊首「余讀離騷……，悲其志。」是馬遷旅行前之閱讀心得，他深深爲靈均之文章傾倒；「適長沙，……，想見其爲人。」則是馬遷親臨憑弔，痛悼屈原「信而見疑，忠而被謗」的遭遇，所發感傷之語；「及見賈生弔之，……，而自令若是。」論及賈誼之〈弔屈原賦〉，詫其執拗；末段則敘遷讀〈服鳥賦〉，拜服其邈曠，爽然自失的情緒。金聖嘆稱此文：

〔註14〕李景星《史記評議》（吉林：東北師範大學出版社，1986年4月），頁70。
〔註15〕吳闓生《桐城吳氏古文法》（臺北：臺灣中華書局，1980年11月臺3版），頁49。
〔註16〕同註14，頁87。

折折都是幽窅、蕭瑟、挺動、扶疏。〔註17〕

〈屈原賈生列傳〉贊,每折承上啟下,順序遞進;贊文內容前呼後應,金氏已將此贊有豐富之意涵完整概括;〈范睢蔡澤列傳〉:

> 太史公曰:韓子稱:「長袖善舞,多錢善賈。」信哉是言也!范睢、蔡澤世所謂一切辯士,然游說諸侯至白首無所遇者,非計策之拙,所爲說力少也。及二人羈旅入秦,繼踵取卿相,垂功於天下者,固彊弱之勢異也。然士亦有偶合,賢者多如此二子,不得盡意,豈可勝道哉!然二子不困戹,惡能激乎?(卷七十九)

此贊語「用筆一意一轉,愈轉愈深,耐人尋味。〔註18〕」贊文爲先論後敘之結構,引以韓非之語起,兩句一意。其次,「范睢……,所爲說力少也。」說辯士之常態,爲另一層;「及二人……,固彊弱之勢異也。」正面讚譽二子,再發一議;「然士亦有偶合……,豈可勝道哉!」則爲所有不得意之士鳴不平;而末段子長又結以困戹激人,既太息他人,亦感悲己身之禍。

吳闓生認爲:

> 凡短篇文字,專以轉折取勝,由必命意高出尋常,此等文字,最宜效法,可以增溢才思,長拓筆力。〔註19〕

子長在有限的「太史公曰」文字中,每一折承上啟下,衍出另一新意,轉折中不留痕跡。子長以層層轉折來凸顯其論點,此卓絕之筆法正如劉申叔所言,爲《史記》之所以「高出後代史官」之處。爲文者若師法之,則能有極大助益。

外此,「太史公曰」中又有分數折的情形,而實同一意旨之藝術表現技巧,以下論述之。

(四)一意數折

「太史公曰」有時一文數折,然只爲表達同一旨意,試觀〈魏豹彭越列傳〉贊:

> 太史公曰:魏豹、彭越雖故賤,然已席卷千里,南面稱孤,喋血乘勝日有聞矣。懷畔逆之意,及敗,不死而虜囚,身被刑戮,何哉?中材已上且羞其行,況王者乎!彼無異故,智略絕人,獨患無身耳。得攝尺寸之柄,其雲蒸龍變,欲有所會其度,以故幽囚而不辭云。(卷九十)

〔註17〕 清・張國光點校《金聖嘆批才子古文》(武漢:湖北人民出版社,1995年10月4刷),頁275。

〔註18〕 同註14,頁83。

〔註19〕 吳闓生《桐城吳氏古文法》(臺北:臺灣中華書局,1980年11月臺3版),頁48。

李景星評此贊語曰：「凡數折，疏宕不群。〔註20〕」全贊折折主要都在表達「棄小義，雪大恥，名垂於後世」之意旨，亦即前述〈伍子胥列傳〉贊中，史遷所闡揚之「發憤」論。

　　再觀〈東越列傳〉贊：

　　　　太史公曰：越雖蠻夷，其先豈嘗有大功德於民哉？何其久也！歷數代
　　　常爲君王，句踐一稱伯。然餘善至大逆，滅國遷衆，其先苗裔繇王居股等
　　　猶尚封爲萬戶侯，由此知越世世爲公侯矣。蓋禹之餘烈也。（卷一百十四）

贊語自始至終，總敘「禹之餘烈」一意。前三句爲假設問句，而由東越之歷史推繹之，原來是得到大禹治水巨勛之庇蔭。故李景星於《史記評議》裡稱此贊：「一意轉折，前虛後實，亦說得娓娓有致。〔註21〕」李氏美其文勢曲折，而其意相連。

　　〈張儀列傳〉贊：

　　　　太史公曰：三晉多權變之士，夫言從衡彊秦者大抵皆三晉之人也。夫
　　　張儀之行事甚於蘇秦，然世惡蘇秦者，以其先死，而儀振暴其短以扶其說，
　　　成其衡道。要之，此兩人眞傾危之士哉！（卷七十）

起首概論「三晉多權變之士」；次敘張儀之狠毒甚於蘇秦；然最終二者仍爲傾國危城的一丘之貉。贊語，李景星評曰：「以層疊勝，感嘆深長。〔註22〕」文中敘述層層疊疊，主線爲貶抑蘇秦與張儀兩位權變之士。以上諸贊咸爲幾段文字關注一意之例。

　　而《史記》「太史公曰」裡，最特別之贊莫如〈五帝本紀〉贊：

　　　　太史公曰：學者多稱五帝，尚矣。然《尚書》獨載堯以來；而百家言
　　　黃帝，其文不雅馴，薦紳先生難言之。孔子所傳宰予問〈五帝德〉及〈帝
　　　繫姓〉，儒者或不傳。余嘗西至空桐，北過涿鹿，東漸於海，南浮江淮矣，
　　　至長老皆各往往稱黃帝、堯、舜之處，風教固殊焉，總之不離古文者近是。
　　　予觀《春秋》、《國語》，其發明〈五帝德〉、〈帝繫姓〉章矣，顧弟弗深考，
　　　其所表見皆不虛。書缺有閒矣，其軼乃時時見於他說。非好學深思，心知
　　　其意，固難爲淺見寡聞道也。余并論次，擇其言尤雅者，故著爲本紀書首。
　　　（卷一）

〈五帝本紀〉贊爲《史記》第一篇論贊，意義重大。全贊嚴整愼重，意多文簡，包含整部《史記》之要領，覘得史公極爲用意，爲《史記》「太史公曰」之出格文字，

─────────────────

〔註20〕李景星《史記評議》（吉林：東北師範大學出版社，1986年4月），頁93。

〔註21〕同註20，頁121。

〔註22〕同註20，頁74。

臻轉折頓挫之極致，牛運震解析〈五帝本紀〉贊之藝術表現時，讚嘆道：

> 妙在意多而文簡，尤妙在意屬而文斷，用筆靈活處，往往意到而筆不到，詞了而意不了，敘中夾斷，承中帶轉，正有吞吐離合，若斷若續之妙。〔註23〕

〈五帝本紀〉贊綜括多種意涵：自「學者多稱五帝」迄「儒者或不傳」，敘本篇取材；「余嘗……」迄「總之不離古文」，述其一生遊蹤範圍；最後則是明作本篇之旨。牛氏稱道如此豐富之意涵，司馬遷卻能精簡摘要，每段「敘中夾斷，承中帶轉」，產生「若斷若續」之宛妙。

金聖嘆亦推崇云：

> 史贊之首，最古勁，最簡質，而意義最多，頓挫最大。讀之，生出通身筆力。〔註24〕

金氏盛譽〈五帝本紀〉贊，為《史記》論贊之首，因其文章通篇古勁，語言簡潔質樸；文意轉折頓挫，蘊含旨趣甚夥，故徐與喬稱揚此贊：「尤推絕調〔註25〕」。有如此之義法，不僅為《史記》第一贊，堪稱二十五史論贊之冠冕。

一般人往往苦於短篇中展現層波疊瀾的轉折技巧，而子長於「太史公曰」如此簡潔之短文裡，乃可有數折之頓挫，非學識才力過人不能為之。是以，方東樹認為就頓挫而言：「惟太史公文及杜詩最得此法。〔註26〕」司馬遷善於營造文章波折，由「太史公曰」這類篇幅短小之文字更見其功力。轉折不僅使「太史公曰」文章層次綿密，條理井然，密度亦因此增大；「太史公曰」中之頓挫亦能使文氣抑揚有致，這些都展現了子長流轉圓活之創作手法。

第二節　文外曲致，韻味無窮

立文之道，以佈局謀篇為首要之功夫，故本節將探究「太史公曰」文章中，司馬遷苦心孤詣所設計之「文外曲致」。標題所謂「韻味」，係針對形式與內容兩部分而言。形式上，討論的是贊文用韻的情形；內容部分，則指「太史公曰」所寓含的

〔註23〕牛運震《史記評注》卷一，引自楊燕起等編《歷代名家評史記》（北京：北京師範大學，1986年3月），頁324。

〔註24〕清‧金聖嘆著，張國光點校《金聖嘆批才子古文》（武漢：湖北人民出版社，1995年10月4刷），頁221。

〔註25〕徐與喬，《經史辨體》史部〈五帝本紀〉，引自楊燕起等編《歷代名家評史記》（北京：北京師範大學，1986年3月），頁322。

〔註26〕清‧方東樹《昭昧詹言》（臺北：漢京，1985年9月），頁533。

弦外之音。

（一）贊文用韻

司馬遷以流暢的散文體修纂《史記》，而其中有幾篇較特別之「太史公曰」，則有用韻的情形出現，汪師韓分析道：

> 《史記》贊往往有用韻者，若〈南越尉佗傳〉、〈循吏〉兩贊，人共知之；又若〈魏其武安侯列傳〉贊，其用亦顯然者，前以變、遜、亂爲韻，中以權、賢、延爲韻，後以哉、來爲韻。〔註27〕

汪氏指出《史記》裡，〈南越列傳〉、〈循吏列傳〉、〈魏其武安侯列傳〉等篇之「太史公曰」爲韻文，而前兩篇較爲人所熟知。筆者發現，除汪氏所舉三篇，尚有〈朝鮮列傳〉贊亦用韻，以下逐篇論述之：

〈循吏列傳〉贊：

> 太史公曰：孫叔敖出一言，郢市復。子產病死，鄭民號哭。公儀子見好布而家婦逐。石奢縱父而死，楚昭名立。李離過殺而伏劍，晉文以正國法。（卷一百一十九）

李景星評之曰：「贊語用韻，參差奇崛，語語入妙〔註28〕」，提示了此贊有用韻之現象。〈循吏列傳〉贊簡述全傳要點，重敘孫叔敖、子產、公儀休、石奢、李離等人之賢：孫叔敖與子產仁厚愛民，政寬人和；公儀休、石奢、李離咸清廉守法，以身殉法維護君主與綱紀。而贊文中之第二、四、五句句末之「復」、「哭」、「逐」等字爲韻腳，有助誦讀，並爲論贊增添韻律美。故金聖嘆讚賞道：「贊循吏婉藹，便作婉藹之筆，其手腕中，直是無所不有。〔註29〕」蓋子長以婉藹之韻語，助顯循吏冰壺玉尺之道德風範。

〈魏其武安侯列傳〉贊：

> 太史公曰：魏其、武安皆以外戚重，灌夫用一時決筴而名顯。魏其之舉以吳楚，武安之貴在日月之際。然魏其誠不知時變，灌夫無術而不遜，兩人相翼，乃成禍亂。武安負貴而好權，杯酒責望，陷彼兩賢。嗚呼哀哉！遷怒及人，命亦不延。眾庶不載，竟被惡言。嗚呼哀哉！禍所從來矣！（卷一百七）

〔註27〕汪師韓《詩學纂聞》，引自瀧川資言《史記會注考證》（臺北：宏業，1987 年 8 月），頁 1372。

〔註28〕李景星《史記評議》（吉林：東北師範大學出版社，1986 年 4 月），頁 127。

〔註 29〕清‧金聖嘆著，張國光點校《金聖嘆批才子古文》（武漢：湖北人民出版社，1995 年 10 月 4 刷），頁 569。

此贊若依汪師韓所言：「前以變、遜、亂爲韻，中以權、賢、延爲韻，後以哉、來爲韻。〔註30〕」則可析分爲三部分討論之：贊首迄「乃成禍亂」爲第一部分，概論魏其、武安、灌夫三人出身與過失，韻腳有「顯、變、遜、亂」；中間自「武安負貴」迄「命亦不延」，責田蚡仗勢陷害魏其、灌夫，韻腳在「權、賢、延」；末段則自「眾庶不載」始，破說灌夫速禍之根源，韻腳爲「載、哉、來」。

外此，「太史公曰」更有四字一句，形式整齊之論贊，如〈南越列傳〉贊：

尉佗之王，本由任囂。遭漢初定，列爲諸侯。隆慮離溼疫，佗得以益驕。甌駱相攻，南越動搖。漢兵臨境，嬰齊入朝。其後亡國，徵自樛女；呂嘉小忠，令佗無後。樓船從欲，怠傲失惑；伏波困窮，智慮愈殖，因禍爲福。成敗之轉，譬若糾墨。（卷一百一十三）

李景星於《史記評議》一書中分析此贊云：「贊語用韻，錯綜古峭，語語有奧氣。〔註31〕」揭示了〈南越列傳〉贊亦爲韻文。贊文，簡述老佗建國五世九十三歲之事，步步接緊，極爲神妙。其中，許多句末有押韻現象，即「囂」、「驕」、「搖」、「朝」等。

再觀〈朝鮮列傳〉贊：

右渠負固，國以絕祀。涉何誣功，爲兵發首。樓船將狹，及難離咎。悔失番禺，乃反見疑。荀彘爭勞，與遂皆誅。兩軍俱辱，將率莫侯矣。（卷一百一十五）

〈朝鮮列傳〉贊，前兩句末「固」、「祀」爲韻腳，中間押韻的有「首」和「咎」兩處；再次爲「禺」與「疑」，最後韻腳爲「勞」、「誅」與「辱」。大都是兩句押一韻，換韻之情形較〈南越列傳〉頻繁。

值得注意的是，類此整齊的四字一句贊語形式，特別出現於南越、朝鮮等少數民族傳中，蓋子長發論亦配合傳文對象，以不同之行文風格呈現異國情調，別具一格。

《史記》「太史公曰」中，〈吳王濞列傳〉一篇則爲音節送和之佳作，贊云：

太史公曰：吳王之王，由父省也。能薄賦斂，使其眾，以擅山海利。逆亂之萌，自其子興。爭技發難，卒亡其本；親越謀宗，竟以夷隕。鼌錯爲國遠慮，禍反近身。袁盎權說，初寵後辱。故古者諸侯地不過百里，山海不以封。「毋親夷狄，以疏其屬」，蓋謂吳邪？「毋爲權首，反受其咎」，豈盎、錯邪？（卷一百六）

〔註30〕汪師韓《詩學纂聞》，引自瀧川資言《史記會注考證》（臺北：宏業，1987 年 8 月），頁 1372。

〔註31〕同註28，頁 120。

贊文多大由四字組成，首句迄「自其子興」，韻腳落於「省」、「眾」、「萌」、「興」；文中轉韻，換押「本」、「隕」、「身」等。故李景星讚嘆：「意致橫生，音節亦佳。〔註32〕」蓋以〈吳王濞列傳〉贊之文句連連排比，配合音節，文氣輕快活躍。

以上「太史公曰」用韻之例證，展現「太史公曰」的節奏鏗鏘，自然和諧；吐納之間，發金石之聲，讀來相當順口悅耳。而此形式影響了班固《漢書》之論贊，觀《漢書·蒯伍江息夫傳》贊：

> 《書》放四罪，《詩》歌《青蠅》，春秋以來，禍敗多矣。昔子翬謀桓而魯隱危，欒書搆卻而晉厲弒。豎牛奔仲，叔孫卒；邱伯毀季，昭公逐；費忌納女，楚建走；宰嚭讒胥，夫差喪；李園進妹，春申斃；上官訴屈，懷王執；趙高敗斯，二世縊；伊戾坎盟，宋痤死；江充造蠱，太子殺；息夫作奸，東平誅；皆自小覆大，繇疏陷親，可不懼哉！可不懼哉！〔註33〕

除四字一句的贊語形式，加上層層排比之文句，又亦引《書》稱《詩》，末句重複，簡直是前述幾傳「太史公曰」之翻版。再觀《漢書·匈奴傳》贊：

> 自漢興以至於今，曠世歷年，多於春秋，其與匈奴，有修文而和親之矣，有用武而克伐之矣，有卑下而承事之矣，有威服而臣畜之矣，詘伸異變，強弱相反，是故其詳可得而言也。〔註34〕

這些論贊同樣都師法「太史公曰」，進而發展成為四八或四六字的句形。身為漢代辭賦大家，班固善用排比增加文章氣勢強度，並且對偶整齊，《漢書》裡類似之贊例，尚有〈西域傳〉、〈張湯傳〉、〈魏相丙吉傳〉以及〈佞幸傳〉……等傳，不勝枚舉，可見「太史公曰」啓迪了《漢書》騈儷形式的贊文。

（二）弦外之音

一篇文章若要造成言有盡而意無窮，耐人尋味之意境，最重要的必須寄寓篇外之旨，能使人思繹再三。《文心雕龍·隱秀》言：「隱也者，文外之重旨也。〔註35〕」袁中道亦云：

> 天下之文，莫妙于言有盡而意無窮，其次則能言其意之所欲言。《左傳》、《檀弓》、《史記》之文，一唱三嘆，言外之旨藹如也。〔註36〕

〔註32〕李景星《史記評議》（吉林：東北師範大學出版社，1986 年 4 月），頁 10。

〔註33〕漢·班固《漢書》百衲本，卷四十五（臺北：臺灣商務，1988 年 1 月臺 6 版），頁 597～598。本文所引《漢書》原文皆出自此版本。

〔註34〕同註33，卷九十四下，頁 1163。

〔註35〕劉勰，《文心雕龍》（臺北：三民，1994 年 4 月），頁 614。

〔註36〕明·袁中道〈淡成集序〉《珂雪齋近集》（臺北：偉文圖書，1976 年 9 月），頁 528。

袁氏道出了《史記》文章往往有言外之旨的特點，「太史公曰」中亦常見此手法。子長之所以選擇如此含蓄的表達自己的觀感，主要是爲全身避禍，而造成「不著一字，盡得風流」的餘韻繚繞，亦增添了論贊之意致。

本段將探討司馬遷於「太史公曰」中藉題發揮，表露對當代政治或歷史人物之批判，以及感悲自身所受無妄之災，此一筆法，每每使讀者拍案叫絕。

1. 譏刺政治

眾所周知，司馬遷對漢代政治並不滿意，他於《史記》所表達憤懣褒貶之方式，有據事直書、以美爲諷以及春秋書法等，因此，李長之先生嘗稱司馬遷爲「中國文人中最精於罵人的藝術〔註37〕」者。本段主要探討「太史公曰」文外，究竟蘊藏哪些耐人尋味之韻致，供後世讀者細味者，如〈呂太后本紀〉贊：

> 太史公曰：孝惠皇帝、高后之時，黎民得離戰國之苦，君臣俱欲休息乎無爲，故惠帝垂拱，高后女主稱制，政不出房戶，天下晏然。刑罰罕用，罪人是希。民務稼穡，衣食滋殖。（卷九）

金聖嘆以爲：「言外，便見以前數十年，生靈塗炭。〔註38〕」文中說孝惠皇帝、高后之時，「黎民得離戰國之苦」，由此我們可想見，天下百姓在此之前，包括劉邦在位時的日子，是如何艱辛。又如〈五宗世家〉贊：

> 太史公曰：高祖時諸侯皆賦，得自除內史以下，漢獨爲置丞相，黃金印。諸侯自除御史、廷尉正、博士，擬於天子。自吳楚反後，五宗王世，漢爲置二千石，去「丞相」曰「相」，銀印。諸侯獨得食租稅，奪之權。其後諸侯貧者或乘牛車也。（卷五十九）

李槙評此贊曰：

> 遷卓見本朝封建之弊，未宜斥言，故推本高祖時，下洎五宗五世以後，著其大要，其爲失得，使人領於意言之外，其所慨者遠矣。〔註39〕

漢初，封諸侯王超過古制標準，使諸侯王權重奢淫，甚至僭擬天子或謀反。七國之亂後，朝廷亡羊補牢，削奪諸侯又太過，致使諸侯王無以自奉，史公將封建之弊，贊文前後相較，後人自能領意於言外。

〈平準書〉總敘漢初迄武帝時期之財經形勢與各項政策，書中對漢初七十年採

〔註37〕李長之，《司馬遷之人格與風格》（臺北：里仁，1999 年 4 月），頁 365。

〔註38〕清·金聖嘆著，張國光點校《金聖嘆批才子古文》（武漢：湖北人民出版社，1995年 10 月 4 刷），頁 225。

〔註39〕李槙《晼蘭齋文集》卷一〈讀五宗世家〉，引自楊燕起等編《歷代名家評史記》（北京：北京師範大學，1986 年 3 月），頁 528。

與民休息無爲之政，盛加褒美；對當代之事，則頗多譏刺，明載君臣聚斂之罪，而〈平準書〉此一標題本身即含深刻之諷[註40]。司馬遷於贊僅述古來之事，不提漢事，然對武帝之微辭盡寓其中，〈平準書〉贊：

> 太史公曰：農工商交易之路通，而龜貝金錢刀布之幣興焉。所從來久遠，自高辛氏之前尚矣，靡得而記云。故《書》道唐虞之際，《詩》述殷周之世，安寧則長庠序，先本絀末，以禮義防于利；事變多故而亦反是。是以物盛則衰，時極而轉，一質一文，終始之變也。

贊首敘經濟貿易發展之初，唐虞、殷周之世咸以禮義教化烝民，防止利益薰心，言外直指武帝興利廣欲又與民爭，不僅有失古風，更甚者導民以「利」；贊又云：

> 《禹貢》九州，各因其土地所宜，人民所多少而納職焉。湯武承斃易變，使民不倦，各兢兢所以爲治，而稍陵遲衰微。齊桓公用管仲之謀，通輕重之權，徼山海之業，以朝諸侯，用區區之齊顯成霸名。魏用李克，盡地力，爲彊君。自是以後，天下爭於戰國，貴詐力而賤仁義，先富有而後推讓。故庶人之富者或累巨萬，而貧者或不厭糟糠；有國彊者或并群小以臣諸侯，而弱國或絕祀而滅世。以至於秦，卒并海內。

最仁厚之政莫若大禹時期，依人民之土地饒瘠，而決定納稅之多寡；商湯與周武王亦兢兢業業治民，不令百姓疲困，然已不若禹；齊桓成霸，魏爲彊君，導致天下人摒棄仁義，專事詭詐武力，造成諸侯國間弱肉強食之局勢，最終由深諳權變詐謀之道的秦國統一天下。史公意味著自禹以下，一代不如一代，故可推論武帝之政更甚于酷秦，所寓弦外之音即責怪過度疲耗民力。贊末又曰：

> 虞夏之幣，金爲三品，或黃，或白，或赤；或錢，或布，或刀，或龜貝。及至秦，中一國之幣爲二等，黃金以溢名，爲上幣；銅錢識曰半兩，重如其文，爲下幣。而珠玉、龜貝、銀錫之屬爲器飾寶藏，不爲幣。然各隨時而輕重無常。於是外攘夷狄，內興功業，海內之士力耕不足糧饟，女子紡績不足衣服。古者嘗竭天下之資財以奉其上，猶自以爲不足也。**無異故云，事勢之流，相激使然，曷足怪焉。**（卷三十）

司馬遷在此譏刺漢朝之錢幣政策。漢初，爲振興經濟，鞏固國基，採取減輕錢重之政策，不料造成物價飛漲、通貨膨脹之情況。之後，不得不增加錢幣重量，並改鑄錢以打擊商賈，而從中獲益最多的卻是國庫。事實上，此舉對商人打擊有限，主要受害者爲農、工百姓，他們茹苦含辛所換得之報酬全化爲廢銅。漢武帝賣官爵

〔註40〕參考俞樟華《史記藝術論》（北京：華文出版社，2002年1月），頁100。

和賣復徒法亦造成一連串弊端，文末所描述秦末「海內之士力耕不足糧饟，女子紡績不足衣服」之悲苦情況，事實上即暗擬武帝時期的社會現象。

楊慎針對末四句發表議論云：

> 既曰：「無異」，又曰：「曷足怪焉」，不平之意，見於言外。〔註41〕

楊慎特別指出「無異」與「曷足怪焉」兩句對照，顯示民不聊生之情勢，皆為武帝種種不當政策所造成，此勢之必然，不足為奇，史公言外為天下蒼生抱屈；李景星析論此贊語：

> 從歷代說到秦，更不提漢事，正與篇首「接秦之弊」遙應。其意若曰：
> 「務財用至此極，是乃亡秦之續耳。〔註42〕」

綜觀上述〈平準書〉贊全文，唯敘秦以前事，從不提及漢政，史公以敏妙之筆，寓微辭於武帝，楊、李兩人咸領會司馬遷言外「以秦喻漢」之微意，並明徹史公批評武帝之種種掠奪性的措施，異於秦始皇者無幾，實接續亡秦之弊的弦外之音。

〈平準書〉一文以秦事起始，贊以秦為結，托寓司馬遷之微言大義。史公條分縷晰武帝之失，又譏興利之臣的橫斂，憐天下黎民，發心中之不平；史公並擔心長此以往，終究要蹈秦之覆轍。文中並不直言申斥，然無一事含糊，亦無一端遺漏，譏諷漢室之意皦然。

〈匈奴列傳〉贊：

> 太史公曰：孔氏著《春秋》，隱、桓之間則章，至定哀之際則微，為其切當世之文而罔褒，忌諱之辭也。世俗之言匈奴者，患其徼一時之權，而務諂納其說，以便偏指，不參彼己；將率席中國廣大，氣奮，人主因以決策，是以建功不深。堯雖賢，興事業不成，得禹而九州寧。且欲興聖統，唯在擇任將相哉！唯在擇任將相哉！（卷一百十）

首段即提醒讀者注意《史記》「春秋筆削」的史法，子長引聖賢成太平功業之道，攻訐武帝信讒言，又重用佞人，以及窮兵黷武等罪愆，其中書法既章且微。李景星言：

> 贊語末二句：「唯在擇任將相哉！唯在擇任將相哉！」於責成將相中，
> 隱含不滿武帝之意。立言亦最微妙。〔註43〕

武帝賢不如堯賢，又不能任善士，所用之人咸如衛青、霍去病、公孫弘等竊幸乘寵之輩，李氏所言「隱含不滿武帝之意」，其中所「隱」，即劉勰所謂「文外之重旨」。

〔註41〕楊慎《總纂升庵合集》卷一0三，引自楊燕起等編《歷代名家評史記》（北京：北京師範大學，1986年3月），頁450。
〔註42〕同註32，頁36。
〔註43〕同註32，頁115。

〈大宛列傳〉贊：

> 太史公曰：〈禹本紀〉言：「河出崑崙。崑崙其高二千五百餘里，日月
> 所相避隱爲光明也。其上有醴泉、瑤池。」今自張騫使大夏之後也，窮河
> 源，惡睹本紀所謂崑崙者乎？故言九州山川，《尚書》近之矣。至〈禹本
> 紀〉、《山海經》所有怪物，余不敢言之也。（卷一百二十三）

贊文微露對武帝好大喜功之不滿，並遵從孔氏遺訓，不妄言怪、力、亂、神之事，
李景星進一步分析：

> 贊語，只拈窮河源一事，以辨〈禹本紀〉所指崑崙之疑。而張騫鑿空
> 之非，及武帝好奇之過，隱然自見於言外，意境高絕。〔註44〕

李氏言史公意下，當代君臣病根皆在一「貪」字，然其微旨隱晦，使贊文有高絕之
意境。〈循吏列傳〉贊：

> 太史公曰：孫叔敖出一言，郢市復。子產病死，鄭民號哭。公儀子見
> 好布而家婦逐。石奢縱父而死，楚昭名立。李離過殺而伏劍，晉文以正國
> 法。（卷一百一十九）

自古以來的循吏寥若晨星，而此傳中所列五位循吏均爲周朝末期時人，言外漢臣無
一能與之比匹，史公慨漢世的酷吏政治心長語重。

2. 臧否人物

　　子長閱盡金室石匱之書，掌握了歷史之事件，自然對歷史人物有所臧否。子長
表現於「太史公曰」中，有時以直言貶抑的方式，有時卻以褒爲貶，可謂不居一格，
不囿一法。在此所欲討論的是，子長於「太史公曰」裡，評價歷史人物時所寓弦外
之音，如〈孟嘗君列傳〉：

> 太史公曰：吾嘗過薛，其俗閭里率多暴桀子弟，與鄒、魯殊。問其故，
> 曰：「孟嘗君招致天下任俠，姦人入薛中蓋六萬餘家矣。」世之傳孟嘗君
> 好客自喜，名不虛矣。（卷七十五）

末句「好客自喜」，點出孟嘗君田文招士之舉，只爲自顯其名罷了，王安石〈讀孟嘗
君傳〉一文，續本贊言外之意甚爲精彩：

> 世皆稱孟嘗君能得士，士以故歸之，而卒賴其力以脫於虎豹之秦。嗟
> 乎！孟嘗君特雞鳴狗盜之雄耳，豈足以言得士？不然，擅齊之強，得一士
> 焉，宜可以南面而制秦，尚何取雞鳴狗盜之力哉？夫雞鳴狗盜之出其門，

此士之所以不至也。〔註45〕

王安石直呼孟嘗君爲「雞鳴狗盜之雄」，並點出此即賢士所以不至之由。李景星讀本傳分析道：

> 曰：『暴桀子弟』，曰：『任俠姦人』，而終之以『好客自喜』，則史公不但不滿於孟嘗之客，其不滿孟嘗之意，又明言之矣。〔註46〕

荊公、李氏皆明瞭田文於客無所擇，表面上招得大批門客，實質只爲博取「好客」之名，並沒有救國的高尚動機。〈春申君列傳〉贊：

> 太史公曰：吾適楚，觀春申君故城，宮室盛矣哉！初，春申君之說秦昭王，及出身遣楚太子歸，何其智之明也！後制於李園，旄矣。語曰：「當斷不斷，反受其亂。」春申君失朱英之謂邪？（卷七十八）

《史記評議》云：

> 贊內深咎其不用朱英，蓋史公以好客立論，其不滿春申君之意，乃於言外見之矣。嗚呼！此史公之文，所以不同於後世史家之文也。

李氏指出此贊言外有不滿春申君不辨是非，不能擇賢之意，這種旁敲側擊的手法，發出絕妙的弦外之音，正是後世史家之文不及《史記》處。楊慎亦云：

> 言在濁世爲佳公子，清世則否矣，褒貶在言外，所以稱爲雄深。〔註47〕

〈魏公子列傳〉贊：

> 太史公曰：吾過大梁之墟，求問其所謂夷門。夷門者，城之東門也。天下諸公子亦有喜士者矣，然信陵君之接巖穴隱者，不恥下交，有以也。名冠諸侯，不虛耳。高祖每過之而令民奉祠不絕也。（卷七十七）

子長作魏無忌傳之標題，既不採用官職爵位，亦非以字或名號，更別於孟嘗君、春申君及平原君這三位之稱，別具一格題爲〈魏公子列傳〉，凸顯對胸中得意之人的敬愛。

王錫周指出〈魏公子列傳〉贊之佳處，云：

> 許多驚天動地事蹟，獨捻出「夷門」兩字，妙筆！妙絕。〔註48〕

王氏讚佩史公以其獨到的眼光，用「夷門」來襯托信陵君之禮賢下士；李景星更進一步領會「太史公曰」的深層含意：

> 贊語，從憑弔著筆，冷妙之極。「天下諸公子亦有喜士者矣。」隱然

〔註45〕宋·王安石《王安石全集》卷四十六（臺北：河洛圖書，1974年10月），頁165。
〔註46〕同註32，頁79。
〔註47〕楊慎《史記題評》卷七六，引自楊燕起等編《歷代名家評史記》（北京：北京師範大學，1986年3月），頁595。
〔註48〕清·王符曾輯評《古文小品咀華》（北京：書目文獻出版社，1993年2月第二次印刷），頁99。

貶過孟嘗等三人。〔註49〕

　因為戰國四公子，唯有信陵君真正具有公子風度，招賢為國，不失公子之親。贊文以對魏公子極盡親慕之語，連漢代帝王劉邦都如此重視，以上種種優點皆為其他三位公子所無，言外實一網貶盡這三位「翩翩濁世之佳公子」。

　〈樊酈滕灌列傳〉贊：

　　太史公曰：吾適豐沛，問其遺老，觀故蕭、曹、樊噲、滕公之家，及其素，異哉所聞！方其鼓刀屠狗賣繒之時，豈自知附驥之尾，垂名漢廷，德流子孫哉？（卷九十五）

李景星與吳見思評本贊同聲皆云：「曲折縹緲，意在言外。〔註50〕」兩人所云言外之意，蓋諷指漢初重臣，其實是以劉邦為首之無賴集團，並沒有文化素養，能成就統一大業，全是僥倖得天命，而天意就是如此不可預測。

　〈傅靳蒯成列傳〉贊：

　　蒯成侯周緤操心堅正，身不見疑，上欲有所之，未嘗不垂涕，此有傷心者然，可謂篤厚君子矣。（卷九十八）

李景星評議道：

　　贊語曰：「身不見疑」，曰：「此有傷心者」，又隱隱為韓信、彭越、黥布等作一反射，見漢高固是寡恩。彼韓信等，亦不如傅靳等之善處也。鳴呼！此太史公之微意也。

史公贊外之微意，蓋嘆惜韓信、彭越、黥布等不能如傅靳等，面諛阿順善於自處，忠賢良臣的下場竟是受構陷蒙冤而亡。

　〈留侯世家〉贊：

　　太史公曰：學者多言無鬼神，然言有物。至如留侯所見老父予書，亦可怪矣。高祖離困者數矣，而留侯常有功力焉，豈可謂非天乎？上曰：「夫運籌筴帷帳之中，決勝千里外，吾不如子房。」余以為其人計魁梧奇偉，至見其圖，狀貌如婦人好女。蓋孔子曰：「以貌取人，失之子羽。」留侯亦云。（卷五十五）

金聖歎認為此贊言外之意：「總是不能定留侯人物。〔註51〕」吳闓生推敲史公之意云：

　　留侯佐漢，亦曠世才，而史公獨藐視之者，以其婉孌取媚呂后，以為

〔註49〕同註32，頁81。

〔註50〕同註32，頁98；吳見思《史記論文》（臺北：中華書局，1987年10月臺二版），頁517。

〔註51〕同註29，頁250。

全身之計，無激昂慷慨之大節也。〔註52〕

子房功力能運籌帷帳之中，決勝千里外，史公自言見其遺像恍然大驚，原來子房狀貌奇弱，言下之意蓋詆訶其無激昂慷慨之大節，而相由心生。

張遂於〈程伊川論班馬〉文中曾道：

程伊川云：子長著作，微情妙旨，寄之文字蹊徑之外。……讀子長文，

必越浮言者，始得其意；超文字者，乃解其宗。〔註53〕

由此可證，欲解得子長作品中「寄之文字蹊徑之外」的「微情妙旨」，必超越表面文字上的閱讀，始能體會之。

3. 自家牢騷

司馬遷因李陵案被處以宮刑，對此橫禍不能無怨，也使他對人生有另一境界的思考。而於「太史公曰」裡往往藉題發揮，抒發胸臆之憤，以寄其感激憤懣。子長有時對事件並不作正面議論，或以率直敘事，紆迴吞吐之法，營造「事外曲致」之境，形成一類悲哭笑歌。

〈田叔列傳〉贊：

太史公曰：孔子稱曰「居是國必聞其政」，田叔之謂乎！義不忘賢，

明主之美以救過。仁與余善，余故并論之。（卷一百四）

《史記評議》稱贊語，「所謂滿腹牢騷，盡在不言中。〔註54〕」李景星所言史公之牢騷，應指田叔積極參與政治決策，從不唯唯否否，能匡正主上過錯，又不令主失顏面。田叔高明的手法正爲史遷所不及，隱約自艾爲李陵仗義執言而遭受刑罰。再觀〈屈原賈生列傳〉贊：

余讀〈離騷〉、〈天問〉、〈招魂〉、〈哀郢〉，悲其志。適長沙，觀屈原

所自沈淵，未嘗不垂涕，想見其爲人。及見賈生弔之，又怪屈原以彼其材，

游諸侯，何國不容，而自令若是。讀〈服鳥賦〉，同死生，輕去就，又爽

然自失矣。（卷八十四）

以及〈扁鵲倉公列傳〉贊：

女無美惡，居宮見妒；士無賢不肖，入朝見疑。故扁鵲以其伎見殃，

倉公乃匿迹自隱而當刑。緹縈通尺牘，父得以後寧。故老子曰：「美好者

不祥之器」，豈謂扁鵲等邪？若倉公者，可謂近之矣。（卷一百五）

李景星評前贊云：「豈獨屈、賈兩人合傳，直作屈、賈、司馬三人合傳讀可也。」議

〔註52〕吳闓生《桐城吳氏古文法》（臺北：臺灣中華書局，1980 年 11 月臺 3 版），頁 48。

〔註53〕明‧張遂《千百年眼》（臺北：廣文，1986 年 5 月），頁 75。

〔註54〕同註32，頁 108。

後贊曰：「術數之精，乃得奇禍，千古同轍，可勝慨哉！〔註55〕」二贊語，史公慨嘆自身有著同屈原、賈生之懷才不遇，扁鵲、倉公懷璧之罪，並將此意藉「太史公曰」申言之。

〈平津侯主父列傳〉贊：

> 太史公曰：公孫弘行義雖脩，然亦遇時。漢興八十餘年矣，上方鄉文學，招俊义，以廣儒墨，弘爲舉首。主父偃當路，諸公皆譽之，及名敗身誅，士爭言其惡。悲夫！（卷一百一十二）

李景星評此贊云：

> 贊語，「遇時」二字，斷盡平津一生。「當路，諸公皆譽之，及名敗身誅，士爭言其惡。」爲主父悲，並引動**自家牢騷**，太史公文字，固無一筆呆寫。

李氏拈出「遇時」二字，爲平津侯公孫弘一生作結，亦即〈佞幸列傳〉序所感嘆：「善仕不如遇合」，足覘司馬遷將公孫弘歸爲佞幸者。而史公悲主父偃的同時，亦爲自身不幸悲憤不已；此情結同見於〈汲鄭列傳〉贊：

> 太史公曰：夫以汲、鄭之賢，有勢則賓客十倍，無勢則否，況眾人乎！下邽翟公有言，始翟公爲廷尉，賓客闐門；及廢，門外可設雀羅。翟公復爲廷尉，賓客欲往，翟公乃人署其門曰：「一死一生，乃知交情。一貧一富，乃知交態。一貴一賤，交情乃見。」汲、鄭亦云，悲夫！（卷一百二十）

李景星議此贊道：

> 贊語，突引翟公之言，說盡交通淡涼之態。而以一句轉到汲鄭，使一篇熱鬧之文，變成**太息之聲**，眞是神妙不測！〔註56〕

依漢朝法律，司馬遷所判之刑，可以錢財蠲免罪責。然而，當時子長「家貧，貨賂不足以自贖，交遊莫救，左右親近，不爲壹言。〔註57〕」以致於最後忍辱接受腐刑。歷經世態炎涼，司馬遷於兩贊對世人見風轉舵之不義，發出深長之喟嘆。李氏說馬遷「太史公曰」中，引動自家牢騷，並藉翟公之言，說盡趨炎附勢之世情，可知《史記》論贊不能呆讀，每贊中都蘊含史公的苦心孤詣。

子長憐惜發憤之人的心情，亦能於「太史公曰」中尋得，如〈魏豹彭越列傳〉贊：

> 太史公曰：魏豹、彭越雖故賤，然已席卷千里，南面稱孤，喋血乘勝

〔註55〕同註32，頁87；頁109。
〔註56〕同註32，頁119；頁128。
〔註57〕百衲本《漢書》卷六十二〈司馬遷傳〉，頁776。

日有聞矣。懷畔逆之意，及敗，不死而虜囚，身被刑戮，何哉？中材已上
且羞其行，況王者乎！彼無異故，智略絕人，獨患無身耳。得攝尺寸之柄，
其雲蒸龍變，欲有所會其度，以故幽囚而不辭云。（卷九十）

人性中的精神力量，唯有在困境中，始能充分證明自己的潛力。李景星論此贊語：

「以故幽囚而不辭云」，說魏、彭二人，並觸動自事心。言外有無窮
感傷，不可呆讀。〔註58〕

李氏所言「觸動自事心」，即史公受宮刑不能死之心情。「太史公曰」裡，同樣
觸動自家發憤心事者豈僅此一贊，〈伍子胥列傳〉贊、〈范雎蔡澤列傳〉贊、〈屈原賈
生列傳〉贊、〈季布欒布列傳〉贊等俯拾即是，相關討論已見第三章，不再贅述。

姜夔認爲：

句中有餘味，篇中有餘意，善之善者也。〔註59〕

司馬遷對政治或人事不滿，又無法明言，故將言外之意寄寓於「太史公曰」，於是造
成了白石所謂「句中有餘味，篇中有餘意」之佳境。林琴南亦云：

史公各于本傳之末，各用似了非了之筆，讀之雅有餘味。〔註60〕

由上述諸贊觀之，「太史公曰」富蘊耐人尋味的弦外之音，讀來的確餘音繞樑，是以，
王錦貴推崇《史記》論贊道：

《史記》中的「太史公曰」寫得深刻、精煉並富有感情。讀來啓人心
扉，猶飲瓊漿佳釀，餘味無窮，是「二十四史」論贊中的上乘之作〔註61〕。

王氏以爲「太史公曰」所以高出其它正史論贊者，在於有無窮之餘韻，致使「太史
公曰」成爲歷史論贊中善之善者。「太史公曰」言雖淺近而意旨深遠，篇幅簡約而飽
蘊文外曲致，可謂「節短音長」。

第三節　掌上河山，氣象萬千

《史記》「太史公曰」篇幅雖短小，然經司馬遷筆補造化之巧手，往往能營造出
千里之氣勢。以下就「太史公曰」中，所呈現尺幅千里之藝術技巧探討之。

（一）簡而有法

〔註58〕同註32，頁93。
〔註59〕宋·姜夔〈姜夔詩話〉，收錄於吳文治主編，《宋詩話全編》（南京：江蘇古籍出版社，
　　　　1998年），頁7549。
〔註60〕林紓《畏廬論文》（臺北：文津，1978年7月），頁58。
〔註61〕王錦貴《中國紀傳體文獻研究》（北京：北京大學，1996年8月），頁175。

短篇的「太史公曰」縱然字數不多，然字字珠璣，咸寄託司馬遷之微言要旨，劉知幾嘗云：

> 國史之美者，以敘事為工，而敘事之工者，以簡要為主〔註62〕。

劉氏認為國史須敘事簡要，才是上乘之作，就此點而言，《史記》文章不遑多讓。柳宗元自敘作文之法則其一為：「參之太史公以著其潔〔註63〕。」道出了《史記》敘事簡潔之風格。自柳氏提出後，散文家們便把《史記》文章作為簡潔之典範，而加以師法學習。在柳之前，第一位從語言角度比較馬班異同的是晉人張輔，他提出：

> 辭約而事舉，敘三千年事，唯五十萬言；班固敘三百年事，乃八十萬
> 言，繁省不同，不如遷一也。〔註64〕

張氏讚嘆《史記》以五十二萬六千五百字，講述中國三千年歷史，而班固才敘兩漢三百年事，竟需用到八十萬言，以此定馬、班甲乙。姑且不論是否能以字數多寡斷言文章優劣，事實上，「簡」，無庸置疑是《史記》的特色之一，而「太史公曰」更是此一特色之極致表現，略舉幾贊觀之，如〈建元以來王子侯者年表〉序：

> 制詔御史：「諸侯王或欲推私恩分子弟邑者，令各條上，朕且臨定其號名。」
>
> 太史公曰：盛哉，天子之德！一人有慶，天下賴之。（卷二十一）

李景星評此序言：「獨出以簡古。〔註65〕」本篇序極短，若扣除詔旨，則「太史公曰」僅十四字，不及〈田叔列傳〉贊三十六字之半。而「太史公曰」之語又迻錄自《尚書》文句，是以，李景星歸以「簡古」。此序雖小，然「推私恩」之本末俱見。又如〈荊燕世家〉贊：

> 太史公曰：荊王王也，由漢初定，天下未集，故劉賈雖屬疏，然以策
> 為王，填江淮之閒。劉澤之王，權激呂氏，然劉澤卒南面稱孤者三世。事
> 發相重，豈不為偉乎！（卷五十一）

李景星稱美此贊道：「造句極簡重古奧。〔註66〕」贊中肯定劉賈在楚漢相爭中之戰勛，譏諷劉澤施權謀迎合呂后，而獲封琅邪王。司馬遷短短幾句便析清兩人之別，文句穩重，簡練古樸，足覘史公駕馭語言之能力。再觀〈仲尼弟子列傳〉贊：

> 太史公曰：學者多稱七十子之徒，譽者或過其實，毀者或損其真，鈞
> 之未厥容貌，則論言弟子籍，出孔氏古文近是。余以弟子名姓文字悉取《論

〔註62〕唐・劉知幾著，民國・呂思勉評《史通釋評》（臺北：華世，1980年11月），頁199。
〔註63〕唐・柳宗元《柳宗元全集》卷三十四〈答章中立論師道書〉，（臺北：漢京，1982年5月），頁871。
〔註64〕百衲本《晉書》卷六十〈張輔傳〉（臺北：臺灣商務，1988年1月臺六版），頁438。
〔註65〕同註32，頁26。
〔註66〕同註32，頁56。

語》弟子問并次爲篇，疑者闕焉。（卷六十七）

李景星推崇此贊：「可當『簡質』二字。〔註67〕」司馬遷發現一般學者對孔門弟子認識不清，故無論讚譽或詆毀往往失眞。史公於是全採《論語》內容，作爲此傳依據，故贊文簡潔質實。〈張丞相列傳〉贊：

　　　　太史公曰：張蒼文學律曆，爲漢名相，而絀賈生、公孫臣等言正朔服

　　色事而不遵，明用秦之顓頊曆，何哉？周昌，木彊人也。任敖以舊德用。

　　申屠嘉可謂剛毅守節矣，然無術學，殆與蕭、曹、陳平異矣。（卷九十六）

此贊點出〈張丞相列傳〉是一篇西漢二流宰輔之類傳，然史公敬重犯顏直諫、面折廷爭的周昌、申屠嘉等直臣。李景星稱此贊：「簡質，卻抑揚有致。〔註68〕」與〈仲尼弟子列傳〉贊同俱「簡質」特色，此爲史公適傳主之風格而予其相對之贊文。

　　以上所舉「太史公曰」，無論內容何如，都有一共同點——「簡」，簡古也好，簡質也罷，總之不離「簡」。李氏之議凸顯出了《史記》「太史公曰」簡潔精鍊的藝術表現。〈孝景本紀〉贊更是別具一格：

　　　　太史公曰：漢興，孝文施大德，天下懷安，至孝景，不復憂異姓，

　　而鼂錯刻削諸侯，遂使七國俱起，合從而西鄉，以諸侯太盛，而錯爲之

　　不以漸也。及主父偃言之，而諸侯以弱，卒以安。安危之機，豈不以謀

　　哉？（卷十一）

柯維騏論此贊文曰：

　　　　眞西山嘗錄此贊於《文章正宗》，以爲司馬遷之筆，且謂詞簡意盡，

　　非他史所及。〔註69〕

柯氏與眞西山皆欣賞〈孝景本紀〉贊之詞簡意盡，並指出此特點爲其它史籍所難望其項背，故章學誠稱其文爲「千古之至文」、「百世不祧之宗」〔註70〕，由前述種種「太史公曰」之藝術表現觀之，司馬遷實當之無愧。

　　合以上諸例以觀，司馬遷在《史記》「太史公曰」的寫作上，確實遵循著簡潔之筆法爲之。因爲「太史公曰」簡而有法，不僅文章精鍊，氣勢逼人，論事更能切中肯綮，明確表達出作者爲文之意旨。清代桐城派文章講求「義法」，承襲《史記》藝術表現；而桐城派標榜「簡潔」特徵，更是受「太史公曰」沾溉發展而成。

〔註67〕同註32，頁72。

〔註68〕同註32，頁99。

〔註69〕柯維騏《史記考要》，引自楊燕起等編《歷代名家評史記》（北京：北京師範大學，1986年3月），頁364。

〔註70〕清・章學誠《文史通義》〈內篇五・史德〉（臺北：華世出版社，1980年），頁150；〈內篇二・文理〉，頁63。

（二）尺幅千里

在此所謂「尺幅千里」，意謂「太史公曰」不需充分的文字，即能反映文章主旨。前述張輔所指《史記》「辭約事舉」的風格，俞樟華先生引伸出兩意涵：其一，指《史記》篇幅小，反應的歷史內容卻很多；其次，則謂《史記》的敘事語言準確幹練。〔註71〕此二意涵可以《史記》十表爲例說明。

鄭樵曾讚揚：

> 《史記》一書，功在十表，猶衣裳之有冠冕，水木之有本原。〔註72〕

司馬遷開創「表」之體例，以表的形式，綱舉目張地呈現本紀、書、世家、列傳等四種體例所言，或不便記載之內容，使多如牛毛之史事，盡收眼底。而表序則能高度概括表格內容，有提示全表之功用。

王維論畫道時曾云：

> 夫畫道之中，水墨最爲上。肇自然之性，成造化之功。或咫尺之圖，寫千里之景。東西南北，宛爾目前。〔註73〕

王維認爲，能於咫尺之圖，展現千里之景的水墨畫最爲上乘。筆者以爲文、畫道理一也，咫尺之圖，同於篇幅短小之文；千里之景，則近似於馳騁文章中之氣勢。比之於《史記》，「太史公曰」即如一幅咫尺之圖，若欲營造千里之勢，關鍵在於含蓄而凝煉。而〈三代世表〉序便是此中傑作：

> 太史公曰：五帝、三代之記，尚矣。自殷以前諸侯不可得而譜，周以來乃頗可著。孔子因史文次《春秋》，紀元年，正時日月，蓋其詳哉。至於序《尚書》則略，無年月；或頗有，然多闕，不可錄。故疑則傳疑，蓋其愼也。
>
> 余讀《諜記》，黃帝以來皆有年數。稽其《歷譜諜》、《終始五德之傳》，古文咸不同，乖異。夫子之弗論次其年月，豈虛哉！於是以《五帝系諜》、《尚書》集世紀黃帝以來訖共和爲世表。

此序爲十表之首，序文表明《史記》祖繼《春秋》，闕疑詳塡的述史原則，並且重視歷史記述的重要因素——「時間」。表序與其它體例「太史公曰」風格迥異：其它「太史公曰」大致就人、事而抒發議論，表序則著重闡發歷史大勢。

李晚芳推服此序道：

> 寥寥短幅，不過百三十餘字，亦具如此章法，如是結構，立論措辭，

〔註71〕俞樟華《史記藝術論》（北京：華文出版社，2002年1月），頁119。
〔註72〕宋・鄭樵《通志・總序》（臺北：臺灣商務，1987年），頁1。
〔註73〕唐・王維著，清・趙殿成箋注《王摩詰全集箋注》卷二十八〈畫學秘訣〉（臺北：世界書局，1996年6月），頁382。

不離孔子家法。〔註74〕

李氏對於司馬遷能於百三十餘字之序文裡，章法縝密，結構完備，通篇完全遵循《春秋》義法，足覘史公將《史記》暗擬《春秋》之志。

吳見思對此序亦讚譽有加，云：

> 小小一篇，中間起伏轉折如有千萬言存乎其中，古稱畫山水在咫尺而有萬里之勢，吾於此亦有萬里之思矣。〔註75〕

〈三代世表〉序僅以百三十餘字之短幅，迸現出高於千里之勢，還激發人起萬里之思。敘述語雖僅一、兩字，然用字準確，生動傳神，饒富韻味，庶幾一字千金。

〈漢興以來諸侯王年表〉序可分四段討論之，第一段云：

> 太史公曰：殷以前尚矣。周封五等：公，侯，伯，子，男。然封伯禽、康叔於魯、衛，地各四百里，親親之義，有德也；太公於齊，兼五侯地，尊勤勞也。武王、成、康所封數百，而同姓五十五，地上不過百里，下三十里，以輔衛王室。管、蔡、康叔、曹、鄭，或過或損。厲、幽之後，王室缺，侯伯彊國興焉，天子微，弗能正。非德不純，形勢弱也。

序文由追溯周分封諸侯發論，縷述封侯之本義：分封同宗，爲褒美親親之德；分封異姓如姜太公，因尊崇其忠心勞苦。然而，當時的分封並不平均，厲王、幽王之後，王室衰敗時，侯、伯強國趁勢興起，顛覆了形勢，天子自此受制於諸侯。史公自周敘起，意在與漢代作比較。

序文次段云：

> 漢興，序二等。高祖末年，非劉氏而王者，若無功上所不置而侯者，天下共誅之。高祖子弟同姓爲王者九國，唯獨長沙異姓，而功臣侯者百有餘人。自鴈門、太原以東至遼陽，爲燕、代國；常山以南，大行左轉，度河、濟、阿、甄以東薄海，爲齊、趙國；自陳以西，南至九疑，東帶江、淮、穀、泗、會稽，爲梁、楚、淮南、長沙國，皆外接於捐胡、越。而內地北距山以東，盡諸侯地，大者或五六郡，連城數十，置百官，宮觀僭於天子。漢獨有三河、東郡、潁川、南陽，自江陵以西至蜀，北自雲中至隴西，與內史凡十五郡，而公主列侯頗食邑其中，何者？天下初定，骨肉同姓少，故廣彊庶孽，以鎮撫四海，用承衛天子也。

周封五等，而漢序二等；漢同姓者九國，「大者或五六郡，連城數十」，遠過於周之

〔註74〕李晚芳《讀史管見》，引自楊燕起等編《歷代名家評史記》（北京：北京師範大學，1986年3月），頁370。

〔註75〕吳見思《史記論文》（臺北：中華書局，1987年10月臺二版），頁105。

百里。史公評述漢初分封，違反「非劉氏不得爲王」、「非有功者不得爲侯」之原則，無功而王者亦封大國，這些封國領土總面積遠大於中央，明顯步上周形勢顛倒之覆轍，果眞醸成七國之亂。異姓之長沙王，反而忠於漢朝。不過，漢興當時「骨肉同姓少」，爲拱衛國家丕基，下此策略亦無可厚非。第三段接續道：

> 漢定百年之間，親屬益疏，諸侯或驕奢，忕邪臣計謀爲淫亂，大者叛逆，小者不軌于法，以危其命，殞身亡國。天子觀於上古，然後加惠，使諸侯得推恩分子弟國邑，故齊分爲七，趙分爲六，梁分爲五，淮南分三，及天子支庶子爲王，王子支庶爲侯，百有餘焉。吳楚時，前後諸侯，或以適削地，是以燕、代無北邊郡，吳、淮南、長沙無南邊郡，齊、趙、梁、楚支郡名山陂海咸納於漢。諸侯稍微，大國不過十餘城，小侯不過數十里，上足以奉貢職，下足以供養祭祀，以蕃輔京師。而漢郡八九十，形錯諸侯間，犬牙相臨，秉其阨塞地利，強本幹，弱枝葉之勢也，尊卑明而萬事各得其矣。

司馬遷說明漢室採取措施，逐步削弱諸侯王國，達成「強本幹，弱枝葉」之局面。文帝時，賈誼曾建言「眾建諸侯而少其力」，欲使諸侯國自己化整爲零；景帝時，鼂錯又建議削藩，均未奏效。直到漢武帝時，頒詔施行主父偃所提之「推恩法」，自此大漢王朝眞正完成四海一統之事業。

序末總結道：

> 臣遷謹記高祖以來至太初諸侯，譜其下益損之時，令後世得覽。形勢雖彊，要之以仁義爲本。（卷十七）

史公於此呼應首段周失其形勢，並揭示全表之旨：歸納歷史經驗，垂誡後代君主治國須「以仁義爲本」。言外實質含諷，抨擊漢廷殘酷對待諸侯王國之行徑。

綜觀全序，以「形勢」二字爲骨，架構漢初以來百年間封建、分削之歷程，最終完成中央集權。序中譏刺漢代封建太過，以致諸侯驕淫，其後又損抑之，實行弱枝葉以強本幹之法。儲欣標榜本序謂：

> 氣古法古筆古，十表序中，此爲第一。〔註76〕

儲欣欣賞〈漢興以來諸侯王年表〉序之古風，無論是在文氣、義法、筆觸，咸古樸質直，故推爲十表序之冠冕；吳汝綸亦盛譽此序云：

> 姚郎中謂此篇筆勢雄遠，有包舉天下之概，當矣。

又云：

〔註76〕儲欣《史記權參》卷之上〈漢興以來諸侯王年表〉，引自楊燕起等編《歷代名家評史記》（北京：北京師範大學，1986年3月），頁394。

此文雄奇之勢，獨有千古，歐公不及遠甚。〔註77〕

吳氏認同此序有「包舉天下之概」，亦即尺幅千里之體現，吳氏並高度推譽此文勢獨步千古，連歐陽文忠公亦不及矣。再觀〈高祖功臣侯者年表〉序，亦可分三段探討之，首段：

> 太史公曰：古者人臣功有五品，以德立宗廟定社稷曰勳，以言曰勞，用力曰功，明其等曰伐，積日曰閱。封爵之誓曰：「使河如帶，泰山若厲。國以永寧，爰及苗裔。」始未嘗不欲固其根本，而枝葉稍陵夷衰微也。

司馬遷敘述古代人臣之功績有五品：曰勳、勞、功、伐、閱。而封侯之目的，主要是爲了鞏固國家根本。中央也希望功臣的恩澤能延及後代，無奈這些諸侯後裔還是逐漸頹敗衰微。「枝葉稍陵夷衰微」一句，起下段「子孫驕溢」致坐法隕命亡國之情況，史公於此舉古概今。第二段：

> 余讀高祖侯功臣，察其首封，所以失之者，曰：異哉所聞！《書》曰：「協和萬國」，遷於夏商，或數千歲，蓋周封八百，幽、厲之後，見於《春秋》。《尚書》有唐虞之侯伯，歷三代千有餘，自全以蕃衛天子，豈非篤於仁義，奉上法哉？漢興，功臣受封者百有餘人。天下初定，故大城名都散亡，戶口可得而數者十二三，是以大侯不過萬家，小者五六百戶。後數世，民咸歸鄉里，戶益息，蕭、曹、絳、灌之屬，或至四萬，小侯自倍，富厚如之。子孫驕溢，忘其先，淫嬖。至太初百年之間，見侯五余皆坐法隕命亡國耗矣。罔亦少密焉，然皆身無兢兢於當世之禁云。

司馬遷一則評論漢室對待諸侯國法網過密，動輒羅織罪名消滅之，此舉有失仁義；另一方面亦指斥諸侯們驕縱輕禮法，自毀長城。然實質上，史公之矛頭主要指向建國以來之歷代君主，不斷強加罪名殺戮功臣，尤以漢武最烈。武帝爲成就其南征北討之功業，不惜以一切法來侵奪群下，漢朝立國短短百年間，一百四十三侯當中的一百三十七人，犯法隕命或無後國除，令人不由得感嘆漢法太過嚴苛。末段：

> 居今之世，志古之道，所以自鏡也，未必盡同。帝王者，各殊禮而異務。要以成功爲統紀，豈可緄乎？觀所以得尊寵及所以廢辱，亦當世得失之林也，何必舊聞？於是謹其終始，表見其文，頗有所不盡本末；著其明，疑者闕之。
> 後有君子，欲推而列之，得以覽焉。（卷十八）

史公於此段筆鋒一轉，揭示歷史的借鑑作用：君上要篤仁義，臣下須奉上法，則國祚血食久矣。司馬遷亦闡明自己述史目的，並標明所堅持的「信以傳信，疑以傳疑」

〔註77〕吳汝綸評點《史記集評》（臺北：臺灣中華書局，1970 年 5 月），頁 263。

的治史原則。

〈高祖功臣侯者年表〉序文，今古相勘，詳今略古，申斥諸侯們的驕縱犯法，並指責執政者法網過密。

潘永季稱此序：

> **取勢極遠，引氣極平，用筆極細，立論極穩，所以俟諸百世而不惑也。**

〔註78〕

潘氏以爲這種言少意多的筆法，用極細之筆觸，乃托出泱泱之氣勢，以垂誡百代。

綜觀以上諸表序，司馬遷往往僅用數百字，概論千百年間事。序文中今古相形，以古諷今之意濃，其義法又極古奧，故盈尺之文，卻感受到千里之勢。

因爲子長文章講求簡潔，故用字須準確，點滴之水足以見陽；鍊字以一當十，而有掌上河山之勢。尺幅之短文欲營造千里之勢，其關鍵便在於含蓄而凝煉。

欲營造出尺幅千里的氣勢，除上述用字準確以求言少意多之法外，收束以獨特的結語，亦能產生相同之功用，以下探討之。

（三）結語藝術

一篇文章之末尾收結得佳，能得畫龍點睛之效。《史記》之文，於收筆處往往不拘一格，林琴南曾道：

> 大家之文，於文之去路，不惟能發異光，而且長留餘味，其最擅長者無若《史記》，《史記》於收束之筆不名一格。〔註79〕

林琴南解析，文章大師在謀篇構思時，往往預留伏筆，使文章能蘊含妙音繞樑之致。林氏同時亦指出，司馬遷爲箇中翹楚。因此，《史記》另一項藝術表現特徵，即有獨特之收筆，讀者閱畢，餘味每每縈繞不絕。關於文章結尾方式，周振甫謂：

> 文章結尾有多種多樣，因爲天下事理變化無窮，所以反應事理的文章變化無窮，結尾自然也會有種種變化。〔註80〕

周氏聯繫文章結尾與天下事理，以爲：文章反應瞬息萬變之事理，故結尾之法亦五花八門。「太史公曰」裡，針對歷史人、事之異，而有許多不同之收筆方式，展露了子長文章星斗之才思。就「太史公曰」文章之收筆而言，大體可分爲「正收作結」與「反語收煞」之兩大類型。

〔註78〕潘永季《讀史記札記》，引自楊燕起等編《歷代名家評史記》（北京：北京師範大學，1986 年 3 月），頁 400。

〔註79〕林紓《畏廬論文》（臺北：文津，1978 年 7 月），頁 58。

〔註80〕周振甫《文章例話》卷二〈寫作編〉（臺北：五南，1994 年 5 月），頁 134。

1. 正收作結

《史記》「太史公曰」中，以正收作結之論贊並非千篇一律，收筆處有詠歎者，亦有跌宕、峭立、回翔、雙收等特色，萬種風神，篇篇咸蘊含著子長巧思。

〈齊太公世家〉贊：

> 太史公曰：吾適齊，自泰山屬之琅邪，北被于海，膏壤二千里，其民闊達多匿知，其天性也。以太公之聖，建國本，桓公之盛，修善政，以爲諸侯會盟，稱伯，不亦宜乎？洋洋哉，固大國之風也！（卷三十二）

李景星特提末句，「洋洋哉，固大國之風也！」嘆之：「拖一筆，作詠歎收，極有風神。〔註81〕」而如〈衛康叔世家〉贊：

> 太史公曰：余讀世家言，至於宣公之太子以婦見誅，弟壽爭死以相讓，此與晉太子申生不敢明驪姬之過同，俱惡傷父之志。然卒死亡，何其悲也！或父子相殺，兄弟相滅，亦獨何哉？（卷三十七）

與〈晉世家〉贊：

> 太史公曰：晉文公，古所謂明君也，亡居外十九年，至困約，及即位而行賞，尚忘介子推，況驕主乎？靈公既弒，其後成、景致嚴，至厲大刻，大夫懼誅，禍作。悼公以後日衰，六卿專權。故君道之御其臣下。固不易哉！（卷三十九）

李景星論前贊「或父子相殺」三句，「以宕作收，尤有遠神。」；評後贊至末句「故君道之御其臣下，固不易哉！」曰：「跌宕作結，感慨深長。〔註82〕」皆以跌宕作收，子長於兩贊文末宕出一筆，更加深其對春秋「臣弒君，子弒父」世情之感慨，餘韻縹緲。

〈楚世家〉贊：

> 太史公曰：楚靈王方會諸侯於申，誅齊慶封，作章華臺，求周九鼎之時，志小天下；及餓死于申亥之家，爲天下笑。操行之不得，悲夫！勢之於人也，可不慎與？棄疾以亂立，嬖淫秦女，甚乎哉，幾再亡國！（卷四十）

贊語，令李景星嘆服道：

> 單提靈王作詠歎，而末借棄疾一點，雋永之極！「甚乎哉，幾再亡國。」結法尤峭。〔註83〕

〔註81〕同註32，頁38。
〔註82〕同註32，頁43；頁45。
〔註83〕同註32，頁47。

子長總能適時掌握文章起伏脈絡，有時將傳文高潮留於贊末，予讀者豁然開朗之悟。又如〈陳丞相世家〉贊：

> 太史公曰：陳丞相平少時，本好黃帝、老子之術。方其割肉俎上之時，其意固已遠矣。傾側擾攘楚魏之間，卒歸高帝。常出奇計，救紛糾之難，振國家之患。及呂后時，事多故矣，然平竟自脫，定宗廟，以榮名終，稱賢相，豈不善始善終哉！非知謀孰能當此者乎？（卷五十六）

陳平一生足智多謀，贊末總收之：「非知謀孰能當此者乎？」以此意貫串全傳，道出陳平善始善終陰險之途，故李景星稱是「絕妙章法〔註84〕」。再觀〈梁孝王世家〉贊：

> 太史公曰：梁孝王雖以親愛之故，王膏腴之地，然會漢家隆盛，百姓殷富，故能植其財貨，廣宮室，車服擬於天子。然亦僭矣。（卷五十八）

李景星美此傳手法曰：

> 以「僭」字作骨，通篇節節摹寫，至贊末一句點明，如畫龍點睛，破壁飛去矣。〔註85〕

〈梁孝王世家〉雖通篇以「僭」字作骨，卻不曾言「僭」，俟贊末乃點明，使全篇用意顯露殆盡，文章更為生動。

諸如此類，凡此一篇之意，盡收在末尾者，姜白石形容此手法為：「如截奔馬〔註86〕」，用之於《史記》「太史公曰」，真是絕妙貼切。

子長有時會於贊末回筆呼應前文，如〈吳太伯世家〉贊：

> 太史公曰：孔子言：「太伯可謂至德矣，三以天下讓，民無得而稱焉。」余讀春秋古文，乃知中國之虞與荊蠻句吳兄弟也。延陵季子之仁心，慕義無窮，見微而知清濁。嗚呼，又何其閎覽博物君子也！（卷三十一）

此贊語雖只作三節，然已將前事括盡。最末句：「嗚呼，又何其閎覽博物君子也！」李景星以為：「筆意回翔，低徊不已。正如韓娥一歌，餘音繞樑三日。〔註87〕」正是此筆法，營造出〈吳太伯世家〉贊，充滿言有盡而意無窮之淵然餘韻。又如〈張釋之馮唐列傳〉贊：

> 太史公曰：張季之言長者，守法不阿意；馮公之論將率，有味哉！有味哉！語曰「不知其人，視其友」。二君之所稱誦，可著廊廟。書曰：「不

〔註84〕同註32，頁61。
〔註85〕同註32，頁63。
〔註86〕宋・姜夔〈姜夔詩話〉，收錄於吳文治主編《宋詩話全編》（南京：江蘇古籍出版社，1998年），頁7550。
〔註87〕李景星《史記評議》（吉林：東北師範大學出版社，1986年4月），頁37。

偏不黨，王道蕩蕩；不黨不偏，王道便便。」張季、馮公近之矣。（卷一百二）

李景星議之：

> 贊語，重言嗟嘆，有流連不盡之致。末後引書作結，亦能於澹處傳神。

〔註88〕

〈張釋之馮唐列傳〉較他贊不同點，是於「太史公曰」末後引《尚書》作結，褒美文帝與張釋之、馮唐三人之間君明臣賢的情義。而〈越王句踐世家〉收束法更是一絕，贊云：

> 太史公曰：禹之功大矣，漸九川，定九州，至于今諸夏艾安。及苗裔句踐，苦身焦思，終滅彊吳，北觀兵中國，以尊周室，號稱霸王。句踐可不謂賢哉！蓋有禹之遺烈焉。范蠡三遷皆有榮名，名垂後世。臣主若此，欲毋顯，得乎！（卷四十一）

李景星謂：

> 其曰：「句踐，苦身焦思，終滅彊吳。」與前越王句踐返國，乃苦身焦思，及范蠡事越王句踐，既苦身戮力等語，遙遙相應。「臣主若此，欲毋顯，得乎？」雙收得法，意趣亦深遠。〔註89〕

李氏盛推子長能一語雙收兩事，匠心獨運，自創一格，周振甫對此亦稱：

> 提「臣主」，即把范蠡提在句踐前面，說明句踐的成功主要是由於范蠡。……因此，這個結尾顯得很突兀，卻有用意。〔註90〕

可知〈越王句踐世家〉贊中，太史公所作雙收法，大膽運用突兀之結尾，不僅方法特別，亦能延伸傳文意境。

2. 反語收煞

《史記》「太史公曰」有時亦會以反語收束，爲求變化或欲發人深省，甚至具翻案與諷刺作用，如〈魏世家〉贊：

> 太史公曰：吾適故大梁之墟，墟中人曰：「秦之破梁，引河溝而灌大梁，三月城壞，王請降，遂滅魏。」說者皆曰魏以不用信陵君故，國削弱至於亡，余以爲不然。天方令秦平海內，其業未成，魏雖得阿衡之佐，曷益乎？（卷四十四）

李景星剖析此贊道：

〔註88〕同註87，頁106。
〔註89〕李景星《史記評議》（吉林：東北師範大學出版社，1986年4月），頁48。
〔註90〕周振甫《文章例話》（臺北：五南，1994年5月），頁131。

「雖得阿衡之佐無益」，以反語作結，正是太史公極傷心處。〔註91〕
史公所傷心者，蓋六國不知團結，而予強秦統一天下的機會，天命如此，人禍如此。
又如〈李斯列傳〉贊：

　　太史公曰：李斯以閭閻歷諸侯，入事秦，因以瑕釁，以輔始皇，卒成
帝業，斯爲三公，可謂尊用矣。斯知六藝之歸，不務明政以補主上之缺，
持爵祿之重，阿順苟合，嚴威酷刑，聽高邪說，廢適立庶。諸侯已畔，斯
乃欲諫爭，不亦末乎！人皆以斯極忠而被五刑死，察其本，乃與俗議之異。
不然，斯之功且與周、召列矣。（卷八十七）

贊文中「持爵祿之重」五字，正是李斯亡身之病根，他汲汲於名利，無視大局之變
化，違反爲臣之道，終被處以極刑。李景星讚許此贊語，「末用反掉作結，亦見風致。
〔註92〕」史公採正責反推之筆法，先歷數李斯之非，最末感嘆若不犯這些過誤，李
斯之功能與周公、召公奭並列。再如〈淮陰侯列傳〉贊：

　　太史公曰：吾如淮陰，淮陰人爲余言，韓信雖爲布衣時，其志與眾異。
其母死，貧無以葬，然乃行營高敞地，令其旁可置萬家。余視其母冢，良
然。假令韓信學道謙讓，不伐己功，不矜其能，則庶幾哉，於漢家勳可以
比周、召、太公之徒，後世血食矣。不務出此，而天下已集，乃謀畔逆，
夷滅宗族，不亦宜乎！（卷九十二）

贊末「天下已集，乃謀畔逆」提示讀者，以淮陰侯馳騁沙場之智，怎麼可能會選在
天下安定之際起兵？一句「不亦宜乎」，爲韓信遭人謀陷畔逆一事發出深沈感嘆。韓
信之錯，錯在太重情義以及不諳韜光養晦，這些都是子長留給後人思索之處，需配
合傳文細讀，始能眞正讀出了史遷的贊外餘韻。是故，此贊以反語作結，是欲托顯
韓信之冤，一般人不察，誤以爲史公認定韓信有謀反之實者則謬矣。

　　楊慎推崇此贊：

　　此篇取譬反覆，極人情所難言，此文在漢初第一。〔註93〕

〈淮陰侯列傳〉贊如同其人，爲史公極得意之文。史公以「不亦宜乎」煞住，筆力
萬鈞，如此之苦心孤詣，故能博得楊慎共鳴，盛推爲「漢初第一」。「太史公曰」裡，
句句有玄機，段段富饒思，譽爲漢初第一，洵非虛名。

　　姜夔提出：

〔註91〕李景星《史記評議》（吉林：東北師範大學出版社，1986年4月），頁50。
〔註92〕同註91，頁90。
〔註93〕楊慎《史記題評》卷九二，引自楊燕起等編《歷代名家評史記》（北京：北京師範大
　　　　學，1986年3月），頁637。

篇終出人意表，或反終篇之意，皆妙。〔註94〕

白石以為，作品如在結尾處另闢一絕，代替多餘的結論，甚或以反語收筆，如臨去秋波，情韻悠然，能使餘味自然迴盪。

由以上所舉之例，可覘子長收束之律則無論正、反，包羅萬象，營造出峭勁有力之尾語，反映《史記》「太史公曰」的文章變幻無窮，妙不可言。而此正是子長對萬變不齊的史事，所作的呼應。

結　語

司馬子長在父親司馬談的督導下，十歲起勤誦古文，培養了卓犖的文采，故能編纂獨雄千古的《史記》；而「太史公曰」融議論與敘事於一爐，筆法精警生動，亦見文章鉅公之獨出巧思。

語有之：「山無起伏是頑山，水無瀠迴是死水。」「太史公曰」最顯著的特色為長於轉折，工於頓挫，一篇之中，往往一波三折。在轉折與頓挫的適當交互表現中，不僅強化文章的密度，亦突出史公的獨到史識。

子長因有切膚之痛，往往借他人酒杯，澆自家塊壘，寄其感激憤懣於「太史公曰」；而用韻之「太史公曰」篇章，亦為全文增添新鮮趣味與文學感染力。

以峻潔著稱的「太史公曰」，言約意豐，饒富韻味；用字準確，故生動傳神，庶幾一字千金，而有尺幅千里之勢；結尾收煞的方法得體、圓旨、深刻感人，結句時忽翻一層新意，另闢一境，營造言外餘韻。

劉子玄曰：

> 夫飾言者為文，編文者為句，句積而章立，章積而篇成。篇目既分，
> 而一家之言備矣。〔註95〕

歸納上述「太史公曰」中之藝術表現，史公筆下聲調、語彙變幻無窮；文句抑揚詠歎、跌宕多姿，加上出人意表的結尾，透露出司馬子長確實依著一定之藝術原則，撰述「太史公曰」。

司馬遷千載獨步的史論──「太史公曰」，以筆補造化的種種手法，表達其史觀，展現他逴躒的史識，完成「一家之言」的宏願。

〔註94〕宋・姜夔〈姜夔詩話〉，收錄於吳文治主編《宋詩話全編》（南京：江蘇古籍出版社，1998 年），頁 7548。

〔註95〕唐・劉知幾著，民國・呂思勉評《史通釋評》，內篇卷六〈敘事〉（臺北：華世，1980年 11 月），頁 204。

第七章 《史記》「太史公曰」對
後世之影響

　　司馬遷透過「太史公曰」的論述形式，在對史事和人物的評論中，往往自出機
杼，其文言辭精鍊，旨義深微。這種以作者的身份作出論斷，對後世所造成之影響，
王靖宇分析道：

　　　　如果我們把第三人稱報告者的觀點稱爲「史家」觀點（儘管他並非總
　　是擁有調查研究的權威），那麼第三人稱的全知者的觀點便可稱作「說書
　　人」觀點。我們看到，「史家」作爲中國敘事文中意識的主宰中心的情況
　　一直延伸進唐代傳奇。以後，「說書人」基本上成爲所有虛構性質的敘事
　　文中的意識主宰中心。〔註1〕

王氏將第三人稱的觀點，分爲報告者與全知者兩種性質。前者稱爲「史家」觀點，
後者稱爲「說書人」觀點，而這第三人稱的使用始自「太史公曰」。後世史官師法此
以第三人稱作歷史報告者的方式，後代文學創作者則襲用第三人稱發表全知者的觀
點；換句話說，「太史公曰」以「某某曰」的論述形式發出評議，不僅後世史官群起
效尤，同時亦影響後世文集以及敘事文學，成爲敘事文的主流。

　　以下即從歷史評論與敘事文學兩大體系，觀《史記》「太史公曰」所給予之啓發
與影響。

第一節　歷史評論繼軌「太史公曰」

　　關於「太史公曰」之傳承與發展，《史通·論贊》云：

〔註1〕王靖宇《中國早期敘事文論集》（臺北：中央研究院中國文哲研究所，2001年2月），
　　　頁17。

　　《春秋左氏傳》每有發論，假君子以稱之。二傳云「公羊子」、「穀梁子」，《史記》云「太史公」。既而班固曰贊，荀悅曰論，東觀曰序，謝承曰詮，陳壽曰評，王隱曰議，何法盛曰述，揚雄曰譔，劉丙曰奏，袁宏、裴子野自顯姓名，皇甫謐、葛洪列其所號。史官所撰，通稱「史臣」。其名萬殊，其義一揆。必取便於時者，則總歸論贊焉。〔註2〕

《史記》「太史公曰」承自《春秋》三傳之「君子曰」、「公羊子」、「穀梁子」等，自成一家，確立史贊形式。之後，史書評議又陸續發展出「贊」、「論」、「序」、「詮」、「評」、「議」……，以及「史臣」等多樣提稱。各家以此固定的模式，不同的稱謂，發表對歷史之觀感。劉子玄僅論迄唐代為止，清代王鳴盛又接續指出：

　　「太史公曰」云云者，此其斷語也，而班氏改稱「贊」，陳壽改稱「評」，至范蔚宗又改稱「論」矣，而又系以「贊」，「論」為散文，「贊」為四言詩。沈約《宋書》改論稱「史臣曰」，蕭子顯《南齊書》，姚思廉《梁》、《陳》二書，魏收《北魏書》，令狐德棻《北周書》，及《晉書》、《隋書》、《舊唐書》併同。……，若前明所修《元史》，全部皆無論贊，則幾不足以為史矣。要總未有能出《史記》之範圍者〔註3〕。

王鳴盛綜述了《史記》「太史公曰」出現後，後世史家各依其智，改稱「贊」、「論」等發議提稱。其中最特別的是，沈約於《宋書》贊首稱「史臣曰」，此後正史如：蕭子顯之《南齊書》、姚思廉《梁》、《陳》二書、魏收《北魏書》……，一直到《隋書》、《舊唐書》等咸沿襲之。然這些史書就史識、史才抑或史論內容而言，乃無一能勝出「太史公曰」。二十五史之中，惟《元史》無論贊，也因此庶幾失去作為史書之責任與價值。

　　劉知幾和王鳴盛兩位，已將《史記》「太史公曰」對史學評論之傳承流變，撥煩理難出一完整系統。王鳴盛甚至認為「太史公曰」以降，史家修史，無論公私，莫不奉為圭臬，而後世史家亦無人能出其右，足覘「太史公曰」影響力之無遠弗屆。

　　本節主要舉三部正史──《漢書》、《後漢書》、《三國志》，以及《資治通鑑》與《五代史記》為例，探討這些史學名著之論贊，受到《史記》「太史公曰」影響的情形。

（一）《漢書》

〔註2〕唐・劉知幾著，民國・呂思勉評《史通釋評》，〈論贊〉（臺北：華世，1980年11月），頁99。

〔註3〕清・王鳴盛《十七史商榷》卷一（臺北：大化，1984年5月），頁5～6。

　　《漢書》之主要纂述者爲班固（西元 32 年～92 年），字孟堅，博通典籍，續父業編纂《漢書》。《漢書》體例沿襲《史記》而稍有更易，全書分十二紀、八表、十志、七十列傳，總共一百篇，分爲一百二十卷，八十萬餘言，其中有八十二則「贊曰」〔註4〕。司馬遷的《史記》開創了紀傳體通史之例，而班氏的《漢書》，則首創「包舉一代」之斷代史體例。

　　班固重新編排、補續所襲錄《史記》文章之內容，原有論贊遂有半數不符所需，班固因而改寫之。此外，班固改「太史公曰」的爲「贊曰」，並將位置固定於每篇之末，這與司馬遷分置各篇之首、中、末三處明顯不同。高禎霙研究《漢書》論贊，發現有三作用：寓意褒貶揚善抑惡，議論是非明言去取，增補傳文抒情記慨。〔註5〕這些咸涵括於「太史公曰」之作用中。

　　關於《漢書》之論贊，試舉〈西域傳〉例觀之：

　　　　贊曰：孝武之世，圖制匈奴，患者兼從西國，結黨南羌，乃表河西，列四郡，開玉門，通四域，以斷匈奴右臂，隔絕南羌、月氏。單于失援，由是遠遁，而幕南無王庭。遭值文、景玄默，養民五世，天下殷富，財力有餘，士馬彊盛。故能睹犀布、玳瑁則建珠崖七郡，感枸醬、竹杖則開牂柯、越巂，聞天馬、蒲陶則通大宛、安息。自是之後，明珠、文甲、通犀、翠羽之珍盈於後宮，蒲梢、龍文、魚目、汗血之馬充於黃門，鉅象、師子、猛犬、大雀之群食於外囿。殊方異物，四面而至。於是廣開上林，穿昆明池，營千門萬戶之宮，立神明通天之臺，興造甲乙之帳，落以隨珠和璧，天子負黼依，襲翠被，馮玉几，而處其中。設酒池肉林以饗四夷之客，作巴俞都盧、海中碭極、漫衍魚龍、角抵之戲以觀視之。及賂遺贈送，萬里相奉，師旅之費，不可勝計。至於用度不足，乃榷酒酤，筦鹽鐵，鑄白金，造皮幣，算至車船，租及六畜。民力屈，財用竭，因之以凶年，寇盜並起，道路不通，直指之使始出，衣繡杖斧，斷斬於郡國，然後勝之。是以末年遂棄輪臺之地，而下哀痛之詔，豈非仁聖之所悔哉！且通西域，近有龍堆，遠則蔥嶺，身熱、頭痛、縣度之阨。淮南、杜欽、揚雄之論，皆以爲此天地所以界別區域，絕外內也。《書》曰：「西戎即序」，禹既就而序之，非上威服致其貢物也。

　　　　西域諸國，各有君長，兵眾分弱，無所統一，雖屬匈奴，不相親附。

〔註4〕關於《漢書》論贊數目，參考高禎霙《《史》、《漢》論贊之研究》（臺北：中國文化大學博士論文，2001 年 6 月），頁 168。
〔註5〕同註4，頁 175。

匈奴能得其馬畜旃罽，而不能統率與之進退。與漢隔絕，道里又遠，得之不爲益，棄之不爲損。盛德在我，無取於彼。故自建武以來，西域思漢威德，咸樂內屬。唯其小邑鄯善、車師，界迫匈奴，尚爲所拘。而其大國莎車、于闐之屬，數遣使置質于漢，願請屬都護。聖上遠覽古今，因時之宜，羈縻不絕，辭而未許。雖大禹之序西戎，周公之讓白雉，太宗之卻走馬，義兼之矣，亦何以尚茲！〔註6〕

班固於贊中，評述武帝好大喜功，藉漢興七十年休息生養所累積之財富，聯合蠻夷之邦，攻打匈奴；爾後，更因廣通四夷，雖收集到西域諸國之奇珍異寶如：翠羽之珍、汗血之馬……等等；然而，武帝不僅奢侈地設酒池肉林款待各邦使者，亦回賜各國更高價值之物品，以此展現大漢之盛容。因爲連年征戰，又對四夷「賂遺贈送，萬里相奉」，過度耗竭民力、財力，以致於衍生一連串社會問題。

孟堅並論述自己的見解，以爲這些西域友邦與漢距離太遠，故「得之不爲益，棄之不爲損」；贊文最後，孟堅以古喻今，藉敘大禹、周公等古聖賢對待外族的態度，譏諷漢室散財逞威充排場，種種勞而少功之行徑。由此足覘，孟堅在議論政治得失時，學習了子長暗寓褒貶的《春秋》書法，並仿「太史公曰」亦引典籍支持自己的論點。

而《漢書》贊文中對偶排比的形式，與辭賦之行文相去不遠，因爲孟堅是漢賦重要大家之一，議論中往往展現其才高辭茂的文采，故劉子玄稱之：

　　　　孟堅辭惟溫雅，理多愜當，其尤美者，有典誥之風，翩翩奕奕，良可詠也。〔註7〕

子玄盛譽孟堅《漢書》贊文，風采神韻清秀高雅，論理愜當，而有典誥之風。由上述觀之，孟堅所發議論，辭采典雅弘麗且簡鍊整飭，論斷切合事理，並有意承襲《春秋》、《史記》中「善善惡惡，賢賢賤不肖」的褒貶精神，子玄之言洵非過譽。

（二）《後漢書》

范曄（西元398年～445年），字蔚宗，東晉人，擅長書法並通曉音律，其文章尤爲人所稱道。蔚宗取《東觀漢記》以下諸書爲藍本，刪定成《後漢書》百二十卷。

范曄治史有明確之目的——正一代得失，因當時政局亂，經學瀕臨崩潰，曄「因事就卷內發論」，力挽狂瀾爲正世之得失，於是，他的史論成爲《後漢書》重要之特點。

〔註6〕百衲本《漢書》卷九十六（臺北：臺灣商務，1988年1月臺六版），頁1199～1200。
〔註7〕唐・劉知幾著，民國・呂思勉評《史通釋評》，〈論贊〉（臺北：華世，1980年11月），頁100。

蔚宗才華橫溢，對其論贊十分自豪，〈獄中與諸甥姪書〉云：

> 吾雜傳論，皆有精意深旨。……至於循吏以下及六夷諸序論，筆勢縱放，實天下 之奇作。……贊自是吾文之傑思，殆無一字空設，奇變不窮，同含異體，乃自不知所以稱之。〔註8〕

蔚宗對其史論極為自負，自言字字珠璣，而無一字空設。《昭明文選》選錄了范曄的四篇史論：〈皇后紀論〉、〈二十八將傳論〉、〈宦者傳論〉、〈逸民傳論〉，《隋書·經籍志》亦錄有范曄《後漢書贊論》四卷，由此觀之，蔚宗論贊必符合「事出於沉思，義歸乎翰藻」的標準，故而自命不凡亦不無道理。李慈銘曾讚譽道：

> 大抵蔚宗所著論，在崇經學，扶名教，進處士，振清議，聞之者興起，讀之者感慕，以視馬班，文章高古則勝之，其風勵雅俗，哀感頑豔，固不及也。〔註9〕

李氏高度推崇范曄之作品，有「崇經學，扶名教，進處士，振清議」等崇高目的，直與司馬遷、班固同觀，並肯定其「風勵雅俗」之功用。在形式方面，范蔚宗改「太史公曰」之稱為「論」，而有時又加上「贊」；其中，「論」為散文體，「贊」則為四言詩。試觀〈耿弇列傳〉贊：

> 論曰：余初讀〈蘇武傳〉，感其茹毛窮海，不為大漢羞。後覽耿恭疏勒之事，喟然不覺涕之無從。嗟哉，義重於生，以至是乎！昔曹子抗質於柯盟，相如申威於河表，蓋以決一旦之負，異乎百死之地也。以為二漢當疏高爵，宥十世。而蘇君恩不及嗣，恭亦終填牢戶。追誦龍蛇之章，以為歎息。〔註10〕

范曄以古喻今，將耿恭比之漢代蘇武，並感嘆君主未能善待兩人。王錫周解析此贊云：

> 蔚宗〈耿恭傳〉贊沉郁頓挫，餘韻飛揚，史家傳贊，班固力追龍門而不能，此何其曲肖也。〔註11〕

王氏推崇《後漢書·耿弇列傳》贊，文氣沉郁頓挫，而饒富文外曲致，超越《漢書》論贊，曲肖《史記》「太史公曰」。

李慈銘故云：

〔註 8〕百衲本《宋書》卷六十九〈范曄傳〉，（臺北：臺灣商務，1988 年 1 月臺 6 版），頁 1049。

〔註 9〕清·李慈銘《越縵堂讀書記》（臺北：世界書局，1961 年 9 月），頁 187。

〔註 10〕百衲本《後漢書》列傳第九，（臺北：臺灣商務，1988 年 1 月臺 5 版），頁 320。

〔註 11〕清·王符曾輯評《古文小品咀華》（北京：書目文獻出版社，1993 年 2 月第二次印刷），頁 164。

自漢以後，蔚宗最爲良史，刪繁舉要，多得其宜。其論贊剖別賢否，
指陳得失，皆有特見。〔註12〕

李氏標榜范曄爲漢以後難得之良史，並深入范蔚宗論贊精義，稱其史論中展現別具
隻眼之史識。綜合上論，得知蔚宗所抒發之議論，筆勢開闊縱放，並具語駢散雜陳
之特徵，更富含精意深旨。

順帶一提，筆者也發現，沈約的〈劉湛范曄傳〉論贊內容：

史臣曰：古之人云：「**利令智昏，甚矣。**」〔註13〕

與《史記・平原君虞卿列傳》贊：

鄙語曰：「**利令智昏**」，平原君貪馮亭邪說，使趙陷長平兵四十餘萬眾，
邯鄲幾亡。（卷七十六）

兩贊咸引鄙語「利令智昏」作評議，可知沈約之論贊，不僅提稱上效法「太史公曰」
稱「史臣曰」，也因襲「太史公曰」用諺語佐證論點之特色。

（三）《三國志》

陳壽（西元 233 年～297 年），字承祚，西晉人，師事譙周。編有《諸葛亮集》，
以及《三國志》六十五卷。《三國志》無表無志，僅有本紀和列傳兩大體例，書中包
括《魏書》三十卷，《蜀書》十五卷，《吳書》二十卷。

承祚之論斷採用「評曰」，然而，並非每篇皆有論贊。陳壽史論之特徵，著重於
品第歷史人物，試觀〈武帝紀〉：

評曰：漢末，天下大亂，雄豪並起，而袁紹虎視四州，彊盛莫敵。太
祖運籌演謀，鞭撻宇內，攬申、商之法術，該韓、白之奇策，官方授材，
各因其器，矯情任算，不念舊惡，終能總御皇機，克成洪業者，惟其明略
最優也。抑可謂非常之人，超世之傑矣。〔註14〕

陳壽剖析，漢末國家局勢動亂不安，兵革並起。曹操以法家之術，用人唯才，並且
有包容之大度量，不念舊惡，又能擘畫出奇制勝的計謀，因而結束三分天下之局勢，
完成統一洪業。承祚末句更頌揚曹操爲「非常之人，超世之傑」，可謂推崇備至。劉
彥和嘗言：

及魏代三雄，記傳互出，《陽秋》、《魏略》之屬，《江表》、《吳錄》之

〔註12〕清・李慈銘《越縵堂讀書記》（臺北：世界書局，1961 年 9 月），頁 185。
〔註13〕百衲本《宋書》卷六十九〈劉湛范曄傳〉，（臺北：臺灣商務，1988 年 1 月臺 6 版），
頁 1050。
〔註14〕百衲本《三國志》，《魏書》卷一，（臺北：臺灣商務，1988 年 1 月），頁 28。

類，或激抗難徵，或疏闊寡要，唯陳壽《三志》，文質辨洽，荀、張比之
於遷、固，非妄譽也。〔註15〕

劉氏認爲記載三國鼎立時期的歷史著作中，唯陳壽之《三國志》，文辭和內容咸明晰
豐潤；劉勰並贊同荀勖、張華兩人，將陳壽與司馬遷、班固並稱之評價，李慈銘則
有異議，他謂：

　　　　承祚固稱良史，然其意務簡潔，故裁制有餘，文采不足；當時人物，
　　不減秦漢之際，乃子長作《史記》，聲色百倍，承祚此書，黯然無華，范
　　蔚宗《後漢書》較爲勝矣。〔註16〕

李氏深入分析《三國志》，雖亦稱讚陳壽爲良史，然其文采與《史記》相形之下，黯
然失色許多，實不如范蔚宗的《後漢書》。筆者以爲，李慈銘對《後漢書》與《三國
志》之評價較爲公允恰當。

（四）《資治通鑑》

　　司馬光（西元 1019 年～1086 年），字君實，卒後贈溫國公，諡號文正。司馬光
編纂了史學名著《資治通鑑》，世人將他比之爲司馬遷，號稱「史部千秋兩司馬」。

　　《資治通鑑》是部編年體通史，上起戰國，下迄五代，計一千三百六十二年，
二百九十四卷。《資治通鑑》雖是官修面目，實爲私家著述。司馬光在《資治通鑑》
中之議論以「臣光曰」爲提稱，全書計有「臣光曰」一百十九條〔註17〕。以下茲舉
幾贊觀之，如評蒙恬之死：

　　　　臣光曰：始皇方毒天下而蒙恬爲之使，恬不仁可知矣！然恬明于爲人
　　臣之義，雖無罪見誅，能守死不二，斯亦足稱也。〔註18〕

溫公責蒙恬不匡諫秦始皇，對烝民不仁之論，觀點同於司馬遷之《史記·蒙恬列傳》
贊；然司馬光又強調並表彰蒙恬遵人臣之義，君要臣死，則守死不二，這一點顯然
是立於君臣禮分的觀點所下之結論。又如論韓信之死：

　　　　臣光曰：世或以爲韓信首建大策，與高祖起漢中，定三秦，遣分兵以
　　北，擒魏，取代，仆越，勝燕，東擊齊而有之，南滅楚垓下，漢之所以得
　　天下者，大抵皆信之功也。觀其距蒯徹之說，迎高祖于陳，豈有反心哉？

〔註15〕劉勰《文心雕龍·史傳》（臺北：三民，1994 年 4 月），頁 264。
〔註16〕清·李慈銘《越縵堂讀書記》（臺北：世界書局，1961 年 9 月），頁 195。
〔註17〕《資治通鑑》「臣光曰」之數目，參考陶懋炳《司馬光史論探微·序》（長沙：湖南
　　　　師範大學，1989 年 11 月），頁 1。
〔註18〕宋·司馬光《資治通鑑》卷七《秦紀》二〈始皇帝三十七年〉（臺北：臺灣商務，1985
　　　　年 12 月四版），頁 38。

良由失職怏怏，遂陷悖逆。夫以盧綰里閈舊恩，猶南面王燕，信乃以列侯奉朝請，豈非高祖亦有負于信哉？

臣以爲，高祖用詐謀擒信于陳，言負則有之。雖然，信亦有以取之也。始，漢與楚相距滎陽，信滅齊，不還報而自王；其后，漢追楚至固陵，與信期共攻楚而信不至；當是之時，高祖固有取信之心矣，顧力不能耳。及天下已定，信復何恃哉！夫乘時以徼利者，市井之心也；酬功而報德者，士君子之心也。信以市井之志利其身，而以士君子之心望于人，不亦難哉。是故**太史公論之曰**：「假令韓信學道謙讓，不伐己功，不矜其能，則庶幾哉！于漢家勳可以比周、召、太公之徒，後世血食矣！不務出此，而天下已集，乃謀畔逆，夷滅宗族，不亦宜乎！」〔註19〕

溫公觀察分析，劉邦之所以能得天下建立漢業，大部分爲韓信之功勞，而韓信對漢高祖亦自始至終未嘗有二心；然而，劉邦封有同鄉之誼的盧綰爲王，而戰功彪炳之韓信僅得爲侯，足覘漢高祖對韓信賞賜不公允，後來更構陷謀反之罪，將韓信之宗族誅滅。司馬光之論，似在闡明《史記·淮陰侯列傳》之隱晦處，著眼點除了譏刺執政者之刻薄寡恩外，對臣下處身之道亦多所發揮：韓信似乎忘了年少的卑微出身，得志後兀傲孤高，自負不淺，沒有功高震主、兔死狗烹的危機意識，終造成夷族之憾。特別的是，此贊議論之末，司馬光幾乎完整引用《史記·淮陰侯列傳》之贊語，藉以印證自己的觀點。

（五）《新五代史》

宋代歐陽修（西元 1007 年～1072 年），字永叔，晚號六一居士，卒諡文忠，爲北宋古文之宗師。《新五代史》原名《五代史記》，爲歐陽修所私撰，共七十四卷，藏於家中。及其身後，神宗詔求其書，爲之刊行。歐陽永叔嘗云：

予於《五代書》，竊有善善惡惡之志。〔註20〕

永叔所謂「善善惡惡之志」，亦即《史記·太史公自序》所云：「別嫌疑，明是非，定猶豫，善善惡惡，賢賢賤不肖〔註21〕」之史家精神，可知歐陽修纂述《五代史記》，繼軌了司馬遷修史之態度。以故，趙甌北推崇《新五代史》道：

不閱薛史，不知歐史之簡嚴也。歐史不惟文筆潔淨，直追《史記》，

〔註19〕同註18，頁16。

〔註20〕宋·歐陽修《歐陽修全集》卷三十九〈王彥章畫像記〉（北京：中國書店，1994年12月四刷），頁272。

〔註21〕百衲本《史記》卷一百三十〈太史公自序〉（臺北：臺灣商務，2001年1月臺一版第八刷），頁1202。

而以《春秋》書法，寓褒貶於紀傳之中，則雖《史記》亦不及也。〔註22〕

　　由趙氏之稱譽，可知《新五代史》內容簡潔嚴謹，並師法了《春秋》之褒貶書法。《新五代史》成就之高，直追《史記》然矣，然謂「雖《史記》亦不及」則未必。明代艾南英曾盛推歐陽修爲《史記》嫡子，又云：

　　　　千古文章，獨一史遷。史遷而後，千有餘年，能**存史遷之神者**，獨一

歐公。〔註23〕

艾氏頌讚司馬遷文章千載獨步，而歐陽修則是千年以降，唯一能展現史遷風神者。艾氏之論，可由《新五代史》之名篇〈伶官傳〉中得到驗證，序曰：

　　　　嗚呼！盛衰之理，雖曰天命，豈非人事哉！原莊宗之所以得天下，與

　　其所以失之者，可以知之矣。

　　世言晉王之將終也，以三矢賜莊宗而告之曰：「梁，吾仇也；燕王，吾所立；契丹，與吾約爲兄弟；而皆背晉以歸梁。此三者，吾遺恨也。與爾三矢，爾其無忘乃父之志！」莊宗受而藏之於廟。其後用兵，則遣從事以一少牢告廟，請其矢，盛以錦囊，負而前驅，及凱旋而納之。

　　方其係燕父子以組，函梁君臣之首，入於太廟，還矢先王，而告以成功，其意氣之盛，可謂壯哉！及仇讎已滅，天下已定，一夫夜呼，亂者四應，倉皇東出，未及見賊而士卒離散，君臣相顧，不知所歸。至於誓天斷髮，泣下沾襟，何其衰也！豈得之難而失之易歟？抑本其成敗之跡，而皆自於人歟？

　　《書》曰：「滿招損，謙受益。」憂勞可以興國，逸豫可以忘身，自然之理也。故方其盛也，舉天下之豪傑，莫能與之爭；及其衰也，數十伶人困之，而身死國滅，爲天下笑。夫禍患常積於忽微，而智勇多困於所溺，豈獨伶人也哉！作〈伶官傳〉。〔註24〕

　　《五代史記》以前無〈伶官傳〉，此爲第一篇正式記載俳優之史傳文章。此序自「嗚呼！盛衰之理」至「可以知之矣」，說明人事盛衰之理；自「世言晉王之將終也」至「及凱旋而納之」，則記敘莊宗承父志用兵而成，闡明憂勞可以興國之理，其意同於司馬遷的「發憤著書」說，有正面鼓勵人們的作用；自「方其係燕父子以組」至「而皆自於人歟」，陳述天下已定，莊宗反因賊亂而倉皇東出，顯示逸豫足以亡身之理，藉此惕勵世人要居安思危；末段乃總述作本傳之旨。

〔註22〕清·趙翼《二十二史箚記》（臺北：樂天，1973年2月再版），頁285。

〔註23〕明·艾南英〈再與周介生論文書〉，收於葉慶炳等編輯《明代文學批評資料彙編》（臺北：成文出版社，1979年9月），頁901。

〔註24〕百衲本《五代史記》卷三十七，（臺北：臺灣商務，1988年1月），頁202。

　　歐陽修序首以「嗚呼」發論，文末並說明作〈伶官傳〉之旨趣，完全是依傍「太史公曰」之風格而來。茲舉《史記》數贊證之，如〈孝文本紀〉贊：

　　　　漢興，至孝文四十有餘載，德至盛也。廩廩鄉改正服封禪矣，謙讓未
　　成於今。嗚呼，豈不仁哉！（卷十）

司馬遷於贊末發出「嗚呼」感嘆，頌揚文帝霖雨蒼生，為仁德之君；又如〈吳太伯世家〉贊：

　　　　延陵季子之仁心，慕義無窮，見微而知清濁。嗚呼，又何其閎覽博物
　　君子也！（卷三十一）

太史公推崇季札有仁心，一生慕義無窮，贊末同樣以「嗚呼」讚嘆，標榜季札為閎覽博物之君子；再觀〈魏其武安侯列傳〉贊：

　　　　嗚呼哀哉！遷怒及人，命亦不延。眾庶不載，竟被惡言。嗚呼哀哉！
　　禍所從來矣！（卷一百七）

贊中，司馬遷用了兩次「嗚呼哀哉」，其慨嘆可謂深矣。他責怪魏其侯竇嬰「不知時變」，硬要挽回失勢的情形，灌夫則是「無術而不遜」，而武安侯田蚡仗勢陷害兩位，最後亦不得善終。這幾贊中咸以「嗚呼」感嘆，歐陽修習之以「嗚呼」取代「某某曰」發論，其性質仍為歐公之歷史議論，屬於隱形之「太史公曰」。

　　是故，劉大櫆闡析〈伶官傳〉序道：「跌宕遒逸，風神絕似史遷。〔註25〕」沈德潛亦標榜此序：

　　　　抑揚頓挫，得《史記》神髓，《五代史記》中第一篇文字。〔註26〕

其中「得《史記》神髓」，筆者以為可以更精確說是：「得《史記》「太史公曰」神髓」。

　　除上述發語辭似史遷外，《新五代史》有些篇章，利用史贊來補充解說特定名詞，或言材料聞之於某人，此亦受《史記》「太史公曰」之啟發。如〈唐本紀第四〉贊：

　　　　蓋沙陀者，大磧也，在金莎山之陽，蒲類海之東，自處月以來居此磧，
　　號沙陀突厥，而夷狄無文字傳記，朱邪又微不足錄，故其後世自失其傳。
　　至盡忠孫始賜姓李氏，李氏後大，而夷狄之人遂以沙陀為貴種云。〔註27〕

歐陽修於論贊中，解釋「沙陀」即為大磧，這種筆法可追溯至《史記・魏公子列傳》贊：

　　　　太史公曰：吾過大梁之墟，求問其所謂夷門。夷門者，城之東門也。
　　（卷七十七）

〔註25〕高步瀛《唐宋本舉要》卷六，（臺北：宏業，1987年7月），頁673。
〔註26〕同註25，頁673。
〔註27〕百衲本《五代史記》（臺北：臺灣商務，1988年1月），頁26。

贊中，司馬遷向世人說明「夷門」即城之東門，以補史闕，此為司馬遷首創之例，歐陽修以為善，故承襲仿效之。又如〈唐本紀第六〉贊：

> 予聞長老為予言：「明宗雖出夷狄，而為人純質，寬仁愛人。」於五代之君，有足稱也。〔註28〕

歐公附載聞之長老，有關唐明宗寬仁愛人之事蹟，這類言材料聞之於某人，是《史記》「太史公曰」之常例，如《史記・趙世家》贊：

> 太史公曰：吾聞馮王孫曰：「趙王遷，其母倡也，嬖於悼襄王。悼襄王廢適子嘉而立遷。遷素無行，信讒，故誅其良將李牧，用郭開。」（卷四十三）

司馬遷載錄馮王孫所言趙王遷之軼事：趙王遷之母曾為倡伎，進讒言使悼襄王廢適子而立之。可惜趙王遷無行，自毀長城；又如《史記・淮陰侯列傳》贊：

> 太史公曰：吾如淮陰，淮陰人為余言，韓信雖為布衣時，其志與眾異。（卷九十二）

史公旅遊經淮陰，當地人曾告訴他淮陰侯韓信，年少即有青雲之志，並舉數例證之。

筆者發現，《史記》論贊與《五代史記》論贊，形式上明顯不同之處在於：「太史公曰」自稱「吾」或「余」，而歐陽修論贊中則自稱「予」。

由上述觀之，歐陽修之《新五代史》論贊，的確承襲與效法《史記》「太史公曰」之風格與特色，艾南英所謂「《史記》嫡子」之稱，實當之無愧。

綜括諸史論贊，咸濫觴於《史記》「太史公曰」，而各自有所創新發展，然歸其旨趣，或勸善懲惡、或補充史傳內文之不足，抑或抒發個人歷史看法，要皆不出於「太史公曰」的範圍，庶幾由此固定的模式主導著。

第二節　「太史公曰」沾溉敘事文學

《史記》無可否認是部偉大的歷史著作，同時也是傳記文學名著。它在我國敘事文學史上，起著導路創新的作用。趙翼云：

> 古書凡記事及解經者，皆謂之傳。非專記一人之事跡也。其專記一人為一傳者，則自遷始。〔註29〕

據趙氏所論，《史記》面世之後，「傳」和「記」便成了敘事文學常用之篇名，而「太

〔註28〕同註27，頁37。
〔註29〕清・趙翼《二十二史箚記》（臺北：樂天，1973年2月再版），頁4。

史公曰」更是領導敘事文學篇末議論之先驅。

上節已申論「太史公曰」對史家論贊之影響，以下便探討「太史公曰」中的「史家」觀點，如何延伸進入晉朝以後的敘事文學，甚至主宰敘事文末的發議。敘事文學又可分為傳記文學與小說，本節分此二項討論之。

（一）傳記文學

本段所稱「傳記文學」，大約有幾類：其一是為歷史人物所寫之傳記；其次為文人所撰寫之散篇傳記；再者則是以傳記體虛構人物之寓言故事。以下依作者朝代先後，剖析「太史公曰」對後世敘事文學沾漑情形。

1. 陶淵明

陶潛（西元 365 年～427 年），字淵明，號五柳先生。自傳性質文章〈五柳先生傳〉曰：

> 先生不知何許人也，亦不詳其姓字，宅邊有五柳樹，因以為號焉。……
> 嘗著文章自娛，頗小己志。忘懷得失，以此自終。
> 贊曰：黔婁之妻有言：「不戚戚於貧賤，不汲汲於富貴。」其言茲若
> 人之儔乎！銜觴賦詩，以樂其志，無懷氏之嚴歟！葛天氏之民歟！〔註30〕

文中，陶潛以五柳先生抱樸守真的率真性格自況，傳後「贊曰」一段，藉黔婁妻之言，表明安貧樂道，不汲求榮華富貴之志，這段話雷同於《漢書‧揚雄傳》，故上溯其源便是《史記》「太史公曰」。「太史公曰」據事直書，往往藉他人之言佐證自己觀點，此手法詳見本論文第五章第三節「太史公曰」與《春秋》。

唐代古文兩大家──韓愈、柳宗元，他們的傳記文中，形神極肖「太史公曰」：

2. 韓退之

韓愈（西元 768 年～825 年），字退之，為唐代古文領導者，世傳有《昌黎先生集》。韓愈的「不平則鳴」論，上承司馬遷的「發憤著書」說，下開歐陽修之「窮然後工」，主張文人創作為抒發生平之坎壈，胸臆之鬱結憤懣。退之的傳記文篇數並不多，然極富自己的風格與特色。試就〈毛穎傳〉與〈張中丞傳後敘〉兩篇，探討「太史公曰」對退之敘事文的影響。

〈毛穎傳〉是一篇為毛筆立傳的傳記文章，傳中能看出作者承襲《史記》人物傳記的筆法，也已具備傳奇小說的特點。李肇曾云：

> 沈既濟撰〈枕中記〉，莊生寓言之類。韓愈撰〈毛穎傳〉，其文尤高，

〔註30〕晉‧陶潛《陶淵明集》（臺北：里仁，1985 年 4 月），頁 175。

不下史遷。二篇眞良史才也。〔註31〕

李氏剖析〈枕中記〉與〈毛穎傳〉，兩篇所呈現之精神，顯示作者有良史之才，甚至推崇韓愈的〈毛穎傳〉有司馬遷風骨。李肇將敘事文比之於史，是很特別的觀點，足覘退之的〈毛穎傳〉，繼軌《史記》文章義法，傳文末段：

> 太史公曰：毛氏有兩族：其一姬姓，文王之子，封於毛，所爲魯、衛、
> 毛、聃者也；戰國時，有毛公、毛遂；獨中山之族，不知其本所出，子孫
> 最爲蕃昌。《春秋》之成，見絕於孔子，而非其罪。及蒙將軍拔中山之毫，
> 始皇封諸管城，世遂有名，而姬姓之毛無聞。穎始以俘見，卒見任使，秦
> 之滅諸侯，穎與有功。賞不酬勞，以老見疏，秦眞少恩哉！〔註32〕

韓愈發奇思虛擬「太史公曰」，交代毛氏兩族昆裔：中山之族，不知其本；然而，另一族竟假托爲周文土之子，可謂奇哉！文末藉毛穎有功於秦之統一大業，卻「賞不酬勞，以老見疏」，抨擊秦王少恩，言外卻也譏刺執政者往往忽略忠臣之奉獻。

除《史記》論贊外，敘事文竟出現以「太史公曰」作評，故王錫周認爲此段：「神似史遷論贊。〔註33〕」韓退之依傍了司馬遷「太史公曰」之形式與內容，因此使得〈毛穎傳〉達到極高之藝術成就，甚至能比擬司馬遷。

外此，韓愈所作〈張中丞傳後敘〉，敘事眞實，選材典型，皆深得太史公史傳散文之精髓。篇首云：

> 元和二年四月十三日夜，愈與吳郡張籍閱家中舊書，得李翰所爲〈張
> 巡傳〉。翰以文章自名，爲此傳頗詳密；然尚恨有闕者，不爲許遠立傳，
> 又不載雷萬春事首尾。〔註34〕

此段匠心獨運，詳敘本篇材料所從來，並確切標示當日時間，以及作傳之由，即爲了闡發和補充李翰所作的〈張巡傳〉，意義頗似《史記・蘇秦列傳》贊：

> 蘇秦起閭閻，連六國從親，此其智有過人者。吾故列其行事，次其時
> 序，毋令獨蒙惡聲焉。（卷六十九）

贊中，司馬遷自述作〈蘇秦列傳〉之旨，爲不令蘇秦獨蒙惡聲。〈張中丞傳後敘〉首，雖無「某某曰」之形式，而實爲作者現身發論者，本質屬該篇之序，故可視爲「太史公曰」的一環。

〔註31〕李肇《國史補》卷下（臺北：世界書局，1968年），頁55。

〔註32〕唐・韓愈著，清・馬其昶校注，民國・馬茂元編次《韓昌黎文集校注》（臺北：漢京，1983年11月），頁327。

〔註33〕清・王符曾輯評《古文小品咀華》（北京：書目文獻出版社，1993年2月第二次印刷），頁189。

〔註34〕同註32，頁42。

由以上所述，足覘韓愈與太史公之聯繫，不惟「發憤」的創作精神上，〈毛穎傳〉文中仿《史記》「太史公曰」作結，〈張中丞傳後敘〉首補充該篇之旨趣，亦透露出兩人在文章義法上之襲承關係。

3. 柳子厚

柳宗元（西元 773 年～819 年），字子厚，世稱柳柳州，又稱柳河東。子厚與韓愈齊名，以古文稱著於唐，世人以韓柳並稱。子厚於〈答韋中立論師道書〉中，曾自述文章學自幾種典籍，其中一段曰：

> 參之太史以著其潔，此吾所以旁推交通而以爲之文也。〔註35〕

由柳氏之言，得知其吸收五經，以及《孟》、《荀》、《莊》、《老》、《國語》、《離騷》以及《史記》等著作之精華，這是就整體而言。方望溪進一步指出：

> 子厚以潔稱太史，非獨辭無蕪累也，明於義法而所載之事不雜，故其氣體爲最潔也。〔註36〕

望溪進一步闡釋，子厚所謂之「潔」，正是《史記》簡潔之義法。因此，王錫周評柳文往往比之史遷，如論〈蝜蝂傳〉云：「力追龍門而奴視蘭臺」，析〈永某氏之鼠〉則曰：「隨物賦形，盡態極妍，闖入史遷之室矣。〔註37〕」由是可知，子厚文章受司馬遷影響之弘深。而其它傳記文如〈種樹郭橐駝傳〉末：

> 問者曰：「嘻，不亦善夫！吾問養樹，得養人術。」傳其事以爲官戒。
> 〔註38〕

此段類似〈酷吏列傳〉贊：「其廉者足以爲儀表，其污者足以爲戒」，咸資官員鑑戒爲官治民之道，屬於〈種樹郭橐駝傳〉之贊；又如〈梓人傳〉收尾處：

> 余謂梓人之道類於相，故書而藏之。「梓人」，蓋古之審面勢者，今謂之「都料匠」云。〔註39〕

〈梓人傳〉贊解說「梓人」即今謂之「都料匠」，此段則師法〈魏公子列傳〉贊：「夷門者，城之東門也。」子長於贊中補充旅行時，實地勘查「夷門」，得知原來即爲大梁城之「東門」，此舉能豐富傳文內容，增進讀者對傳文之理解。柳州仿之，爲讀者交代何謂「梓人」。

〔註35〕唐·柳宗元《柳宗元集》卷三十四（臺北：漢京，1982 年 5 月），頁 873。
〔註36〕清·方苞〈史記評語〉，《方望溪先生全集》四部叢刊正編（臺北：臺灣商務印書館，1979 年），頁 435。
〔註37〕清·王符曾輯評《古文小品咀華》（北京：書目文獻出版社，1993 年 2 月第二次印刷），頁 206；頁 212。
〔註38〕同註 35，頁 474。
〔註39〕同註 35，頁 480。

上述兩傳贊中，柳宗元表達其作傳之由，並富含弦外之音，此正是「太史公曰」之特色；此外，柳氏其它篇傳記文，如〈童區寄傳〉篇前、〈李赤傳〉以及〈宋清傳〉傳末，亦都以「柳先生曰」為首作論，是標準的「太史公曰」模式。由這些例證，咸能覘得《史記》「太史公曰」對柳子厚傳記文學之沾溉情形。

4. 蘇子瞻

宋代的蘇軾（西元 1037 年～1101 年），字子瞻，自號東坡居士。蘇軾在傳記文章中的議論形式，有「贊曰」、「太史公曰」、「東坡居士曰」，甚至議論卻無此「某某曰」的形式，而關於蘇子瞻在其它散文中所稱之「蘇子曰」，將於第三節會繼續發掘。

東坡採用「贊曰」的篇章，如〈葉嘉傳〉、〈萬石君羅文傳〉、〈陳公弼傳〉；也有同韓愈〈毛穎傳〉之例，直接提用「太史公曰」者，如〈黃甘陸吉傳〉、〈江瑤柱傳〉；以「東坡居士曰」為議者，如〈率子廉傳〉。

蘇軾有時不拘「某某曰」的模式，雷同《新五代史》之論贊，將「太史公曰」化於無形，如〈溫陶君傳〉末：

> 其後子孫生郡郭者，散居四方，自號渾氏、扈氏、索氏、石氏，為四
> 族云。〔註40〕

這段文字，襲自《史記》「太史公曰」，如〈殷本紀〉贊：

> 契為子姓，其後分封，以國為姓，有殷氏、來氏、宋氏、空桐氏、稚
> 氏、北殷氏、目夷氏。（卷三）

與〈秦本紀〉贊：

> 秦之先為嬴姓。其後分封，以國為姓，有徐氏、郯氏、莒氏、終黎氏、
> 運奄氏、菟裘氏、將梁氏、黃氏、江氏、脩魚氏、白冥氏、蜚廉氏、秦氏。
> （卷五）

司馬遷於兩贊中，詳載殷和秦苗裔之分支，東坡之〈溫陶君傳〉即類此。而韓愈的〈毛穎傳〉末的「太史公曰」，補述毛氏兩族分封後情況亦同於此。

觀東坡的〈方山子傳〉末：

> 余聞光、黃間多異人，往往陽狂垢汙，不可得而見，方山子儻見之與？
> 〔註41〕

方山子本名陳慥，為東坡好友，此文採倒敘手法，簡略敘方山子遊俠、隱居之事，末段自言曾聽聞，光州、黃州一帶有許多裝瘋之奇崛異人，這種提及風俗民情之事，

〔註40〕宋・蘇軾《蘇軾全集》（北京：中華書局，1992 年 9 月 3 刷），頁 433。
〔註41〕同註 40，頁 421。

如同《史記‧孟嘗君列傳》贊：

> 吾嘗過薛，其俗閭里率多暴桀子弟，與鄒、魯殊。（卷七十五）

又如《史記‧淮南衡山列傳》贊：

> 夫荊楚僄勇輕悍，好作亂，乃自古記之矣。（卷一百一十八）

司馬遷於兩贊中，同樣記錄周遊全國時所發現，薛和荊楚之地方異俗。然東坡褒揚光、黃間之異人，史公則貶抑薛和荊楚人之悍暴天性。

再觀東坡的〈杜處士傳〉結尾收煞道：

> 余愛仲善依人，而嘉環能發其心，故錄之爲傳。〔註42〕

傳末作者自述感佩主角之節操，故作本傳以誌之，此爲司馬子長之常例，如〈太史公自序〉云：

> 嘉旦〈金縢〉，作〈周公世家〉第三。（卷一百三十）

以及〈田儋列傳〉贊：

> 田橫之高節，賓客慕義而從橫死，豈非至賢！余因而列焉。（卷九十四）

史公自述纂修〈周公世家〉，其中一部份原因是讚美周公作〈金縢〉之文，而〈田儋列傳〉則是景慕田橫之高節邁俗。在此，史公展現了以「美善」之要求，作爲史料取捨之準則。

綜合上論，足以顯見蘇軾的傳記文，受到《史記》「太史公曰」影響之深刻，而自司馬遷創立「太史公曰」迄東坡時，傳記文學的評議，已開展出更多樣的提稱形式。

5. 宋景濂

明朝的宋濂（西元 1310 年～1381 年），字景濂，明太祖曾譽之爲「開國文臣之首」，著有《潛溪集》。景濂傳記文章中亦往往以「某某曰」起論，形式多樣，不下東坡，計有「史官曰」、「贊曰」、「爲說者曰」等類。而宋濂在其它文類中另創的提稱，將於第三節中將繼續介紹。

宋景濂所作傳記文裡，贊中稱「史官曰」之篇，如〈秦士錄〉、〈竹溪逸民傳〉、〈劉彬卿傳〉……等篇，而之所以稱「史官」，蓋因景濂曾任史官修纂《元史》，而《元史》無論贊，故只能於文集中抒發個人觀感；另外，景濂題爲「爲說者曰」者，如〈說玄凝子〉、〈嚴家彙小傳〉……等篇；而以「贊曰」發出評議者，則如〈張中傳〉、〈王貞婦傳〉……等篇。由上述所舉諸多篇章，足覘宋景濂之傳記文學所受《史記》「太史公曰」之沾溉情形。

6. 袁小修

〔註42〕同註40，頁424。

　　袁中道（西元 1570 年～1630 年），字小修，明代「公安派」的代表人物之一，所撰之人物傳記中，亦有論贊形式，如〈石浦先生傳〉末：

　　　　中道曰：「先生平粹縝密而遇事燭照。」……先生書法遒媚，畫山水
　　人物有遠致，作小詞樂府，依稀辛稼軒柳七郎風味，舊有傳奇二種，置之
　　笥中，爲鼠子嚼壞，鳳毛龍甲竟不存于世，可爲永嘆。〔註43〕

袁小修以「中道曰」啓首，盛稱石浦先生目光遠躒，能洞燭機先，而其書、畫、詩詞，皆有可觀；袁小修之〈梅大中丞傳〉，則改以「袁子曰」發論，同樣師法《史記》「太史公曰」，而自創「中道曰」和「袁子曰」兩種提稱。

7. 林琴南

　　清末民初的林紓（西元 1852～1924 年），福建閩侯人，原名群玉，字琴南，號蠡叟，畏廬，又自號踐卓翁、冷紅生、六橋補柳翁。林紓善詩文，雖不諳任何外語，與人合作譯著西洋文學，如小仲馬之《茶花女遺事》，出版後佳評如潮，一生所譯著作不下二百零六種，世稱「林譯小說」。除翻譯小說之外，林紓的著述亦甚多，有《畏廬文集》、《畏廬詩存》等。

　　林紓是桐城派的一員，自述生平所嗜書爲《左氏傳》、《史記》、《漢書》以及韓愈之文〔註44〕，其中對《史記》義法頗有心得。林琴南所撰《畏廬文集》中，凡傳記文庶幾以「某某曰」發論，眾多篇章咸能見之，因林紓之提稱多種，茲以其位置前後分類舉例：

　　林琴南的傳記文，最普遍之情形爲議論置篇末者，然其提稱不盡相同，如：〈孟孝子傳〉、〈謝秋濤傳〉、〈高莘農先生傳〉後爲「林紓曰」；而〈鄭貞女傳〉和〈徐景顏傳〉爲「論曰」；〈蕭貞女傳〉則以「贊曰」評議；另外，〈趙聾子小傳〉又以「畏廬曰」抒發己意。

　　而少數論斷置篇首者，如〈陳猴傳〉便以「林先生曰」發論。

　　綜觀上述種種情況，顯示林紓同蘇軾、宋濂一樣，深學《史記》論贊義法，並別出心裁創造各式「某某曰」的提稱，就傳文內容，表達自己之觀感，以求自成一家。這些式樣窮本極源，咸在《史記》「太史公曰」之基礎上，運用一己之智慧，融入個人風格特色，延續「太史公曰」之精神，並加以創新改造而成。

（二）小　說

　　六朝以後傳奇以至《聊齋志異》等小說，亦直接或間受到《史記》「太史公曰」

〔註43〕明・袁中道《珂雪齋近集》（臺北：偉文圖書，1976 年 9 月），頁 555。
〔註44〕林紓《畏廬續集》（臺北：文津，1978 年 7 月），頁 8。

的影響。

1. 唐人傳奇

　　在唐人傳奇作品中，以「傳」名篇者甚多，這些作品除了記人寫事方面，表現出濃厚的傳記文學色彩外，不少作品在篇末抒發感慨或發表議論，更是直接承襲了《史記》「太史公曰」的論斷方式。唐傳奇篇末受「太史公曰」影響之處，除「某某曰」的形式外，內容上亦受其沾溉。以下舉唐人傳奇裡，兩種明顯承襲「太史公曰」之情形，說明唐人傳奇如何受到「太史公曰」之影響：

　　第一，司馬遷在論贊中往往用感嘆之語氣作結，如〈汲鄭列傳〉贊：

　　　　翟公乃人署其門曰：「一死一生，乃知交情。一貧一富，乃知交態。

　　一貴一賤，交情乃見。」汲、鄭亦云，悲夫！（卷一百二十）

史公藉翟公署門之語，感悲「世情看冷暖，人面逐高低」，人與人之間往往攀貴而疏貧。又如〈游俠列傳〉贊：

　　　　諺曰：「人貌榮名，豈有既乎！」於戲，惜哉！（卷一百二十四）

子長兩贊中，分別使用兩種不同感嘆詞：「悲夫」和「於戲」，其它「太史公曰」還有「嗚呼哀哉」、「甚哉」、「嗚呼」……等不勝枚舉。

　　唐人傳奇循「太史公曰」模式者，如沈既濟之〈任氏傳〉以「嗟乎」發論：「嗟乎，異物之情也有人道焉！〔註45〕」白行簡於〈李娃傳〉末評議：「嗟乎！倡蕩之姬，節行如是，雖古先烈女，不能逾也。〔註46〕」兩贊中均以感嘆詞發語，譏諷有些自命清高者還不如怪物、倡女之屬，與史公同樣歌頌閭里下層人物；而薛調〈無雙傳〉之贊：

　　　　噫！人生之契闊會合多矣，罕有若斯之比。〔註47〕

薛調的一聲「噫」，抒發了其內心對現實生活的黑暗面之喟嘆。

　　第二，司馬遷於「太史公曰」裡，經常自述與誰交遊，或明作此傳之根據、宗旨，如〈樊酈滕灌列傳〉贊：

　　　　余與他廣通，為言高祖功臣之興時若此云。（卷九十五）

史公老友樊他廣曾告訴遷，漢高祖劉邦之開國功臣未發跡前之軼事；又如〈三王世家〉贊：

　　　　封立三王，天子恭讓，群臣守義，文辭爛然，甚可觀也，是以附之世

　　家。（卷六十三）

〔註45〕《唐人傳奇》（臺北：錦繡，1992 年 9 月），頁 40。
〔註46〕同註 45，頁 175。
〔註47〕同註 45，頁 257。

史公解說作〈三王世家〉之緣由,並盛譽封立三王之策文「文辭爛然」。司馬子長於贊中,交代《史記》材料來源與旨趣,此亦為唐人傳奇所師法,如白行簡之〈李娃傳〉末:「公佐拊掌竦聽,命予為傳。〔註48〕」李朝威的〈柳毅傳〉末,隴西李朝威敘而嘆曰:「蝦詠而不載,獨可鄰其境。愚義之,為斯文。〔註49〕」兩贊中均記錄故事撰寫之緣起,而李公佐在〈謝小娥傳〉末云:

> 君子曰:知善不錄,非《春秋》之義也。故作傳以旌美之。〔註50〕

〈謝小娥傳〉不僅有篇末論贊之形式,更表明本文著作意旨同於「太史公曰」,為發揚《春秋》之「義法」,李氏顯然以史臣自居,認為傳奇小說家亦須擔負起彰善癉惡之史家職責。

晚唐人皇甫枚,字遵美,安定人;三水,是安定之屬邑,遵美以此為書名與「提稱」。遵美所著《三水小牘》,內容多為所見所聞或親自經歷之事,文中往往以「三水人曰」發論,如〈王知古為狐招婿〉:

> 三水人曰:「嗟呼王生,生斯世不諧而為狐貉所侮,況其大者乎。向若無張公之皁袍,則強死穢殕之穴矣。余時在洛敦化里第,於庠集中博士渤海公讜為余言之,豈曰語怪,以摭奇文,故傳言人。」

皇甫枚此贊不僅具備「太史公曰」之形式,文首以「嗟呼」發出感嘆之聲,篇末交代得知此故事之地點與傳述者,皆受「太史公曰」之沾溉;又如〈殷保晦妻封氏罵賊死〉:

> 三水人曰:「噫,二主二天,實士女之醜行,至於臨危抗節,乃至丈夫難事。豈謂今見於女德哉。渤海之媛,汝陰之嬪,貞烈規儀,永光於彤管矣。辛丑歲,退構兄出自雍,話茲事,以余有《春秋》學,命筆削以備史官之闕。」〔註51〕

此贊,首句同樣以「噫」發語,文末記時間為辛丑年,說者為退構兄。更甚者,皇甫枚自謂有《春秋》學,故知其作《三水小牘》,形式與筆削精神同於「太史公曰」,咸繼軌《春秋》屬辭比事之精義。因為晚唐政治局勢動盪不安,《三水小牘》文章中,很能反應當時社會現實,時露譏諷之意。而皇甫枚之創作精神與議論形式,依傍了《史記》「太史公曰」之義法,藉以反映當時瞬息萬變的世情。

2. 宋代文言小說

〔註48〕同註45,頁175。
〔註49〕同註45,頁80。
〔註50〕同註45,頁154。
〔註51〕唐・皇甫枚《三水小牘》(臺北:木鐸,1982年5月),卷上,頁17;頁24。

　　宋代文言小說有一共同特徵，即篇末常有議論，而此模式同於唐人傳奇，咸遵
法《史記》「太史公曰」而來，試就宋代幾位重要的文言小說家，舉其作品爲例說明。

　　樂史（西元 930 年～1007 年），字子正，是宋初重要的文言小說家。作品如〈綠
珠傳〉、〈楊太眞外傳〉，篇末各以「南陽生曰」、「史臣曰」等提稱發出評議。觀〈綠
珠傳〉：

> 南陽生曰：「此乃天假之報怨。不然，何以梟夷之立見乎？」

樂史藉南陽生之言，譴責石崇等人荒淫作惡故遭禍；再觀〈楊太眞外傳〉：

> 史臣曰：「夫禮者，定尊卑，理家國。君不君，何以享國？父不父，
> 何以正家？有一於此，未或不亡。唐明皇之一誤，貽天下之羞。所以祿山
> 叛亂，指罪三人。今爲外傳，非徒拾楊妃之故事，且懲禍階而已。」〔註
> 52〕

篇末，樂史自稱「史臣」，指斥唐明皇、安祿山、楊貴妃等人誤國，揭示此一歷史教
訓，垂戒後世之意甚濃。

　　張實，字子京，作品僅存〈流紅記〉，此篇末以「議曰」的樣式作論斷：

> 議曰：流水，無情也；紅葉，無情也。以無情寓無情而求有情，終爲
> 有情者得之，復與有情者合，信前世所未聞也。夫在天理可合，雖胡越之
> 遠，亦可合也；天理不可，則雖比屋鄰居，不可得也。悅於得，好於求者，
> 觀此可以爲誡也。

張子京相信「有緣千里來相會，無緣對面不相識」之論，此議末同樣昭示世人，莫
爲強求之事，有史家之氣質。其它又如無名氏所作〈李師師外傳〉，文章最後出現「論
曰」一段：

> 論曰：李師師以娼妓下流，猥蒙異數，所謂處非其據矣。然觀其晚節，
> 烈烈有俠士風，不可謂非庸中佼佼者也。道君奢侈無度，卒加北轅之禍，
> 宜哉！〔註53〕

作者以「論曰」起語，讚揚李師師的愛國精神與民族氣節表現，並藉此諷刺了小人、
奸臣的出賣國家行爲。結尾收煞時，作者對宋徽宗因奢侈無度而遭禍，評爲「宜哉」，
其意相同於《史記・白起王翦列傳》贊云：「及孫王離爲項羽所虜，不亦宜乎！」以
及《史記・蒙恬列傳》贊曰：「此其兄弟遇誅，不亦宜乎！」前贊，史公抨擊王翦不
能匡輔秦朝建德；後贊，史公譴責蒙恬不諫秦始皇以德治民。是以，王翦之孫王離
爲項羽所虜獲，而蒙氏兄弟則遇誅，司馬遷咸以「不亦宜乎」認爲這些人罪有應得。

〔註 52〕《宋代傳奇》（臺北：錦繡，1993 年 2 月），頁 33；頁 80。
〔註 53〕《宋代傳奇》（臺北：錦繡，1993 年 2 月），頁 196；頁 281。

以上是作者置議論於文末的作品,而秦醇的〈趙飛燕別傳〉,則爲篇前序的形式,序云:

> 余就李生乞其文以歸,補正篇次,以成傳,傳諸好事者。〔註54〕

秦醇述說作〈趙飛燕別傳〉之機緣,以及補正篇次成傳之方法,此亦「太史公曰」之常式。綜觀上述,宋代文言小說篇前或篇末之處,無論是仿效形式,說明作傳旨趣或感嘆人事等,窮源推本實繼軌「太史公曰」之義法。

3. 清代文言小說

明末清初的魏禧(西元 1624 年～1680 年),字冰叔,號勺庭,江西寧都人,著有《魏叔子集》。魏禧的散文以寫人物傳記最爲突出,他於傳末則以全名爲論,如〈大鐵椎傳〉:

> 魏禧論曰:「子房得滄海君力士,椎秦皇帝博浪沙中;大鐵椎其人歟?天生異人,必有所用之。予讀陳同甫《中興遺傳》,豪、俊、俠、烈、魁奇之士,泯泯然不見功名於世者,又何多也?豈天之生才,不必爲人用歟?抑用之自有時歟?子燦遇大鐵椎爲壬寅歲,視其貌,當年三十。然則大鐵椎今四十耳。子燦又嘗見其寫市物貼子甚工,楷書也。」〔註55〕

冰叔有強烈的民族氣節,明朝亡於外族,他時刻想著反清復明,聽聞大鐵椎的事跡,聯想到張良使人椎殺秦始皇的史事,以及陳亮《中興遺傳》的忠義人物,故於贊中表達人才遭埋沒的激憤之情,另一方面則希冀能得異人,報仇復國。

侯方域(西元 1618 年～1654 年),字朝宗,明末清初河南郡商邱人,有《壯悔堂文集》。其文學《史記》,效法韓愈、歐陽修,擅長古文亦能寫詩。與魏禧、汪琬號稱三大家,《四庫提要》評爲明代唐順之、歸有光的繼承人物。而侯方域與名妓李香君相戀故事,由孔尚任寫成了著名的傳奇《桃花扇》。

朝宗的〈馬伶傳〉,師法唐人傳奇,從實際生活中體察到人物性格及其聲音笑貌,藝術成就高。傳末,同魏禧一樣以自顯姓名「侯方域曰」的方式爲評論。

清代其它文言短篇小說,如袁枚〈書麻城獄〉末「袁子曰」;浩歌子〈青眉〉、〈秦吉了〉咸以「外史氏曰」作結;和邦額〈譚九〉、〈藕花〉以友人之名「蘭巖曰」;沈起鳳的文言小說集《諧鐸》,文末「鐸曰」起論,有意寓勸誡於戲言笑談中。

著名的短篇小說集《聊齋志異》,由蒲松齡(西元 1640 年～1715 年)所著。蒲松齡,字留仙,一字劍臣,別號柳泉居士。自幼聰穎勤學,卻在舉人考試中屢屢落

〔註54〕同註53,頁148。
〔註55〕《清代文言小說》(臺北:錦繡,1992 年 5 月),頁 30～31。

第，深刻體會到「仕途黑暗，公道不彰」的社會現實，故轉而發憤完成《聊齋志異》，此其與司馬遷精神相通處。

《聊齋志異》每篇文末往往以「異史氏曰」發論作結，如〈俠女〉：

> 異史氏曰：「人必室有俠女，而後可以畜孌童也。不然，爾愛其艾豭，
> 則彼愛爾妻豬矣！」〔註56〕

蒲松齡推獎俠女之正義節操，藉俠女之行誼，譏諷社會上鄙詐之人。蒲松齡將「異史氏曰」固定在文末，字數或長或短不定。徐小梅闡釋其義道：

> 蒲氏託名「異史氏」，顯然以董狐、司馬遷自喻。「異史氏曰」相當於
> 一段議論文，寫在故事之後，作為結束，在《聊齋志異》中，佔有相當份
> 量。如此，每篇故事便有了它特殊的寓意、微旨的作用，不致淪為街談巷
> 議，徒快耳目而已。〔註57〕

徐氏揭示了蒲松齡託名「異史氏」抒發胸臆，是暗擬董狐、司馬遷等優秀史家，將其著作比之於史學作品，寓警世之炯誡於每篇「異史氏曰」；徐氏並且認為小說加上了評議，便能提高其價值，避免淪為街談巷議之流。李少雍亦發現，小說中這類議論與史傳文學的關係如下：

> 我國小說家常常以「異史氏」（不當史職的太史公）自命，他們在作
> 品裡強調人物生平的完整，而不重在剪裁的精巧與結構的謹嚴。開頭結尾
> 時對人物生死的概括敘述，傳前傳後若即若離的議論，對於塑造人物形象
> 並不是很必要，但這些非情節因素正是紀傳體的鮮明特色。〔註58〕

李氏歸納我國古代小說，發現作者發論前，經常提稱為「異史氏」，這是小說家以史家自任，欲提高其作品使能與史書相提並論。這些「異史氏」在文章中，著重強調的是人物生平，而非章法的結構或辭藻之華麗；其議論無論置於篇前或傳後，看起來似乎與全文扞格，然此正是《史記》以降紀傳體的顯著特徵。

由以上所述，我們可知從唐人傳奇到清代的文言小說，作者往往於篇前或文末抒發議論，其名稱雖不一，然作者之精神、感喟卻與太史公緊緊相繫，皆欲託其褒貶之義，以成其一家之言。至此，「太史公曰」以「某某曰」的論述形式發出評議，不僅後世史官群起師法，同時亦沾溉後世敘事文學作者，以「異史氏」自居表達其觀感，而成為敘事文之主流。

〔註56〕清・蒲松齡著，任篤行輯校《聊齋誌異》（濟南：齊魯書社，2000年5月），頁213。
〔註57〕徐小梅《聊齋志異與唐人傳奇的比較研究》（臺北：黎明，1983年11月），頁154。
〔註58〕李少雍〈《史記》紀傳體對我國小說發展的影響〉，收錄於張師高評主編《史記研究粹編》（高雄：復文書局，2001年11月），頁757。

而「太史公曰」這種議論形式國外亦見，據蔡信發研究，發現韓國漢文小說文終，也有類似「太史公曰」的評論，其形式計有：

> 「太史公曰」、「太史曰」、「贊曰」、「論曰」、「史臣曰」、「史氏曰」、「總論曰」、「系曰」、「外史氏曰」、「野史氏曰」、「花史氏曰」、「梅花外史曰」、「花淑外史曰」、「副墨子曰」、「鳳山子曰」、「桂巷稗史曰」、「伊山子曰」、「君子謂」、「經畹子曰」、「許子曰」、「閒人曰」，以及直接以第一人稱「余曰」等，其中以「外史氏曰」出現的次數最多，大概是爲了小說有別於正史之故吧！〔註59〕

蔡氏總結韓國漢文小說之論贊，計有二十一種第三人稱，如「總論曰」、「系曰」、「桂巷稗史曰」……等；亦有第一人稱——「余曰」的情況。而這當中又以「外史氏曰」出現的次數最多，蔡氏以爲是爲了要自別於正史之故。要言之，敘事文中諸如此類仿效《史記》「太史公曰」作結論之例，古今中外不勝枚舉。《史記》不僅影響到傳奇小說以「傳」或「記」名篇，而其論贊之形式、神髓更爲後人所師法。作者往往在作品結尾交代寫作緣起，或抒發自己的觀點，寄予褒貶譏刺。傳奇小說家儼然以史家自任，欲藉以表現自己的史才。由以上種種證據，足覘古今中外的敘事文學與《史記》「太史公曰」的緊密關聯。

第三節　其　它

《史記》「太史公曰」除領導了歷史評贊與敘事文學的議論方式外，對後世其它文體創作之影響亦極深遠，略舉幾例觀之。

（一）名家文集

「太史公曰」影響古文方面，茲就幾位大家文集作探討：

1. 王安石

北宋王安石（西元 1021 年～1086 年），字介甫，撫州臨川（今江西撫州）人。曾封荊國公，後人稱王荊公。荊公是北宋著名的政治家、思想家、文學家，他的散文峭直、簡潔且說理透闢、論證嚴謹。

王安石的散文議論中，提稱多樣，或稱「臨川王某」，或以「王子曰」、「王某曰」啓首。各舉例觀之，如〈許氏世譜〉：

> 臨川王某曰：「余譜許氏，自據以下，其緒傳始顯焉。……，夫伯夷

〔註59〕蔡信發《話說史記》（臺北：萬卷樓，1995 年 10 月），頁 231。

之所以佐其君治民，余讀書未嘗不喟然嘆思之也。……」

介甫藉此贊抒發其作〈許氏世譜〉之感觸。贊首，介甫承襲「太史公曰」，改以其籍貫當提稱發議。而贊中「余讀書未嘗不喟然嘆思之也」一句，如同《史記·孟子荀卿列傳》序云：「余讀孟子書，……，未嘗不廢書而歎也。」以及《史記·儒林列傳》序云：「余讀功令，……，未嘗不廢書而歎也。」顯示王安石與司馬遷閱讀時往往深入時代背景，與主角感同身受，而發其喟嘆；又如〈傷仲永〉：

> 王子曰：「仲永之通悟，受之天也。其受之人也，賢於材人遠矣；卒之爲眾人，則其受於人者不至也。」彼其受之天也，如此其賢也；不受之人，且爲眾人。今夫不受之天，固眾人；又不受之人，得爲眾人而已邪。

王荊公在此是以「王子曰」啓首，他早先曾聽聞方仲永之天才事蹟，後感嘆仲永未受教育，而變得與一般人無二致。荊公反覆申論教育之於人的重要性，聰明人受教育可激發其潛能，而有所成就，尋常人則因教育而得以出眾。

再觀〈書洪範傳後〉：

> 王某曰：古之學者，雖問以口而其傳以心；雖聽以耳而其受以意；故爲師者不煩，而學者有得也。孔子曰：「不憤不啓，不悱不發；舉一隅，不以三隅反，則不復也。」……；吾所以教者，非將善其口耳也。〔註60〕

此贊，王安石又換以「王某曰」發論，表達其教導學生之方法在心不在口耳，並沿襲「太史公曰」引孔子之言佐證其觀點。上述幾篇荊公的議論方式，形式與內容咸明顯受到「太史公曰」的影響。

與王安石同朝之蘇軾，除上節所論傳記文章之序贊，承襲了《史記》「太史公曰」的形式或神韻外，東坡於文論中則固定用「蘇子曰」，《蘇軾全集》卷五的十三篇〈論〉中，每篇先敘一段，第二段便以「蘇子曰」作評議。東坡提稱式樣多，同荊公一樣不一而足。

2. 宋　濂

明代的宋濂，不僅運用「某某曰」於傳記文章中，散文亦往往以「某某曰」起論，如〈燕書〉四十則全數以「君子曰」作結；而其寓言作品《龍門子凝道記》，全書同用「龍門子曰」發議；另外尚有一種無「某某曰」模式，而以「嗚呼」、「嗟夫」等發語者，看似非贊論之屬，然實爲作者隱形的論斷之語，如〈水雲亭小稿〉序以「嗚呼」開啓評論，又如〈送天淵禪師濬公還四明序〉用「嗟夫」發語，自抒胸臆。這些都是

〔註60〕宋·王安石《王安石全集》卷四十六（臺北：河洛圖書，1974 年 10 月），頁 163；頁 164；頁 168。

以《史記》「太史公曰」爲基礎，爲表達個人觀感，增添個人風格所作之變化。

3. 李　漁

　　明末清初李漁（西元 1611 年～1680 年），原名仙侶，字謫凡，號天徒，又號笠翁。李漁雖以詞曲名家，然對自己的詩文創作和讀史隨筆等雜著頗爲自豪，亦受時人好評。李漁的史論文章篇末往往以其號「笠翁曰」作結，如〈論微子先抱祭器歸周〉：

　　　　笠翁曰：抱祭器歸周，未必遂無其事，但恐不在夷、齊叩馬以前，而在武庚叛戮之後耳。……，當此之時，猶抱商家祭器而來，則其不忍忘國之心，又在箕子、比干之上矣。……？〔註61〕

李漁先肯定有微子抱祭器歸周之事，再申說微子抱祭器歸周之時間，應在武庚叛戮之後，並盛推此愛國情操在箕子與比干之上。這是標準的繼軌「太史公曰」模式所發之議論。李漁在部分文章中，尚有一篇兩曰的情形，如〈論揚雄、陶潛出處〉：

　　　　笠翁曰：……焦弱侯爲雄力辨，謂雄未嘗仕莽，并無投閣、美新之事。……。然君子不以人廢言，即有投閣、美新之事，而雄之可取者自在，不能使《太玄》、《法言》二書，與投閣之軀并朽也，取其才而已矣。

　　　　笠翁又曰：五柳先生之賢，古今如出一口，從而贊之者，皆是益土壤搬泰山，無所增于其高也。但其解綬歸田一事，說者皆云有激而然，予獨曰出其素志，五斗折腰之說，不過一時寄托之言耳。若曰果由于此，則其初授彭澤時，即當堅辭不出矣。世豈有不折腰之縣令乎？肯折其腰者，不必五斗，即升合亦且甘之，否則懸二千石于前，其傲然不屑如故也。……亦猶張翰思歸念切，偶值蓴鱸正美之時，假此寓情，遂予初服，非果有蓴鱸之癖，而故舍其官以就之也。……凡讀古人之書，論前人之事者，蓋當略其迹而原其心，以簡編所載，皆古人糟粕，其心事不可言傳，只當以意會耳。〔註62〕

前半「笠翁曰」中，李漁明言並不確定揚雄是否曾仕莽，然不論眞相爲何，揚雄之長處甚多，不應因其曾爲莽大夫而廢言。後半的「笠翁又曰」，李漁申辯陶潛解綬歸田，出其夙願；並舉張翰爲例，揭示「心畫心聲總失眞」以及「盡信書不如無書」之義，古人眞實心意只能意會，不可言傳。

　　此篇是李漁史論文中較長之作，他巧構以「笠翁曰」和「笠翁又曰」兩提稱，分論揚雄與陶潛，和二人於一文之中，卻又不互相干擾。其中的「笠翁又曰」，有些

〔註61〕李漁《李漁全集》（杭州：浙江古籍出版，1992 年 10 月），頁 312。
〔註62〕同註 61，頁 431。

篇章只作「又曰」，如〈論韓信兵法〉：

> 笠翁曰：兵無常形，全在因時制宜，而不爲人所測。……韓信用兵之
> 妙，全在善讀《陽符》而不爲《陽符》所縛，故能出奇取勝。……
> 又曰：「未得拊循士大夫」一語，是韓信之謙詞，……。若泥定此語
> 爲實，則凡未經拊循之人，皆可驅而之死地矣。誤天下后世之蒼生者，必
> 此言也。〔註63〕

前段，李漁以「笠翁曰」讚嘆韓信用兵之妙，懂得因時制宜，而不爲兵書所縛，故
往往能出奇制勝。李漁接著申述韓信愛惜諸將，故部下爭爲其死，此其在兵法之外，
取勝要訣。由此觀之，李漁若於一篇之中同論一人，則以「笠翁曰」、「又曰」分段
闡述，異於前篇，以「笠翁曰」和「笠翁又曰」分論兩人之手法。這是李漁受「太
史公曰」沾溉，並融入其詞曲創作經驗而形成特殊風格之史論文章。

（二）文學批評

在文學批評方面，舉鍾嶸《詩品》與歸有光《文章指南》，觀「太史公曰」之影
響。

1. 鍾嶸《詩品》

「太史公曰」沾溉後世文學作品，除形式上外，筆者更發現鍾嶸《詩品》裡，
評論陶潛時酷肖「太史公曰」之神韻。鍾嶸（約西元468年～518年），字仲偉，曾
任西中郎晉安王記室，故世稱「鍾記室」，是六朝齊梁時期一位傑出的詩歌理論批評
家。他以畢生精力撰著之《詩品》，爲我國第一部詩歌理論批評專著。仲偉於《詩品》
裡品第高下，探溯師承，傳遞自己的文學觀念。

仲偉於〈中品宋徵士陶潛〉云：

> 每觀其文，想其人德。世歎其質直。至如「懽言醉春酒」、「日暮天無
> 雲」，風華清靡，豈直爲田家語邪？古今隱逸詩人之宗也。〔註64〕

鍾嶸雖因《詩品》體例，不得不將陶潛置於中品，然此文中流露出其對淵明獨具特
識的讚佩語氣，與隆崇之情，在《詩品》所評選一百二十三家中罕有。仲偉自述「每
觀其文，想其人德」，推獎陶潛之理想高遠，詩歌語言於精煉處見自然，最後更標榜
陶淵明爲「古今隱逸詩人之宗」。參照《史記·孔子世家》贊：

> 余讀孔氏書，想見其爲人。適魯，觀仲尼廟堂車服禮器，諸生以時習
> 禮其家，余祗迴留之不能去云。……自天子王侯，中國言六藝者折中於夫

〔註63〕同註61，頁340。
〔註64〕王叔岷《鍾嶸詩品箋證稿》卷上（臺北：中央研究院，1992年3月），頁260。

子，可謂至聖矣！（卷四十七）

子長於本贊除稱頌孔子人格斗重山齊外，更表示閱讀孔氏書時，「想見其爲人」，《史記》裡，司馬遷僅於兩贊中表示「想見其爲人」的嚮慕之情〔註65〕，其對夫子之高度推崇可見一斑。贊末，子長盛譽夫子爲「至聖」，將孔子定位爲中國史上之「至聖先師」。換言之，司馬遷〈孔子世家〉贊，爲孔子確立了千載尊崇之地位。

兩文對照後不難發現，鍾仲偉之〈中品宋徵士陶潛〉，神似於子長之〈孔子世家〉贊。兩人對主角均存著「觀其文，想其人」之摯情，文末更盛推爲宗聖，由此足覘鍾仲偉師摹「太史公曰」之文章義法。

2.《文章指南》

明朝歸有光（西元 1506 年～1571 年），字熙甫，明崑山（今江蘇崑山縣）人，學者稱爲震川先生。震川爲文，取法韓愈、歐陽修，尤好太史公書，並得其神理。著有《震川文集》、《易經淵旨》、《三吳水利錄》、《文章指南》以及評點《史記》諸書。

艾南英曾指出歸有光與《史記》之淵源：

> 此老留心《史記》，摹神、摹境，假道於歐。歐者，《史記》之嫡子，而此老則歐之高足也。〔註66〕

艾千子讚頌歐陽修、歸有光之文，在神韻、氣勢上咸有子長之遺風，程度上歐陽修可稱得上是《史記》之嫡子，而震川則爲歐之高業弟子；方苞褒美震川之文曰：

> 其氣韻蓋得之子長，故能取法於歐、曾，而少更其形貌耳。〔註67〕

方望溪解析震川之氣韻得自司馬遷，並以歐陽修、曾鞏文章爲法式，稍作更動而自成風格；林琴南則云：

> 於調辭務似之一語，不能不服史公、歐公及震川三家之能也。〔註68〕

綜觀上述，足以顯示司馬遷、歐陽修以及歸有光三人，在文章創作上之關係密切，而歐陽修、歸有光兩人則是熟諳司馬遷之爲文義法。

觀歸有光在《文章指南》中分析文章時，效法「太史公曰」的議論模式，有時以「震川曰」，有時則以「震川云」之提稱出現。《文章指南》裡選評了《史記》序贊兩篇，即〈項羽贊〉條：

> 震川云：文有先揚後抑者，此論是也。

〔註65〕另一篇出現「想見其爲人」者爲《史記‧屈原賈生列傳》贊。

〔註66〕明‧艾南英〈再答夏彝仲論文書〉，收於葉慶炳等編輯《明代文學批評資料彙編》（臺北：成文出版社，1979 年 9 月），頁 911。

〔註67〕清‧方苞〈書歸震川文集後〉，《方望溪先生全集》四部叢刊正編（臺北：臺灣商務印書館，1979 年），頁 67。

〔註68〕林紓《畏廬論文》（臺北：文津，1978 年 7 月），頁 2。

歸有光說明《史記·項羽本紀》之「太史公曰」，採取先揚後抑之筆法，先稱揚項羽之蓋世氣魄，打造近古未有之霸王功業；又惋惜羽自矜且行徑暴虐。再觀歸有光剖析〈太史公自序〉云：

> 震川曰：文章非識不足以厚其本，非才不足以利其用，才識俱備，文字自介高人。如此篇所以發之大意，而其辨駁之才，淹貫之識，盡見於是矣。〔註69〕

震川認爲〈太史公自序〉展現了司馬遷辨駁之才智，以及廣博精深之學識。由以上觀之，「太史公曰」之形式不僅可用於史書、小說，甚至能施展於文學批評中，藉此突出評論者之觀點。

（三）史書選論

今人魯立剛所撰《資治通鑑選論》中，往往用「余曰」發論，亦是仿效「太史公曰」而來。《資治通鑑選論》一書裡，每則文末往往用「余曰」，作爲其發表議論之提詞，如〈武后濫賞〉云：

> 朱前疑上書云，臣夢陛下壽滿八百。……。出使還，上書云，聞嵩山呼萬歲，賜以緋筭袋。
>
> 余曰，武后年老昏瞶，以名器資濫賞，有其君，斯有其臣矣。〔註70〕

魯立剛抨擊武后年老糊塗昏亂，將貴重的寶器濫賞於臣下，上行下效，以致造成上樑不正下樑歪之情勢。又如〈太宗宏量〉曰：

> 齊州人段志沖上封事，請太宗致政太子。太子聞之憂形于色，發言流涕。長孫無忌等請誅志沖。……。譬如尺霧障天，不虧于大，寸雲點日，何損于明。
>
> 余曰，此等事，在專制時代，大則殺人，小則一笑置之，然殺之易，置之難。〔註71〕

此贊，魯立剛推服太宗修養氣度佳。段志沖之事件，發生背景於中國古代專制時期，太宗本可誅殺之，然卻一笑置之，故爲魯氏所標榜。

魯立剛之《資治通鑑選論》裡，絕大部分篇章咸以「余曰」啓議，明顯繼軌「太史公曰」之方式，抒發其對歷史之見解，不過，魯氏將第三人稱的「太史公曰」，改爲第一人稱的「余曰」。

〔註69〕明·歸有光《文章指南》（臺北：廣文，1985年10月再版），頁146；頁20。
〔註70〕魯立剛《資治通鑑選論》（臺北：幼獅文化，1983年10月四版），頁133。
〔註71〕同註70，頁120。

（四）小品文

本論文第六章曾剖析《史記》「太史公曰」之藝術表現，發現有：長於轉折，工於頓挫；文外曲致，韻味無窮；掌上河山，氣象萬千，等形式技巧。

而陳書良解析小品文之特徵爲：尺幅有千里之勢；率爾而作，輕鬆隨意；因小而見大，婉而多趣〔註72〕。陳氏並主張，一篇小品文佳作，不需充分之文字，即能反映文章旨趣。小品文這種言雖淺近而意旨深遠，篇幅簡約而蘊藏博大之風致，正是「太史公曰」之文章藝術表現特質。

清代金聖嘆評點《才子古文》，其中選評了《史記》序贊九十餘篇；吳闓生於《桐城吳氏古文法》裡，亦眉批二十篇《史記》序贊；清代王符曾在所輯評之《古文小品咀華》中，則收錄《史記》八篇「太史公曰」。由以上諸位名家獨立選錄《史記》「太史公曰」觀之，足覘「太史公曰」既屬《史記》各篇之一部分，亦能目爲一獨立完整之作品。

由小品文之特徵，與「太史公曰」之藝術表現完全相符，顯示「太史公曰」與小品文必有淵源關聯，此部分則有待他日繼續開發探究。

結　語

《史記》「太史公曰」對後世之影響，範圍相當廣泛，舉其犖犖大者如：歷史評論與文學，咸襲蒙其法則。各家在形式上，開創出五花八門之「某某曰」，甚或無此形式，而實爲作者發論者，咸爲「太史公曰」之流風餘韻。

歸結以上所列舉的史書或散文，其篇前或篇末之議論，起首所用之提稱，大致有幾種情形，筆者整理列載於下表：

發論提稱性質	史　評　類	文　學　類
逕書「太史公曰」者。	肇端乎司馬遷《史記》序贊。	韓愈與蘇軾爲文亦曾借用此提稱。
以「贊曰」、「論曰」、「評曰」等發論。	如《漢書》以「贊曰」；《後漢書》兼有「贊曰」和「論曰」；《三國志》以「評曰」。	蘇軾、宋濂、歸有光、林紓等作家，咸曾以此類模式爲文章篇末的提稱，對傳中人物進行褒貶。

〔註72〕陳書良等著《中國小品文史·導言》（臺北：桂冠，2001年9月），頁7～15。

與作者職位有關者。	自沈約《宋書》改稱「史臣曰」,以下很多史書論贊皆循此。《資治通鑑》則以「臣光曰」爲評。	曾任史官的宋濂,在散文中偶爾亦使用「史官曰」的提稱;而《聊齋志異》之作者,則以「異史氏曰」論斷。
作者自顯名號。	司馬光之《資治通鑑》以「臣光曰」〔註73〕。	此乃歷來傳記散文家最常使用的方法,包括柳宗元的「柳先生曰」,蘇軾的「蘇子曰」、「東坡居士曰」,王安石的「王子曰」,歸有光的「歸子曰」、「震川曰(云)」,李漁的「笠翁曰」,此種方式最爲常見。而清代的侯方域、魏禧與林紓,則是以全名提稱作議,較爲罕見。
以作者郡望稱。		如唐人傳奇中之〈柳毅傳〉:「隴西李朝威敍而嘆曰」;皇甫枚《三水小牘》之「三水人曰」;王安石文論中亦曾題爲「臨川王某」。
無「某某曰」之形式,而以「嗚呼」等發語辭起首。	歐陽修《五代史記》之論贊。	唐、宋之傳奇小說,以及蘇軾、宋濂、歸有光等作家文集中咸出現,此種方式最易爲人所忽略,然實質上仍襲沿「太史公曰」,爲作者自出胸臆的評論。
第一人稱「余曰」。	魯立剛之《資治通鑑選論》。	韓國漢文小說曾出現。

　　由上表可發現:史書因地位崇高,修纂之史家須以嚴謹態度爲之,規行矩步,故提稱正式較少變化;反觀文士因創作空間袤廣,而能依個人才調、背景,隨心開創出具有一家風格之評議提稱。

　　司馬子長茂才異等,獨出機杼巧思以第三人稱「太史公曰」作爲史論先導。自此,史官或文人繼軌此式,使用第三人稱,表達其「史家」觀點或「說書人」觀點,便主導了傳統中國史學與文學,並蔚爲大國,足覘「太史公曰」之影響既深且廣。然而,「太史公曰」的影響應不僅止於此,其它如詠史詩、碑誄、小品文、極短篇⋯⋯等方面都有待發掘,期他日再賡續作深入探究。

〔註73〕《資治通鑑》之「臣光曰」,其中臣爲作者立場,光爲其名,故兼合兩種性質。

第八章 結　論

　　本論文總結《史記》「太史公曰」的作用、思想、藝術表現及其影響，並提揭「太史公曰」於文史學上導路創新之地位如下：

一、在作用與特色方面：

　　「太史公曰」之作用，大致上有補軼事、記經歷、言去取、述褒貶等四項，又可細分為補逸事、敘遊歷、寄褒貶、評得失、記奇異、攄感慨、明成敗、辯誣妄、敘因果、足文獻等十耑，可謂包羅萬象。

　　司馬遷之所以能營造如此豐富的內涵，主要原因是生逢漢朝盛世，又有廣博之家學淵源，加上幼年勤學，故能培養富厚之學術造詣。而「太史公曰」中所展現之最大特色，得自子長周遊全國之經驗，又歷經嚴酷刑罰所致。是以，司馬遷重視社會低層庶民，對歷史評論能隻眼獨具，不盲從輿論，摒棄成敗論人之偏執傳統，重議功名高下，使後世對歷史真相有全面瞭解；而子長蒐集各地諺語入贊，化俗為雅，對漢語語言之保存有極大之貢獻。

　　《史記》「太史公曰」展現了司馬遷真實、遼闊、美善又奧深之史學世界，史公創造千載獨步之史學成就，領導中國史學到達成熟階段。

二、學術思想——言有物（義）

　　歸納太史公之學術思想，司馬談明顯傾向黃老之學，而司馬遷既接受道家，更神馳儒學，對其他諸子百家亦有明徹之認識，並且兼容並蓄，不偏居一隅。

　　而「太史公曰」中，所體現之學術思想，主要便是儒家與黃老之學，太史公將這些思維應用於批判以下幾方面：

（一）政　治

　　儒、道兩家在政治上，同樣反對暴政、反戰，並提倡德治。

司馬遷推崇黃老之「自然無為」，為最高明之政治，它使漢初舉國上下得以修養生息，促進經濟迅速發展；司馬遷稱頌儒家「仁民愛物」的主張，並在抨擊當代政治時，學習孔子之《春秋》書法，微言譏刺朝政。足覘子長靈活運用智慧，視情形選擇採何種學術觀點。

（二）修　身

司馬遷論修身處世時，兼融儒家與黃老思維。

「太史公曰」裡，藉諸多歷史人物的下場，告誡人們唯不爭、守柔和處下，始能善始善終；「君子」，是儒家的理想人格物形象，「太史公曰」每每以之為衡量準繩，頌揚真正賢者，有時則是以美為諷，筆法譏刺刻骨。「太史公曰」中的儒、道思想，對修身的主張並不相違。

（三）經　濟

司馬遷應用黃老思想解釋人類的經濟生活，認為經濟的發展是自然形成的，然其前提必須是追求正當之生存條件和物質利益；而儒、道兩家僉指斥上位者多欲，以及與民爭利之行為。

何世華剖析司馬遷之審美趣味，結論是度事論人，兼愛「奇義」。子長之「愛義」，來自儒家的道德理想；「愛奇」，則是道家自由和反抗精神的具體反映。〔註1〕　足覘子長之兩種主要學術思想中，有相容相通之處，是以「太史公曰」能有卓卓錚錚之表現，實現其「究天人之際，通古今之變」之纂史目的。

三、藝術表現——言有序（法）

司馬遷以卓犖的文采，編纂獨雄千古的《史記》，並依著一定之藝術原則創作「太史公曰」。司馬遷在每篇所附的「太史公曰」裡，表明自己對所寫人物的態度，非但沒有破壞文章藝術上的完整統一，反而還起了畫龍點睛之功，大大提高了《史記》文章之價值。

司馬遷所撰「太史公曰」，最顯明之特徵為長於轉折，工於頓挫。「太史公曰」因轉折與頓挫的適當交互表現，強化了文章之密度；且部分押韻之「太史公曰」，亦為全文增添活潑性與文學感染力。

講求簡潔的「太史公曰」，用字準確，言約意豐，而有尺幅千里之勢；收煞的藝術表現得體、圓旨，子長有時在結尾時另闢一境，致使文外餘音嫋嫋。

「太史公曰」為司馬遷之史論，代表的是他個人之思維、見解，故筆鋒充溢著主觀意識，往往藉題發揮，抒發胸臆不平與自家牢騷，融議論與敘事於一爐。因此，

〔註1〕何世華《史記美學論》（臺北：水牛，1993年11月初版二刷），頁34。

司馬遷筆下展現出聲調、語彙變幻莫測，筆法精警生動，章法盤根錯節等風致。

太史公以鋒利無比的手法，於「太史公曰」中，發揮獨創性，寓含「善善惡惡，賢賢賤不肖」之史家褒貶義法，提升了作品之思想性，堪稱爲偉大的語言藝術師，文章之星斗，爲後世提供良好之明範。

四、對後世影響方面：

（一）確立史論形式

《史記》「太史公曰」師法《左傳》「君子曰」，確立了史論形式與系統。「太史公曰」對後世之影響，主要是在歷史評論與文學上。各家在「太史公曰」之基本形式上，開創出五花八門之「某某曰」樣式。

史書或散文，其篇前或篇末之議論，起首處所用之提稱，大致可分：題「太史公曰」者，或換以「贊曰」、「論曰」、「評曰」等形式，或改以與作者地位有關者，甚至是自顯作者名號、郡望者皆備。外此，或無「某某曰」之形式，而逕以「嗚呼」、「噫」等發語辭起議，甚或無此形式，而實爲作者現身發論者，咸爲「太史公曰」之餘韻流風。

（二）第三人稱評議

自司馬子長以第三人稱「太史公曰」作爲歷史評論前導，後世史官或創作者咸奉爲圭臬，亦嘗試使用第三人稱發表見解。這種獨樹一幟的方式，不僅主導了傳統中國史學與敘事文學，甚至外國漢文小說亦繼軌此模式抒發評議。

然而，「太史公曰」之影響應不僅止於此，其它如四庫全書史評類文章、詠史詩、碑誄、小品文、極短篇……等方面都有待發掘，期他日繼續作深入研究。

綜合上論，吾人能感受到司馬遷學術視野之廣闊，其思緒之精深奧妙，史識之遠躒超凡。一百三十四則「太史公曰」之於司馬遷，猶《論語》之於孔子；「太史公曰」爲史書論贊之冠冕，促成《史記》眞正成爲一家之言。

參考文獻

一、經　部（以出版年代近遠排序）

（一）典　籍

1. 十三經注疏整理本《論語注疏》（臺北：五南出版社，2001 年 11 月）。
2. 十三經注疏整理本《孟子注疏》（臺北：五南出版社，2001 年 11 月）。
3. 十三經注疏整理本《毛詩正義》（臺北：五南出版社，2001 年 10 月）。
4. 十三經注疏整理本《春秋左傳正義》（臺北：五南出版社，2001 年 10 月）。
5. 十三經注疏整理本《尚書正義》（臺北：五南出版社，2001 年 9 月）。

（二）學者專著

1. 張師高評《春秋書法與左傳學史》（臺北：五南出版社，2002 年 1 月）。
2. 張師高評《左傳文章義法撢微》（臺北：文史哲出版社，1999 年 10 月再版二刷）。
3. 蒲衛忠《春秋三傳綜合研究》（臺北：文津，1995 年 4 月）。
4. 張師高評《左傳之文韜》（高雄：麗文書局，1994 年 10 月）。
5. 張師高評《左傳之文學價值》（臺北：文史哲出版社，1990 年 8 月再版）。
6. 邱鎮京《論語思想體系》（臺北：文津，1988 年 2 月四版）。
7. 曾昭旭《論語的人格世界》（臺北：漢光，1987 年 12 月再版）。
8. 林義正《孔子學說探微》（臺北：東大，1987 年 9 月）。
9. 錢穆《孔子與論語》（臺北：聯經，1985 年 9 月第七次印行）。

二、史　部

（一）典　籍（以成書朝代先後排序）

1. （漢）司馬遷《史記》百衲本（臺北：臺灣商務，2001 年 1 月臺一版第八刷）。
2. （漢）司馬遷，劉（宋）裴駰 集解，（唐）司馬貞索隱，（唐）張守節 正義《新

校史記三家注》（臺北：世界書局，1993 年 12 月）。

3. 瀧川資言《史記會注考證》（臺北：宏業，1987 年 8 月）。

4. （漢）司馬遷《史記》仁壽本（臺北：成文，1971 年 10 月）。

5. （漢）司馬遷《史記》，北京：中華書局標點本，1959 年）。

6. （漢）司馬遷《史記》（清）武英殿本（臺北：藝文印書館，1958 年）。

7. （漢）班固《漢書》百衲本（臺北：臺灣商務，1988 年 1 月臺六版）。

8. （晉）陳壽《三國志》百衲本（臺北：臺灣商務，1988 年 1 月）。

9. （南朝宋）范曄《後漢書》百衲本（臺北：臺灣商務，1988 年 1 月臺 5 版）。

10. （南朝齊）沈約《宋書》百衲本（臺北：臺灣商務，1988 年 1 月臺 6 版）。

11. （唐）魏徵等《隋書》百衲本（臺北：臺灣商務，1988 年 1 月臺）。

12. （宋）歐陽修《五代史記》百衲本（臺北：臺灣商務，1988 年 1 月）。

13. （宋）司馬光《資治通鑑》（臺北：臺灣商務，1985 年 12 月四版）。

（二）《史記》相關研究（以出版年代近遠排序）

1. 民國以前

1. （明）凌稚隆輯校《補標史記評林》（臺北：地球，1992 年 3 月）。

2. （清）吳見思《史記論文》（臺北：中華書局，1987 年 10 月臺二版）。

3. （清）李景星《史記評議》，吉林：東北師範大學出版社，1986 年 4 月）。

4. （清）梁玉繩《史記志疑》（臺北：新文豐，1984 年 6 月）。

5. （清）郭嵩燾《史記札記》（臺北：樂天，1971 年 3 月）。

6. （清）吳汝綸評點《史記集評》（臺北：臺灣中華書局，1970 年 5 月）。

2. 民國以後

1. 左海倫《司馬遷與史記》（臺北：臺灣商務，2003 年 2 月）。

2. 王初慶等著《紀實與浪漫——史記國際研討會論文》（臺北：洪葉，2002 年 3 月）。

3. 俞樟華《史記藝術論》（北京：華文出版社，2002 年 1 月）。

4. 張大可《史記研究》（北京：華文出版社，2002 年 1 月）。

5. 張師高評 主編《史記研究粹編》（高雄：復文書局，2001 年 11 月）。

6. 張玉春《史記版本研究》（北京：商務印書館，2001 年 7 月）。

7. 楊生枝編著《史記語林》（西安：三秦出版社，2000 年 12 月）。

8. 呂培成《司馬遷與屈原和楚辭學》（西安：陝西人民出版社，2000 年 9 月）。

9. 徐日輝《史記八書與中國文化傳統》（西安：陝西人民出版社，2000 年 9 月）。

10. 韓兆琦《史記題評》（西安：陝西人民出版社，2000 年 9 月）。

11. 繆雨《史記與新聞學》（北京：新華出版社，2000 年 4 月）。

12. 陳桐生《史記與詩經》（北京：人民文學出版社，2000 年 2 月）。

13. 張大可　注釋《史記新注》（北京：華文出版社，2000 年 1 月）。

14. 趙生群《史記文獻學叢稿》，南京：江蘇古籍出版社，2000 年 1 月）。

15. 黃鎮偉《歷史的黃鐘大呂──史記》，雲南人民出版社，1999 年 7 月）。

16. 李長之《司馬遷之人格與風格》（臺北：里仁，1999 年 4 月）。

17. 陳雪良《司馬遷人格論》（上海：上海人民出版社，1998 年 9 月）。

18. 鄧鴻光《史家絕唱》（河南：河南大學，1998 年 8 月）。

19. 鄭之洪《史記文獻研究》（成都：巴蜀書社，1997 年 10 月）。

20. 許凌雲《司馬遷評傳》（南寧：廣西教育出版社，1997 年 8 月 3 刷）。

21. 張大可《司馬遷評傳》（南京：南京大學出版社，1997 年 1 月 2 刷）。

22. 楊燕起《史記的學術成就》（北京：北京師範大學，1996 年 7 月）。

23. 韋葦《司馬遷經濟思想研究》（西安：陝西人民教育出版社，1995 年 8 月）。

24. 楊生枝《司馬遷教育思想述略》（西安：陝西人民教育出版社，1995 年 8 月）。

25. 施丁《司馬遷行年新考》（西安：陝西人民教育出版社，1995 年 8 月）。

26. 張大可，俞樟華等著《司馬遷一家言》（西安：陝西人民教育出版社，1995 年 8 月）。

27. 張新科《史記與中國文學》（陝西：陝西人民教育出版社，1995 年 7 月）。

28. 徐興海《司馬遷的創造思維》（西安：陝西人民教育出版社，1995 年 7 月）。

29. 陳桐生《史記與今古文經學》（西安：陝西人民出版社，1995 年 7 月）。

30. 韓兆琦《史記博議》（臺北：文津，1995 年 11 月）。

31. 周先民《司馬遷的史傳文學世界》（臺北：文津，1995 年 10 月）。

32. 蔡信發《話說史記》（臺北：萬卷樓，1995 年 10 月）。

33. 姚苧田　節評《史記精華錄》（臺北：文津，1995 年 4 月二刷）。

34. 何世華《史記美學論》（臺北：水牛，1993 年 11 月初版二刷）。

35. 陳桐生《中國史官文化與史記》（臺北：文津，1993 年 11 月）。

36. 崔適《史記探源》（北京：中華書局，1993 年 2 月二刷）。

37. 劉光義《司馬遷與老莊思想》（臺北：臺灣商務印書館，1992 年 9 月二版）。

38. 黃繩《史記人物畫廊》（廣州：廣東人民出版社，1988 年 11 月）。

39. 周虎林《司馬遷與其史學》（臺北：文史哲，1987 年 7 月）。

40. 朱東潤《史記考索》（臺北：臺灣開明書店，1987 年 1 月臺四版）。

41. 吳福助《史記解題》（臺北：國家出版社，1986 年 6 月三版）。

42. 楊燕起等編《歷代名家評史記》（北京：北京師範大學，1986 年 3 月）。

43. 張維嶽《司馬遷與史記新探》(臺北:崧高書社,1985 年 11 月)。

44. 孫德謙《太史公書義法》(臺灣:中華書局,1985 年 10 月三版)。

45. 王國維等《司馬遷其人及其書》(臺北:長安,1985 年 9 月)。

46. 古國順《史記述尚書研究》(臺北:文史哲出版社,1985 年 5 月)。

47. 張大可輯釋《史記論贊輯釋》(西安:陝西人民出版社,1983 年 7 月)。

(三)史學論著

1. **專　著**(以成書朝代先後排序)

1. (唐)劉知幾著,(民國)呂思勉 評《史通釋評》(臺北:華世,1980 年 11 月)。

2. (宋)鄭樵《通志》(臺北:臺灣商務,1987 年)。

3. (清)王鳴盛《十七史商榷》(臺北:大化書局,1984 年 5 月)。

4. (清)趙翼《二十二史箚記》(臺北:樂天,1973 年 2 月再版)。

5. (清)章學誠《文史通義》(臺北:華世出版社,1980 年 9 月)。

6. (清)劉咸炘《四史知意》(臺北:鼎文,1976 年 2 月)。

2. **史學研究**(以出版年代近遠排序)

1. 杜維運《中國史學史》第二冊(臺北:三民書局經銷,2002 年 9 月再版)。

2. 柴德賡《史籍舉要》(香港:中華書局,2002 年 5 月)。

3. 杜維運《史學方法論》(臺北:三民書局經銷,2001 年 10 月 14 版)。

4. 布洛克著,周婉窈譯《史家的技藝》(臺北:遠流,2000 年 3 月 16 日一版 4 刷)。

5. 王基倫等著《四史導讀》(臺北:臺灣書店,1999 年 8 月)。

6. 黃中業編著《三代紀事本末》(瀋陽:遼寧人民出版社,1999 年 7 月)。

7. 郭丹《史傳文學》(桂林:廣西師範大學,1999 年 6 月)。

8. 白壽彝《中國史學史論集》(北京:中華書局,1999 年 4 月)。

9. 瞿林東編著《史學與史學評論》(合肥:安徽教育出版社,1998 年 4 月)。

10. 杜維運《中國史學史》第一冊(臺北:三民書局經銷,1998 年 3 月再版)。

11. 汪榮祖《史傳通說》(臺北:聯經,1997 年 9 月)。

12. 王錦貴《中國紀傳體文獻研究》(北京:北京大學,1996 年 8 月)。

13. 梁啟超《中國歷史研究法》(臺北:里仁,1994 年 12 月)。

14. 陳其泰《史學與中國文化傳統》(北京:書目文獻出版社,1992 年 9 月)。

15. 高明士主編《中國史研究指南》(臺北:聯經,1990 年 4 月)。

16. 陶懋炳《司馬光史論探微》(長沙:湖南師範大學,1989 年 11 月)。

17. 呂思勉等編《古史辨》第七冊(臺北:明倫,1970 年 3 月)。

三、**集部**（以作者朝代先後排序）

1. （晉）陶潛《陶淵明集》（臺北：里仁，1985 年 4 月）。
2. （唐）韓愈著，（清）馬其昶校注，（民國）馬茂元編次《韓昌黎文集校注》（臺北：漢京，1983 年 11 月）。
3. （唐）柳宗元《柳宗元集》（臺北：漢京，1982 年 5 月）。
4. （宋）歐陽修《歐陽修全集》（北京：中國書店，1994 年 12 月四刷）。
5. （宋）王安石《王安石全集》（臺北：河洛圖書，1974 年 10 月）。
6. （宋）蘇軾《蘇軾全集》（北京：中華書局，1992 年 9 月 3 刷）。
7. （宋）蘇轍《蘇轍集》（北京：中華書局，1999 年 7 月 2 刷）。
8. （明）袁中道《珂雪齋近集》（臺北：偉文圖書，1976 年 9 月）。
9. （清）李漁《李漁全集》（杭州：浙江古籍出版，1992 年 10 月）。
10. （清）方苞《方望溪先生全集》四部叢刊正編（臺北：臺灣商務印書館，1979 年）。
11. （清）劉熙載《劉熙載文集》（南京：江蘇古籍出版，2001 年 10 月）。

四、**哲學思想類**（以出版年代近遠排序）

1. 熊鐵基《秦漢新道家》（上海：人民出版社，2001 年 3 月）。
2. 胡家聰《稷下爭鳴與黃老新學》（北京：中國社會科學出版社，1998 年 9 月）。
3. 丁原明《黃老學論綱》（濟南：山東大學出版社，1997 年 12 月）。
4. 劉康德《老子直解》（上海：復旦大學，1997 年 12 月）。
5. 高正《諸子百家研究》（北京：中國社會科學出版社，1997 年 11 月）。
6. 陳麗桂《秦漢時期的黃老思想》（臺北：文津，1997 年 2 月）。
7. 朱榮智《老子的人生智慧》（臺北：書泉出版社，1995 年 9 月）。
8. 熊鐵基等著《中國老學史》（福州：福建人民出版社，1995 年 7 月）。
9. 顧頡剛《秦漢的方士與術士》（臺北：里仁，1995 年 2 月初版三刷）。
10. 王博《老子思想的史官特色》（臺北：文津，1993 年 11 月）。
11. 徐復觀《兩漢思想史》卷三（臺北：學生書局，1993 年 9 月四刷）。
12. 司修武《黃老學說與漢初政治評議》（臺北：學生書局，1992 年 6 月）。
13. 張揚明《老子學術思想》（臺北：黎明，1991 年 5 月三版）。
14. 王邦雄《老子的哲學》（臺北：東大，1990 年 2 月六版）。
15. 賀榮一《老子之道治主義》（臺北：五南，1988 年 5 月）。
16. 老子 原著，余培林 註譯《老子讀本》（臺北：三民，1985 年 2 月）。
17. 韓非子《韓非子集釋》四部刊要（臺北：漢京，1984 年 5 月）。
18. 周紹賢《漢代哲學》（臺北：臺灣中華書局，1983 年 2 月）。

五、文學類（以出版年代近遠排序）

1.古文批評

1. （清）金聖嘆著，張國光點校《金聖嘆批才子古文》（武漢：湖北人民出版社，1995 年 10 月 4 刷）。

2. （清）王符曾 輯評《古文小品咀華》（北京：書目文獻出版社，1993 年 2 月第二次印刷）。

3. 陶鼎尼《古文筆法探微》（臺南：1990 年 5 月再版）。

4. 林雲銘《古文析義合編》（臺北：廣文，1989 年元月七版）。

5. 周振甫等《古代名家寫作技巧漫談》（臺北：木鐸，1987 年 7 月）。
   陸家驥《古文閒話》（臺北：中華書局，1985 年 11 月二版）。

6. （明）歸有光《文章指南》（臺北：廣文，1985 年 10 月再版）。

7. 吳闓生《桐城吳氏古文法》（臺北：臺灣中華書局，1980 年 11 月臺 3 版）。

2. 文學研究

1. 陳滿銘《章法學論粹》（臺北：萬卷樓，2002 年 7 月）。

2. 仇小屏《章法新視野》（臺北：萬卷樓，2001 年 9 月）。

3. 陳書良等著《中國小品文史》（臺北：桂冠，2001 年 9 月）。

4. 許福吉《義法與經世》（上海：學林出版社，2001 年 6 月）。

5. 劉松來《兩漢經學與中國文學》（南昌：百花洲文藝出版社，2001 年 6 月）。

6. 王靖宇《中國早期敘事文論集》（中央研究院中國文哲研究所，2001 年 2 月）。

7. 陳滿銘《章法學新裁》（臺北：萬卷樓，2001 年 1 月）。

8. 李文初《漢魏六朝文學研究》（廣州：廣東人民文學出版社，2000 年 6 月）。

9. 傅修延《先秦敘事研究》（北京：東方出版社，1999 年 12 月）。

10. 薛洪勣《傳奇小說史》（杭州：浙江古籍出版，1998 年 12 月）。

11. 蒲安迪講演《中國敘事學》（北京：北京大學出版社，1998 年 1 月）。

12. 李祥年《漢魏六朝傳記文學史稿》（上海：復旦大學出版社，1995 年 4 月）。

14. 周振甫《文章例話》（臺北：五南，1994 年 5 月 ）。

15. 魯迅《魯迅全集》第九卷《漢文學史綱要》（北京：人民文學出版社，1991 年）。

16. 黃永武《字句鍛鍊法》（臺北：洪範，1990 年 12 月）。

17. 鄭頤壽《辭章學概論》（福建：福建教育出版社，1986 年 10 月）。

18. 徐小梅《聊齋志異與唐人傳奇的比較研究》（臺北：黎明，1983 年 11 月）。

19. 林紓《畏廬論文》等三種（臺北：文津，1978 年 7 月）。

20. 黃永武《中國詩學‧設計篇》（臺北：巨流圖書出版社，1976 年 6 月）。

六、論　文

（一）學位論文（以畢業年代近遠排序）

1. 博士論文

1. 高禎霙《《史》、《漢》論贊之研究》（臺北：中國文化大學博士論文，2001 年 6 月）。

2. 魏聰祺《太史公「成一家之言」研究》（臺北：東吳大學博士論文，2001 年元月）。

3. 鄭圓鈴《司馬遷黃老理論研究》（臺北：國立臺灣師範大學博士論文，1997 年 6 月）。

4. 李寅浩《史記文學價值與文章新探》（臺北：國立臺灣師大博士論文，1991 年）。

5. 金苑《史記列傳義法研究》（臺北：國立政治大學博士論文，1989 年 6 月）。

6. 張添丁《司馬遷春秋學》（臺北：國立政治大學博士論文，1985 年 6 月）。

2. 碩士論文

1. 蔡雅惠《《史記》悲劇人物與悲劇精神研究》（臺南：國立成功大學碩士論文，2001 年 6 月）。

2. 金利湜《司馬遷的文學理論與批評》（臺北：國立臺灣師大碩士論文，2000 年）。

3. 葉文信《左傳「君子曰」考述》（臺北：國立臺灣師大碩士論文，1998 年）。

4. 劉文星《究天人之際、通古今之變：司馬遷歷史哲學新探》（臺南：國立成功大學歷史語言研究所碩士論文，1995 年 6 月）。

5. 郭瓊瑜《史記的褒貶義法》（臺北：中國文化大學碩士論文，1994 年）。

6. 葉淳媛《司馬遷之諸子學》（臺北：國立政治大學碩士論文，1989 年 6 月）。

7. 張正平《司馬溫公通鑑臣光曰研究》（臺北：國立政治大學碩士論文，1988 年 6 月）。

8. 盧心懋《左傳「君子曰」研究》（臺北：國立政治大學碩士論文，1987 年 6 月）。

9. 龔慧治《左傳「君子曰」問題研究》（臺北：國立臺灣大學碩士論文，1987 年）。

10. 李寅浩《司馬遷與儒道法三家關係之研究》（臺北：國立臺灣大學碩士論文，1985 年 6 月）。

11. 林麗娥《范曄之文學及其史論》（臺北：國立政治大學碩士論文，1982 年 6 月）。

（二）單篇論文（以發表年代近遠排序）

1. 陳其泰〈司馬遷價值觀與儒學〉，《國際儒學研究》（北京：中國社會科學出版社，2003 年第八輯，頁 159～175。

2. 黃嫣梨〈司馬遷與儒道之關係〉，《文史十五論》（北京：北京大學出版社，2001 年 8 月。

3. 李偉泰〈史記論贊的互補〉王叔岷先生學術成就與薪傳研討會論文抽印本（國

立臺灣大學，2001 年 6 月 28～29 日。

4. 譚潤生〈《史記》中極短篇的藝術成就〉，《國文學誌》第五期（彰化：彰化師範大學國文系，2001 年 12 月）頁 83～113。

5. 劭傳烈〈太史公曰的春秋筆法〉，《中國雜文史》（上海：上海文藝出版社，1998 年 4 月。

6. 李偉泰〈試論司馬遷貶抑蕭何的原因〉（香港大學中文系七十週年紀念國際學術研討會論文抽印本，1997 年 12 月。

7. 黃翠芬〈左傳君子曰考詮〉（朝陽學報 1，1996 年 6 月）頁 89～105。

8. 何三本〈史記引述左傳「君子曰」及易筮之研究〉（臺東師專學報 4，1996 年 4 月）頁 77～152。

9. 楊松岐〈再論司馬遷的論斷語言藝術〉（《殷都學刊》，1994 年第四期，頁 45～49。

10. 楊松岐〈論司馬遷的論斷語言藝術〉（《殷都學刊》，1994 年第二期，頁 45～48。

11. 王守雪〈司馬遷的人才思想〉（《殷都學刊》，1994 年第一期，頁 54～57。

12. 張師高評〈左傳史論之風格與作用〉，成功大學學報，23（人文‧社會篇），1988 年 11 月）頁 1～57。

13. 陳子謙〈司馬遷的「發憤著書說」及其歷史發展〉（《廈門大學學報》，1984 年第一期，頁 122～130。

14. 鄭良樹〈再論左傳「君子曰」非後人所附益〉（《國立中央圖書館館刊》8 卷 2 期，1975 年 12 月）頁 50～51。

15. 鄭良樹〈論左傳「君子曰」非後人所附益〉（《書目季刊》8 卷 2 期，1974 年 9 月）頁 21～28。

16. 張以仁〈關於左傳「君子曰」的一些問題〉（《孔孟月刊》3 卷 2 期，1964 年 11 月）頁 29～30。